An Anthropological Perspective of
the Bai's Water God Belief System

龙王的嬗变

The Evolution of the Dragon King

白族
水神信仰体系的
人类学透视

杨德爱　杨跃雄　著

社会科学文献出版社
SOCIAL SCIENCES ACADEMIC PRESS (CHINA)

石坪村应海庙龙王碑铭

（上）大理古城以南感通路白龙将军猪神庙大殿内塑白龙将军

（下）大理白族自治州博物馆内藏木雕本主像（头戴三龙冕）

河矣城村洱河祠

下关天生桥江风寺碑

前　言

　　人类学将神灵的产生归结为人类群体对自然环境既畏惧又崇拜的复杂心理。一方面，人们希望通过塑造或抽象或具象的神灵形象，赋予他/她某种人格化的情感和超自然的能力，试图对自然环境的种种现象和规律做出相对合理的解释，进而形成某种类型的宗教，并通过祭祀该神灵，以仪式化的方式安抚大自然，祈求其谅解，乃至消除灾祸；另一方面，通过祭祀，人类群体也希望获得该神灵的保佑，并向其祈求阳光、雨水、食物等自然资源，以满足自身在生产生活方面的需求。不论神灵的形态和求神的仪式如何相异，被创造或接受的神灵总是与人们日常生产生活的某一方面相关。

　　对水神的崇拜也是如此。白族有着悠久的农耕历史，古代的农业生产取决于大自然的支配，尤其是对农作物（主要是水稻）的丰收有着重要决定作用的雨水，对人们的生存和发展有着直接的、极其重要的影响，因此，能控制水、能降雨的"水神"崇拜在白族民间宗教体系中具有极其重要的地位和意义。

　　洱海流域的白族水神信仰多元复杂，有成体系之处，多数则分散自立，这与该地区特殊的地理结构和精彩的历史文化背景不无关系。白族有着发达的稻作农业传统，这使白族社会对水利灌溉十分依赖，以龙神为主要崇拜对象的水神崇拜占据了白族民间宗教中的重要位置。而在历史上，洱海流域的主位水神也历经了不同程度的嬗变过程，这些过程既承载了大理地区与外在世界的经济文化交流，也逐步推进和凝聚了白族的民族认同，并在政治上根植了他们华夏一体的文化自觉，这一点在明代以后的地方宗教整治中得以充分体现。本书重点讨论的是被白族人奉为"洱水之神"的段赤城，其信仰体系的建构及其与白族群体自我认同之间的关系。

中国社会如何通过多元的宗教整合过程，实现所谓的"一体化"，历来是人类学研究的重点。大理白族段赤城信仰滥觞于官方权威对地方神祇的关照，是政治结构化的宗教映射。但在具体的宗教实践中，民祀活动却从未缺场，并在历史流变中逐渐成为主流。在段赤城信仰中，官方传统和民间力量同时存在、互为因果，并体现在溯祖、渡魂、分水等问题上，胶着于一系列仪式表征中的各种文化元素，成为地方社会自我形塑的重要构件，而官方传统和民间力量融于一体的过程，也就是其实现社会整合功能的过程。

围绕白族水神信仰体系这一中心，本书对水神传说及其嬗变、水神的封赐与白族的族性、水神的地方化等做了全面阐释，其中包括洱海流域流传的"母猪龙"、段赤城斩蟒、小黄龙大战大黄龙等故事，还展示了多幅白族水神的塑像及图片。

目　录

第一章　白族水神信仰

　　大理地区水神众多，它们散布于洱海流域的不同地方，成形于不同的历史背景，其世俗传说和宗教功能自然也各有所异。为方便论述，我们在田野调查的基础上结合相关文献和民间资料，将这些水神划分为龙神、狭义的"水神"和洱海之神三类，以便厘清其在整个洱海水神体系中所对应的位置。

　　大理坝子位于云贵高原，是一个典型的内陆断陷盆地。苍山洱海，西高东低，十八支溪水由山涧流向平原，最终汇入洱海。又有始于洱源的弥苴河、罗时江、永安江及凤仪的波罗江等水量充沛的大河滚滚而来，使大理自古便有水乡泽国之称。雨水沛则龙蟒生，大理地区水神信仰丰富多元，其中又以龙神居多，《滇系》谓："土主、龙神，即十室之邑亦必建宇而栖焉。""白族的社会生活实践中，凡是与水有关，就必然有'龙'的观念出现。"[1] 赵橹认为："白族原始文化中的'水神'崇拜意识，与诸夏初期的崇'龙'意识，两者的实质是一致的，同样是基于原始农耕文化形成的，而且为农耕社会生产所决定。两种文化意识一拍即合，易于相互渗透、溶（融）合，相互促进、发展，称为统一体系的龙文化。"[2] 白族水神崇拜意

---

①　赵橹：《论白族龙文化》，云南大学出版社，1991，第1页。
②　赵橹：《论白族龙文化》，云南大学出版社，1991，第4页。

识与崇龙意识实质一致，这样的观点具有一定的代表性。再如，"龙，在白族中常称为'龙王'。湖塘、水洼、泉眼，常被认为是龙王所宿之处，大大小小数不清的水塘被称为'奴本'（龙潭）。'龙王'实际上也就是'水神'的代名词"①。因此，从这个意义上来说，白族的水神信仰中首先要讲的是广义的"龙"崇拜，这一类水神在洱海流域最为普遍。根据龙的形态和能力，以及与人的关系，可分为龙、神龙和龙神（龙王）三类。

第一类是作为异兽的龙，多是些有降水施雨能力的罕见生物，它们神奇隐蔽，不可变化为人，样子"似鱼非鱼，似蛟非蛟，圆目细鳞，断尾四足，油油洋洋"②，或虽潜于水，却"状如蜥蜴，鱼鳞鱼尾四足五爪"③，这类龙若非主动献身济世，便只能被祭司所召唤。如明李元阳撰文的《赵州甘雨祠记》载：嘉靖年间，大理多地久旱不雨。为了求雨，郡邑官员"多躬亲祈祷，或以春秋繁露致蜥蜴作土龙，或以巫觋致虺，竟无雨"。赵州州守潘嗣冕听从本地耆老的话，去湫龙潭求雨。途中遇一蛇，正迎候潘侯他们前来。耆老见蛇便拜，视之为龙，潘侯不信，他们便解释道："蛇则无足，今四足俨然，麟角金灿。数十年前，曾有神僧召龙，见之即今状也。"潘侯见此物果有四足，与蛇不同，便拿出祭品和瓦罐，对其说："若真龙者当受食，入吾罌。"龙即舐食入罌。到了傍晚，赵州郡内果然大雨如注，而"起视邻境，焦土如故"。潘侯便为此龙建祠祀之。④

与生物性的龙不同，神龙是一类可以变化为人的龙，其本质上是龙，却常以人的形象隐藏于世，并在被人发现以后，或显示能力

① 杨政业：《白族本主文化》，云南人民出版社，1994，第24页
② （明）《新建清流普济祠记》，载张树芳、赵润琴、田怀清主编《大理丛书·金石篇》卷10，云南民族出版社，2010，第87页。
③ （清）曹春林：《滇南杂志》卷十《龙神四则》。
④ 张树芳、赵润琴、田怀清主编《大理丛书·金石篇》卷2，云南民族出版社，2010，第677页。

露出原形，或翻江倒海危害人间，或掘泉引水造福百姓。神龙不为人所控，它们虽然本领非凡，但其孤立且分散，"神格"远不及龙神。大理地区，"母猪龙"的故事在多地都有流传，"母猪龙"便是一种可以变化为人的龙，而且它常被同山洪和泥石流灾害联系在一起，以下是我们在大理市湾桥镇听到的版本。

　　古时候莲花峰上住着两条母猪龙，一日，二龙于苍山上相互追逐玩耍，抢夺一颗龙珠。玩意正酣，不料龙珠滚落下来，掉到了峰麓阳南溪村一个老妇人家中的米柜里。从此，这家的米不论怎么吃都不见减少，甚至越吃越多，溢出了柜子。时间一长，十里八乡的人都有所耳闻，两条母猪龙久寻宝珠不得，听闻此事以后便料定宝珠在该户人家中，于是便化身成乞丐的模样来到老妇人家中赎龙珠。他们谎称宝珠是家传之物，遗失以后寝食难安，夜里做梦梦到宝珠就在老妇人家的米柜中。老妇人听罢赶紧回屋伸手到米柜中摸寻，果然找到一颗漂亮的珠子。可是此时她却起了贪念，想将龙珠占为己有，于是否认了自家米柜中有龙珠一事，甚至待两条母猪龙道明身份，变回真身后还执意不还，自然就惹怒了母猪龙。当天夜里母猪龙施法降下了泥石流，莲花峰垮落一半，将整个阳南溪村填埋。老妇人的贪欲害死了许多人，活下来的人也只能流离失所。①

另一个"母猪龙"的故事是关于车邑村本主——雨神李定国的。

　　车邑村本主李定国本为清初大西农民起义军张献忠部下的一员大将，张献忠死后，李定国率兵转入大理，因其军纪严

---

①　田野调查访谈记录。受访人：杨枝寿（男，66 岁，北阳溪村村民）；访谈时间：2018 年 7 月；地点：受访人家中。

明，除暴安良，受到百姓爱戴。某年大旱，五月份还不能栽秧，人们苦求龙王降雨却屡试不灵。李定国心疼百姓，便上表龙王，斥责他的不作为。龙王苦于没有天庭授予的"云符雨牌"，不敢擅自下雨，便托梦给李定国，叫其开挖花甸潭和十八溪水道。李定国组织军民开沟修渠，果然解除了大理坝子的旱灾。玉帝得知此事十分生气，就把龙王困到东海，另派一条母猪龙来掌管降雨。母猪龙不仅滴水不下，还在苍山里到处拱来拱去，拱断了十八溪的水脉，还让房子大的石头和沙子、泥土从山里直冲出来，冲毁田地房屋。在湾桥村上面，冲出了方圆十五六里的大沙坝，五台峰北面弥勒山等不少地方也冲出一个个小沙坝，大理坝子又遭了大旱。后来李定国死后成了神，他于是提剑斩杀了母猪龙，并代行龙王职权，不时行云布雨，搭救苍生。人们为了感谢他的恩德，便奉他为雨神和车邑村本主。①

此类作为精灵的神龙亦正亦邪，常变换不同的姿态在山林和市井之间游荡，不愉快时便会引发一些自然灾害。龙神或龙王则已没有了"动物性"，全然是联通天地的神。在洱海流域，受早期道教及汉地龙文化的影响，龙王首先是一个广义而抽象的概念，其因被认为能降雨治涝，而普遍为人所崇拜。但不像本主那样，多数抽象的龙王无名无姓，也没有属于自己的传奇故事，如同遍及各村的文昌君，每个龙王塑像都指代同一个龙王。龙王庙主要有两种，第一种是作为山神庙的一部分，内供龙王被认为是"小龙王"。在大理乡村，作为"非本主庙"的山神庙分布广泛，因为苍山在西，白族人便称山神为"塞惹伯"（seifssid baof），意为"西方的神"。苍洱之

---

① 参见大理白族自治州《白族民间故事》编辑组编《白族民间故事》，云南人民出版社，1982，第180、181页。

间，海西的白族村寨在地理空间上被当地人习惯性地分为三类：山脚下的村寨（shu gou meng）、平坝上的村寨（be dan hen）以及海边的村寨（gao bi meng），而由村庄分布的位置而定，山神庙大约也沿三条线分布，每条线上的山神庙都为其东面的村庄所祭拜。西线为苍山各峰峰麓；① 中线在现今 214 国道附近；东线则大约是在今天大丽（大理至丽江）公路两侧（见图 1–1）。山神庙就是一个小房间，大者不过 20 平方米，小的则不足 10 平方米，而且没有东面的围墙，如同中国台湾一些地区的"三片壁"②。白族家庭每年都要抽空至佑护本村的山神庙祭拜，除了烧香祈祷、磕头焚表外③，还要准备鱼、肉、干澜④等食物在庙旁做饭野餐，酬神娱己，这种活动即为"谢山神"，白语称之为"xier seissid"。山神庙内除了供奉山神和龙王外，还有土地公公，有些还有神农，他们或以泥塑身，或画像于墙，形象大都威严恐怖。洱海流域的白族大都以稻作定居农业为生，因而所祭之神皆有促进农桑的功能，而山神庙中的龙王，其主要职责便是为万亩良田普降甘霖。

图 1–1　大理地区山神庙方位

---

① 当然也有在山间的，我们在田野调查时便发现上湾桥村的山神庙隐藏于山峰密林之间。
② "三片壁"是台湾乡村为方便鬼魂休息所建的房子，只有三面围墙。参见林玮嫔《"鬼母找女婿"：鬼、三片壁、与贪婪的研究》，（台湾）《考古人类学刊》2011 年第 75 期。
③ "表"即"疏文表诰"，是人们向神灵表达诉求的"书信"，最初起源于道教，用在祭祀仪式中，目的在于将人们的诉求传达给神灵。
④ 一种用米皮做成的彩色油炸祭祀用食品。

第二种龙王庙，龙王多为独立的龙王，既有来自佛教、道教的龙王，如佛教中的难陀、白难陀龙王，道教中的"东海龙王""四海龙王"，也有一些本土的龙王，如沙村的"大黑龙王"，洱源下山口的"黑龙王"（见图1-2）。他们大都被洱海沿岸村寨所崇拜，其宗教功能除降水外还有防涝、护航等，这些龙王有的被封为本主，有的则作为水神坐镇一方，但都有属于自己的庙宇，且规模较大。①环洱海一带，下关镇宝林、羊皮等村，大理镇才村，喜洲镇波罗塝村等都立龙王为其本主（见图1-3）。宝林、羊皮等村的本主中有一位便是"白难陀龙王"，这是一位源自印度佛教的龙王，随着佛教传入大理后被一些白族村寨奉为本主。才村的本主是"四海龙王"，传说其神通广大且会灵活变通，能同时满足村民的各种请求，如"早吹南风，晚吹北风，夜间下雨，白天打麦"，所以村民为其建庙塑像，立为本主。喜洲镇波罗塝村"敕封青男英灵赤国景帝得道龙王，龙子御史，龙孙太史"，是该村两坛本主之一，三代龙王镇水御敌，拥有很高的法力；喜洲镇沙村的龙王则是20世纪60年代才移居大理的"大黑龙王"，据说该龙王原居鸡足山，后因"文化大革命"，鸡足山大搞"破四旧"，其便托梦叫人把它接回了大理。规模较大的龙王庙往往其信众的分布范围也较广，而一些规模较小的庙宇则大都只被本村人打理祭拜。如下阳溪村虽然与古生村只有一河之隔，但该村居民认为古生村的龙王"公事繁多"，无暇顾及他们村的福泽，便只于鸡鸣江畔自建的一座小龙王庙祭拜。此外，其他一些庙宇也塑有龙王像，或立有龙王牌位。如双廊红山本主庙内塑有"四海龙王"和"九龙圣母"像，喜洲河矣城村以东的八姆庙供有"四海龙王"的牌位，还塑有骑龙的龙王像。

---

① 白族人还将龙（龙王）在属性和功能上做一定的分类，如"母猪龙"能导致泥石流，所以被认为是地龙或土龙。洱源大楼桥的芭蕉龙王虽然重要功能也是驱旱求雨，却被称作"旱龙王"。而位于喜洲神都后面的"青天龙"能为人们消除疾病，特别是顽虐的皮肤病，所以被认为是专门管理下蛊治病一类的"蛊龙"。

图 1 - 2 洱源下山口黑龙王像

图 1 - 3 喜洲镇波罗塝村本主像

狭义的水神崇拜则十分多元。该类水神多为人化为神，或源自传说故事，有的还作为本主。史料中多有这类水神的记载，如明正德《云南志》卷三十五《仙释传》载：

> 无言和尚，姓李氏，绍祖父，精密法教。尝持一铁钵人定咒诵，欲晴，则钵内火光烛天，遂霁；欲雨，则外中白气上升，遂雨。蒙氏封为"灌顶国师"。尝于崇圣寺讲经，有老翁立听，毕，乘风云而去，众惊问之，曰："洱水龙也。"①

无言和尚因懂得佛教求雨之秘术，可以借法控天之晴雨，所以在南诏时被蒙氏拜为"灌顶国师"，而他之所以有如此本领是因为他能召唤洱海中的龙，洱水之龙化作人形听他在崇圣寺讲经，结束之后又变为龙形，乘风云而去。而在现实中，则多为区域性的本主水神，他们也大多为保佑村寨做出过牺牲和功绩。如挖色镇小城村的本主——海神姑娘，相传她随父亲自西域来到大理，其父被观音封为洱海新君主。后来，老海神为治理洱海水患而牺牲，海神姑娘继承父亲的神位和衣钵，帮助百姓开渠引水、织网捕鱼，做了很多好事。她死后，人们便尊奉她为本主，并为她建庙塑像，世代祭祀。海东镇金梭岛本主"三星太子"原是居住于该岛的张新泽三兄弟，传说古时有一只妖猴来到岛上百般作恶，不仅抢夺渔民们的渔获，还将岛上一位漂亮姑娘掳入山洞企图占为妻室。为驱逐恶猴，张氏三兄弟便率领村民与之展开厮杀，最终老大张新泽与妖猴同归于尽，其余两兄弟也身负重伤。村民为感激和铭记张氏兄弟的恩德，便奉他们为本主（见图1-4）。挖色镇沙漠庙中塑有杨干贞塑像，杨干贞生长于海东渔村，自小以捕鱼为生，后来更是于段氏大理国前建大义宁国，段氏掌权以后杨氏虽最终亡国败走，却被海东地区的白

---

① 方国瑜主编，徐文德等纂录校订《云南史料丛刊》卷6，云南大学出版社，2000，第439页。

族渔民奉为"弓鱼之神"（见图1-5）。天宝战争中唐军亡将李宓也因其祠庙建于原来的龙王庙旧址上，而被人们视为"水神"。白族划船捕鱼的人家，特别是以船为家的"渔船民"还信奉"船公船母"。河矣城八姆庙中所塑的"船公船母"像，是一对身着白族传统服饰的夫妻，丈夫穿马褂长衫，妻子则穿"金花"绣花裙装，头戴"风花雪月"包头。二人立于小船之上，丈夫执弓射箭，妻子撑竿划船。白族渔民每逢出海打鱼，或遇船底漏水、有人坠湖等"海难"都要到此祭拜（见图1-6）。此外，海东地区的人们还拜"泽被海东"的"老太"，该地传说老太原是一位龙女，因其为海东百姓引来清泉灌溉农田，遂被文武村奉为本主，并先后修建了两座"老太庙"以祭拜（见图1-7）。双廊镇红山本主庙内供奉的王盛、王乐和王乐宽祖孙三代将军，以及下关镇石坪村南海将军庙供奉的字姓将军父子，也被洱海沿岸百姓奉为"海神"，并分别掌管洱海南北水域。

图1-4　金梭岛三星庙

图 1-5 挖色镇沙漠庙杨干贞像

值得说明的是，有些被神化的人物身上既有龙神、水神的封号，有时候也被认为是洱海之神，比如后文将提到的红山本主和段赤城。有些水神既是龙王，同时也是某地之本主。而在作为本主的水神中，有所谓的"单一式本主"，即一处庙宇内本主仅为一神，如洱源茈碧湖河头本主龙王段赤城；也有"复试本主"，即两位或几位神祇共为某一庙宇内的本主，如宝林寺内的白难陀龙王、段赤城和新王太子三位本主。极端的例子如喜洲"九坛神"本主，由五台山神、大黑天神、鸡足山神、小黄龙神、三泽之神、段赤城龙王、白洁夫人、三灵皇帝以及中央本主段宗榜九位神祇组成，可谓热闹丰杂。

图1-6　喜洲河矣城八姆庙船公船母像

洱海水神纷繁多元，在长时间的地理和社会变迁中又多有流变。我们曾多次骑车①环洱海流域走村串巷，向村民打听关于水神的传说故事，但也只能做个大概的了解，尚有许多只被村落或个别群体信奉的"小水神"不被人发现。而那些被白族人尊奉为本主或"洱海龙王"的神则大都有自己的封号，并常常被冠以"神力在苍洱诸神之上"的称呼，因而它们拥有很多信众。在现实生活中，除了被塑像于庙宇内的水神外，在仪式场域还杂糅各种大小、造型、功能不同的水神。白族人多在日常的祭祀祈禳仪式中使用它们，以在白族民间宗教仪式中经常使用的甲马为例，其中光是龙神的形象便有龙王（人面龙身），芭蕉龙王、烂龙（完全人形），火龙太子（龙坐

---

① 为了便于做田野调查，杨跃雄专门考了摩托车驾照，买了摩托车。读博期间，每年寒暑假从厦门大学一放假回到大理就骑摩托车到洱海流域的诸多村庄做调研。

图 1-7　海东文武村新老太庙中的老太像

骑），水府龙王、白龙·苍龙·财龙（人形，长有龙须），小黄龙
（龙形，有足，站立），水府龙王（喷水龙形），龙王娘娘（龙首人
身）等（见图 1-8 至图 1-11）。① 当然，在所有的水神信仰中，
"洱水之神"② 段赤城显得最为普遍和独特，下文我们便主要对此进
行讨论。

---

① 李晓珏：《甲马与大理白族的水神信仰》，《西南边疆民族研究》2018 年第 1 期。
② 洱海，在历史文献中也被称为"洱水""洱河""西洱河""西洱海"等，今天所
谓的西洱河在《南诏图传》等文献中被称为"龙尾江"。

图 1 - 8　白族水神甲马：水府龙
王之神、水府娘娘之神

图 1 - 9　白族水神甲马：
水龙王

图 1 - 10　白族水神甲马：
洱河灵帝

图 1 - 11　白族水神甲马：
河伯水神

第二章 水神的传说、分布与嬗变

　　白族有着悠久的农耕历史，古代的农业生产取决于大自然的支配，尤其是对农作物（主要是水稻）是否丰收有着决定作用的雨水，对人们的生存和发展有着直接的、极其重要的影响，因此，能控制水、能降雨的"水神"崇拜在白族民间宗教体系中具有极其重要的地位和意义。提到大理的"水神"，首先不得不说段赤城。"洱水神祠，白语叫'杜司闷'，意为'东方神所在'，在今大理龙凤村，祀段赤城为本主神，其性质当为'海神'，即是司水之神。"①

　　"洱水之神"段赤城在老一辈的白族人中熟知度较高，特别是海西一带沿湖村寨中的乡绅耆老，总能侃侃而谈，讲述他们所知道的段赤城故事。而莲池会中整日吃斋念佛的"老斋奶"却不一定知道段赤城的身世，在我们的田野访谈中，段赤城被她们称为"龙王本主"或"龙王老公公"，然而一旦问及具体的细节，她们往往会叫来旁边老年协会中打牌聊天的老年男性代为回答。其实，由于旧时社会偏见，许多白族老年妇女都不能识文断字，她们平日于本主庙中念的朗朗上口的经文，大都是各莲池会历代"经母"口口相传，其他老人再由"经母"口授习得。这种脱离文字的"密传"方式需要学习者有很好的记忆力和理解能力，但现实却多不理想，许多初学经文的"老斋奶"或记不全经文内容，或容易将几十篇经文混淆。

---

① 　杨政业：《白族本主文化》，云南人民出版社，1994，第 9～10 页。

而那些接受过教育能将听到的经文默写下来的，有些也因没能理解
其内容而写错字，因而村里的耆老们认为莲池会的"老斋奶"只是
记住了经文的字句读音，对其中内容大都一知半解，所谓"老妈
妈念经，有口无心"。由于老年妇女并未占有文本知识，她们不可
能通过阅读或查阅文献来解开心中迷惑，因而一旦新老"经母"
之间的传承断裂，或"经母"没能向她所掌管的莲池会成员传授
"正确的"宗教知识，那么往往一群"老斋奶"便会认错神、念错
经，而即便是同一篇经文在不同的莲池会中也会有各种略有差异
的版本。

　　我们用在磻溪村的田野经历举例说明。我们进入磻溪村参观该
村本主庙时，正好遇到村里几位老人在为家里刚考上大学的孙子来
本主座前磕头谢恩，闲聊之下得知其中有一位年长者还是村里莲池
会的前任"经母"。见到本主为一尊手持鱼叉的神，想着磻溪村本也
是渔民较多、远近闻名的渔村，我们便问几位老人，此本主是否为
某位海神。老人回答她们村的这位本主是一位大将军，与下关将军
洞的那位大将军（李宓）是同一人，其手中握的是打仗用的兵器。
老人神情肯定，言辞间还透露出一种自豪的意味。但当我们走出大
殿，看到挂于两旁的对联时，却陡然发现该村本主明明是"吞丹救
人"的大黑天神，之后再看刻在石头上的"磻溪村本主介绍"才恍
然大悟，原来这几位"老斋奶"给我们提供了错误的信息，甚至她
们所知晓的关于她们自己本主的信息也是错误的。之后，当我们到
该村老年协会所在的珠联阁将以上趣事讲给几位绅老听时，他们忍
不住一笑，说："老妈妈念经，一个念错全部都错。看到人家下关将
军洞香火旺盛了，就想把自己家的本主也附会过去，其实她们哪懂
得什么叫历史。"据我们田野调查所知，在大理农村，老年人在子女
成家以后便开始逐渐步入自己的"退休生活"，加入不同的老年群体
组织。老年妇女加入莲池会，老年男性则加入老年协会，村里受过
教育、社会地位较高的老年男性则加入洞经古乐队。针对本主信仰、
祭拜祖先、打醮求雨等，耆老们自己参与则自认为是坚守传统文化，

而"老斋奶"们参与则被他们认为是搞"封建迷信"，因而耆老们虽然熟读诗书，知晓各种历史典故和神话传说，却不屑于干涉"老斋奶"们的宗教事务。由此，在一定程度上，两个群体、两套平行的文化传承体系之间便形成了知识的壁垒，导致懂神的人不拜神、拜神的人不懂神的情况出现。当然，在民间的宗教活动中，资深的参与者其实对所参与的宗教一知半解，甚至全然不知的情况也并非少见，桑高仁（Steven Sangren）在中国东南乡村田野调查时，以及费孝通在开弦弓（江村）田野调查时，都碰到过类似的情况。民间宗教活动的参与者更多的是依据乡间传统、仪式轨迹和个人想象参与这些宗教活动，对他们来说，个体社会身份的仪式性获取和个人生命体验的宇宙观构建远比理解和记忆庞杂的信仰体系来得更有意义，那些过于复杂的东西留给专门的神职人员和乡间耆老便可。

此外，文本知识一旦通过付梓传播便会被固定下来，研习者若直接从书本中了解内容就很少出现偏差，当然这种情况要建立在大家手上都掌握同一个版本的文本的基础之上。湾桥镇有一位专门帮别人作法问卦的谢姓"神童"，他因能识文断字，又热衷于民间宗教事务，在当地信众中有很高的认可度，许多外村的"老斋奶"若遇经文不通的情况时常找其请教，他每次不仅能熟练地背诵出经文，也能把经文的出处、大意及所讲道理解释清楚，而他之所以如此熟悉各种经文，据说是手中握有一本很全的经书。当然，口头传说被固定成文本知识以后，也可能会出现逆向传播的情况。有一次，我们向钏邑村的一位老人询问大理本主的情况时，老人侃侃而谈，娓娓道出了许多有趣的传说故事，细问之下，老人告诉我们他所知道的内容大部分来自一本老书，可惜这本书被人借走，多年未还。我们暗自欣喜，莫不是大理民间还遗落有古老的珍贵善本，便请求老人务必向借书的人要回此书。数月以后，老人托人告诉我们该书已回到他手中，我们急忙赶往钏邑村一看究竟，结果遗憾地发现这竟是一本出版于20世纪60年代的大理民间神话传说集。

第一节　关于水神的两则传说

大理民间有关段赤城的故事版本众多，且其中杂糅了许多文化元素，但大体的故事梗概还是以"段赤城斩蟒"和"小黄龙大战大黑龙"两则为主。其中"段赤城斩蟒"的故事在诸多方志中都有所记载，"小黄龙大战大黑龙"的故事则多为民间传说，且后者较前者流行。因"段赤城斩蟒"故事古已有流传，所以以古人的陈述较为准确，而"小黄龙大战大黑龙"故事则较早为徐嘉瑞所收集整理，有一定代表性。两则故事的大概内容呈现如下。

段赤城斩蟒

公姓段，讳赤城，南诏时绿桃村人。有胆略，富膂力，行侠好义。凡乡里间有越理犯分者，辄鸣不平，抑强扶弱，人皆敬畏之，而不敢犯。按《郡志》及《野史》载，唐宪宗元和十五年，龙尾关巨蟒为患，吞嚼人畜。洱水出口，复为所阻，以致泛溢，淹没田宅，人畜无算，水薄城郊，诏王劝利晟颇忧之。布榜国中，募勇士，能制蟒者，受重赏。公慷慨应募，引为己任，遂披甲持双刀，入水与蟒恶斗，不胜，为蟒吞入腹中，不得出，仍转侧不已，剑锋洞蟒腹，蟒死，洱水为殷，而人不敢近。累日后，诏王遣人验之，蟒尸浮水面，知已俱死矣。于是剖腹得公尸，葬于马耳峰麓羊皮村之阳，建塔其上。毁蟒骨以垩塔，名曰灵塔，俗呼蛇骨塔。并于洱海西岸龙凤村建祠祀之。[①]

小黄龙大战大黑龙

南诏初，崇圣寺绿桃村有一贫女，上山砍柴，见绿桃，吞

---

① 龙凤村绅老奚冠南撰书《唐义士赤城段公传》于民国 34 年（1945），我们于田野调查中收集（2017），此为部分摘录。

之，遂有孕。生子，弃之山间，有巨蛇衔去哺养之，遂长大，其母乃携归。儿常随其母山间劳作，渴则饮龙潭之水。一日饮水，觉水微温，有巨人自潭中出，言龙王有病。儿遂与巨人下至龙宫，以草药献龙王，病愈。儿不受赏赐，愿在龙宫多留数日。一日因偷试宫中黄龙衣，乃化为黄龙，龙王大怒。适逢腾越之黑龙盘踞下关，大理一带洪水泛滥，龙王命儿逐黑龙。儿战败黑龙，洪水平息。儿仍化为小蛇，回临山亭。天刚亮，即止于此。人民奉为洱海神，立祠祀之。神遂长居于此，其母乃为龙母。①

当然，有人将"段赤城斩蟒"的故事说成南诏初期洱海流域不同部族之间斗争之隐喻，段赤城（小黄龙）指代的是洱海周边的"白蛮"，而"大黑龙"则是蒙舍"黑蛮"的化身。②

也有人认为"小黄龙大战大黑龙"的故事要早于段赤城的故事，依据是口头文学的出现要早于书面文学，即传说故事先流传于民间，后常被文字记录。如张文勋认为，人们之所以"把小黄龙出生的传说拉到段赤城身上，或说段赤城就是洱海龙王"，那是因为口头文学有很大的变异性，而"赤城杀蟒与小黄龙战胜大黑龙在思想主题上极为相似，他们又都是本地人"，有功于民才祀为神。③ 然而从两则故事的内容来看，"小黄龙大战大黑龙"的故事神话色彩似乎更为浓重，若非要分清先后，我们依然坚持前者早于后者，段赤城由人而化神显然是要经历一系列历史的信仰变迁和神祇敕封的互动过程，而神话的建构和流传也要历经一系列的权力博弈。

现实中，以上两则故事常被糅合撰写成一个完整连贯的版本，如龙凤村"洱河神祠"所展示的"洱海龙王传说"④ 讲段赤城之母

① 徐嘉瑞：《大理古代文化史稿》，中华书局，1978，第202～204页。
② 杨士杰：《试论白族原始宗教的自然物崇拜和龙崇拜》，《云南省历史研究所研究集刊》1983年第2期。
③ 张文勋主编《白族文学史》，云南人民出版社，1959，第34页。
④ 龙凤村邑人请画师誊写于"洱河神祠"外墙，并配有复杂生动的国画彩绘。笔者于田野调查中收集（2017年7月），此为部分简述。

为绿桃村一位穷苦的洗衣女，她在河边洗衣捡食绿桃后怀孕，迫于舆论压力便离群索居，独自将段赤城生下并艰难抚养。其间，她也曾弃赤城于荆棘丛，希望有缘之人可以将孩子抱养，但终又不忍而返。回来找到孩子，却见到他正在被一只白虎用虎乳喂养，一只凤凰张开翅膀为他遮阳。此时恰好南诏宰相路过，坐骑见虎而惊，宰相跌落下马，见此奇景，又得知赤城母子的悲惨身世，他心生悲悯便安排他们回到村里的大户人家中寄居，并定期接济他们。多年以后，赤城长大，成为十里八乡都知晓的侠义之士。有一年，西洱河里来了一条大黑龙，堵塞天生桥，兴风作浪，危害乡里。诏王在大理城中贴皇榜招募屠龙勇士，在众人退避三舍之时段赤城却愤然揭榜。他叫诏王为他准备了三十六把刀扎缚于身，同时准备大量馒头和馒头形状的鹅卵石放在水边，并叮嘱官兵，在他入水和大黑龙大战时，若河水泛黄就丢馒头，若河水泛黑就丢鹅卵石。如此，段赤城跳入河中便变成了一条小黄龙，在经过了一番苦战之后，赤城腹饥，洱水泛黄，官兵便丢馒头给他吃。而待到大黑龙想要吃东西时，投入腹中的只有石头。最终大黑龙败走，跑到了怒江坝。而小黄龙却由于劳累再也无法变回人形，只能化为一条小黄蛇在龙凤村前的一块草皮上休息。后来人们便在此地建庙，奉段赤城为洱海龙王。

此外，民间口头流传的小黄龙战胜大黑龙，小黄龙就是段赤城的真身，此类在大理白族民间有很多版本。田野调查中，我们听到的其中一个版本如下。

相传很久以前，有一天，有一位白族姑娘在洱海边，洗了很多衣服，又渴又累，喝了一些洱海水，并无意中发现水面上漂着一个绿色的像桃子一样的东西，她顺手捡了起来，一放到嘴边，不知怎的，"咕咚"一声，就吞了下去。洗完衣服，回到家以后，觉得肚子胀痛得很，而且，肚子越胀越大，几天后，肚子居然大得就像个孕妇了。当地的郎中把脉以后说，有喜了。天哪！她还是个姑娘啊！怎么会未婚先孕呢?! 乡亲们议论纷纷，姑娘在家里实在是待不下去了，就在家人的帮助下，搬到了附近的山上，搭起了茅草房独自住了下来。随着时间一天天过去，姑娘的肚子越来越大了，几个月后，姑娘居然生下了一个小男孩！

这个小男孩，慢慢长大了，经常到村子里来跟小孩子们玩儿，而大家也都喜欢他。他可真是个好小伙子啊，真是人见人爱、花见花开，如果那时候有汽车的话，估计也是，车见车爆胎！而这个小伙子，最出名的就是，水性特别好。

时间过得真快，一转眼，十多年二十年过去了！当这小伙子二十出头的时候，有一年，洱海水经常变成黑水，而且，苍山上流下来的溪水或下雨后的雨水都无法流入洱海而四处泛滥。据说，那是因为洱海里有一条大黑龙，因他的妻子跟一条白龙偷情，把他的白袍送给了白龙，黑龙大怒，堵死了洱海所有的出口入口，发誓要把洱海翻个遍，一定要找出那件白袍，这下，殃及洱海边的老百姓了，眼睁睁地看着大河小溪里的水及雨天的雨水等都入不了洱海而淹没了庄稼，淹到了村里人的家里等。朝廷出皇榜，要找人来想办法，这时，小伙子就挺身而出，跟乡亲们说，请大家给他准备两样东西：一是面粉做成的馒头；二是铁做成的铁馒头。这两样东西都越多越好，等到大家看到洱海水变黑时，就扔铁做的馒头；洱海水变黄时，就扔面做的馒头。于是，等这两样都准备好了以后，小伙子就在身上左右两边各绑上三把锋利无比的大刀，纵身跳入黑水翻滚的洱海中。小伙子的妈妈就站在乡亲们中的最前面，在小伙子跳进去的洱海边焦急地守望着。小伙子跳进去以后，当水面上黑水翻腾时，人们就往水里扔铁做的馒头，而当水成了浅黄色时，人们就扔面做的馒头，这样反复着，当洱海水逐渐出现了红色，如同鲜血在水中时，小伙子的妈妈开始大声呼唤他的名字，一遍又一遍地大声叫着他的名字，正当妈妈的声音越叫越急促，越叫越带着哭喊声时，洱海水面上冒出了一个金黄色的龙头，正朝着妈妈呼唤的方向看过来，人们惊呆了。

不知何时，洱海水退下去了，恢复了原来清澈的样子，而人们才在恍惚中渐渐明白过来：原来，冒出金黄色龙头的那条龙，就是那个跳入水中与大黑龙搏斗的小伙子，他的妈妈喝了洱海水吃了像个绿桃子一样的东西而未婚先孕并生下他，而他竟是个龙种呢！而一旦龙的真身被世人看见，龙就变不回人形了。因此，小伙子再也不能上岸与母亲相聚，从此成了生活在洱海里被白族人民世代传颂的小黄龙。

后来，小黄龙被好多白族村奉为本主。小黄龙就是段赤城，被称为"洱海龙王"。

小黄龙的妈妈去世后，也被供奉在本主庙里，还被有的白族村奉为本主，称为"龙母娘娘""圣龙娘娘"。千百年来，段赤城和龙母娘娘一起享用着白族人民延绵不绝的香火。①

图 2-1　白族甲马：小黄龙

图 2-2　白族甲马刻板：龙神

---

① 田野调查访谈记录。受访人：杨枝寿（男，66 岁，北阳溪村村民）；访谈时间：2018 年 7 月；地点：受访人家中。更多关于白族龙神话的传说故事，可以参见云南省民间文学集成办公室编《白族神话传说集成》，中国民间文艺出版社，1986，第 66～125 页。

第二节　庙宇的分布

如今还供奉段赤城的村寨主要分布在洱海西岸及洱源地区，在这些村庄中作为龙王的段赤城有多种称呼，如洱海龙王、四海龙王、东海龙王、小黄龙王等，虽然各村所讲故事有些许差异，但实际上都是同一个所指。据我们多次环洱海流域田野调查所记，洱海流域塑有段赤城神像并有明确祭祀活动的庙宇共有 11 处，并且多沿海西分布，自南向北依次为下关宝林寺、下关天生桥江风寺、下关石坪村应海庙、下关洱滨村本主庙、大理镇龙凤村洱水祠、湾桥镇古生村龙王庙、喜洲镇河矣城村"洱河祠"、喜洲镇九坛神庙、上关镇下沙坪村清官庙、上关镇青索村小黄龙庙、洱源县茈碧湖龙王庙。对段赤城的信仰自洱海源头至下游出水口都有所覆盖，其中规模较大者为龙凤村"洱河祠"、河矣城村"洱水神祠"和茈碧湖龙王庙。当然，除以上所提到的这些庙宇外，一些村寨也会塑有不同形态的段赤城神像，本文中我们只对以下庙宇做简略介绍。

一　下关宝林寺

宝林寺古称宝林香社，隐藏于苍山斜阳峰东麓的山谷中，四周青松环绕。该寺是羊皮村、大展屯、宝林村、荷花村的本主庙[①]，也是苍山十八溪之一的阳南溪的发源地，这些村寨便分布于阳南溪周围。宝林寺正殿主要塑有三尊神像，为该村三位复式本主。正中塑的是白难陀龙王，据说白难陀龙王开渠引水，恩泽八村百姓，所以被供奉为本主，他同时也是阳南溪龙王。左边塑斩蟒英雄段赤城，其左边的侍者手捧剑盒，内置五把宝剑，这些剑正是段公斩蟒时所用（见图 2-3）。当年段赤城葬于其中的蛇骨塔便位于宝林寺所佑

---

① 羊皮村为白语叫法，今改名为"阳平村"；大展屯又分屯南、屯中、屯北、清平四村，荷花村分上下两村，故而宝林寺实际上是八个自然村的本主庙。

羊皮村，灵塔已于明永乐年间被山洪所毁，原址附近另有一座南诏古塔——佛图塔，后人常将此塔误认为是蛇骨塔①。右边塑的是新王太子，他威严端坐，作拔剑状。新王太子名叫沈忠宓，是天宝战争时唐将李宓的二将，在和南诏军队作战过程中，阵亡于苍山马耳峰麓，被战后落籍下关的唐朝将士奉为本主，并塑像于庙中供祀。②与宝林村相隔不远的天生桥附近的打鱼村的本主便是新王太子，而新王太子也是湾桥镇下湾桥村的复式本主之一，该村另一位本主是大黑天神。供奉本主的大殿两侧有两副对联，一书："开山引泉，八村受益，白那陀洪恩传万世；斩蟒除害，四处得安，段赤城义胆照千秋。"一书："护国佑民施甘泉，滋润八村；侠风义胆除蟒害，恩泽四邑。"在寺外的围墙上还彩绘有段赤城执剑斩蟒的大幅壁画，宝林寺会期及本主节是农历八月十五日。

图 2-3　下关宝林寺段赤城像

① 据说在蛇骨塔原址处曾有一块刻有"唐义士段赤城之墓"的墓碑，可惜已于1955年遗失。参见李朝真、张锡禄编著《大理古塔》，云南人民出版社，1985，第25页。
② 大关邑村党总支、村民委员会，姬山云、郑文进编纂《大关邑村志》，内部资料。

历史上，宝林寺中所祀龙王段赤城在明万历以前原是清平村段氏"祖先"，《大关邑村志》载，大展屯段家家祠，建于宋朝（大理国）时期，原是段家本主庙。该祠位于本村（原清平村村北）……到明万历年间，受到外地移居来大展屯汉族的影响，恐祭祀不便才把本主移到了山脚之下的宝林寺。① 如今之宝林寺虽然庙宇规模庞大，但因隐匿于深山，不为游客所扰，在闹市之外保留了几分清静。

二 天生桥江风寺

江风寺位于下关城西西洱河河谷深处，连通大理与滇西地区的大保（大理至保山）高速公路沿西洱河向外蔓延，将江风寺与河谷北岸的山峰割裂开来，因而进入江风寺须过一座高桥。高桥入口有一花岗石制牌坊，上书"南天屏障"四个大字，充分体现出龙尾关作为大理南端隘口的重要性，因而自古天生桥也被称为"天生关"。天生桥实际上就是横架在西洱河上的一块巨石，石下有孔，西洱河水流经此孔西去，江风寺便建在天生桥之上。据说，南诏时江风寺下筑有城堡巩固"天生关"，该关还与阁罗凤时期修建的龙尾城城墙相连。天生桥前有一座现代化的水闸，取代天生桥的泄水功能。江风寺前立有许多名人碑刻，其中一块刻有"汉诸葛武侯擒孟获处——赵洲牡武昌立"。明末大理明僧担当和尚曾于此留诗一首："道人有志在青霄，未晓焚香上早朝。山到海边不入海，掉回头去搭天桥。"

江风寺为下关打鱼村管辖，该村本主为新王太子，在村中已另建庙宇祭祀。西洱河曾经是洱海弓鱼最重要的产卵洄游地，而今在山脚的打鱼村想必以前主要便是以捕鱼为生。寺前几块大理石碑上刻有"江风寺叙碑"，记载了多个有关江风寺的传说故事（龙打洞、风关桥、四擒四纵孟获、狐僧大战、风伯雨师争高下、小黄龙为民除害）。"江风寺叙碑"记载："江风寺始建于唐（南诏时期），由民

---

① 大关邑村党总支、村民委员会，姬山云、郑文进编纂《大关邑村志》，内部资料。

间集资建设，距今已有上千年历史。江风寺正殿为风伯雨师殿，后建观音阁，旁建有魁阁、海珠楼等建筑，四周被龙尾城墙围住，既是人们祭祀风伯雨师的场所，也是古代守关兵士的驻地。"每年农历三月初三为江风寺庙会，四月二十日为求雨庙会，八月十三日为黄龙会。其中"小黄龙为民除害"的故事便是"小黄龙大战大黑龙"的版本。江风寺大殿正中塑有"风伯雨师"像，二神并列而坐，坐西朝东，身穿铠甲，形态威严。左者为雨师，右者为风伯，雨师右手握剑，风伯右手执风令。下关因终年风吹不止，故又称"风城"，而这些风便是由西洱河口吹入。坐虎执铜的武财神被塑于大殿右侧。龙王段赤城则被塑于左侧，他身着云浪纹黄底龙袍，左手叉腰，右手执抢，正襟危坐。由神像安放的位置可以看出，江风寺中的主神是"风伯雨师"，段赤城是配神（见图 2-4）。

图 2-4　下关江风寺小黄龙像

三　石坪村应海庙

应海庙位于石坪村西，团山山麓，洱海东南岸，是一座宽阔的

庙宇，站在院内可仰观洱海碧波千里。据说在洱海水位尚未退却的
年代，涨水时水可至庙之墙脚。龙王神像塑于大殿正中，他端坐龙
椅，两边都有武将守卫，背后画有一幅"二龙夺日"图（见图 2 -
5）。应海庙右厢房是石坪村祖祠，内供一牌位，上书"石坪村合村
各姓门中宗祖宗亲等魂位"，牌位前点有两盏长明灯，并供有一些果
酒糖茶。庙宇左侧有一院文昌宫与其连通。另外，石坪村中心又有
一座南海将军庙，虽然并非本主庙，但其香火明显盛于应海庙，外
人甚至认为南海将军才是该村本主。村民将应海庙称为龙王庙，庙
内立有两石碑，一老一新。老者为《龙王碑铭》，置于大殿石梯右
侧，为红砂岩石质，沉稳大气，字迹清晰。新者为《重修应海庙碑
记》，此碑立于 2006 年 10 月 1 日。据碑文介绍，应海庙始建于明英
宗正统十二年（1447），即《龙王碑铭》刻立的年份，距今已有 560
多年。其间多有修缮，尤以民国 33 年（1944）为著，累缮虽耗资甚
巨，但均属土木结构，不经久远。2006 年，石坪村又集体出资 70 万
元，拆除土木建筑，"于原址重建钢筋混凝土之辉煌庙宇，并于当年
重塑庙祀神祇金身"。据此碑考证，"本主为白族人民敬仰之英雄，

图 2 - 5　下关石坪村应海庙段赤城像

南诏义士段公(讳)赤城。洱海沿岸多寨祀公为本主,石坪村亦列于其中也"。①

四 洱滨村本主庙

洱滨村近阳南溪下游,南距下关城 5 公里,古称螺蛳村。其本主庙位于村中心菜市场以东,老庙修建于光绪二年(1876),后于1948 年重新修缮,今庙则为 2000 年重建之钢筋混凝土建筑。洱滨村本主被称为"东海龙王",其神像塑于大殿中央神坛之上,左右各站一位部下,左为托剑之武官,右为捧印之文官。主神左边塑举剑作挥砍状之小黄龙神像,其样式神态与天生桥江风寺之小黄龙神像类似(见图 2-6)。右边则塑三眼六臂、紫体獠牙的大黑天神。文武财神和一执"恭喜发财"四字条幅的文官被塑于大殿南墙一端,牛马二神和手执"六畜兴旺"四字条幅的猪神被塑于大殿北墙一端。

图 2-6 下关洱滨村本主庙小黄龙庙

① 《重修应海庙碑记》,笔者田野收集(2016)。

大殿两侧挂有一副对联，上书"兴云沛雨显威布泽亿万载庙貌巍峨，尽心劳身疏榆治洱千百年神恩浩荡"。洱滨村这位"东海龙王"具体姓甚名谁，我们田野时询问庙中的"老斋奶"，她们已多有不知，但庙背后集市中的老爷爷却证实，中间者为四海龙王，居左者为黄龙神。

五　龙凤村洱水祠

龙凤村位于大理古城以东洱海之滨，供奉段赤城最重要的庙宇——"洱水神祠"便坐落于该村。龙凤村白语称"都使盟"（Dvf sid mel），字面义为"东边海神居住之地"。"洱水神祠"是一座宽敞的院落，为传统土木结构建筑，正殿坐西朝东，到处雕梁画栋、古朴雅致。院内翠柏苍苍、紫薇亭亭，院前芙蓉盛开，又有香阁矗立，青烟袅袅，一派安静祥和。大殿正中挂有两块匾额，上者金底黑字，书"洱水祠"，下者朱底金字，书"玉洱民天"，字皆苍劲有力。殿两侧又挂一副对联，上联书"妙感绿桃万古昭垂龙王庙"，下联书"义奸黑蟒千秋永传无字碑"。殿前走廊有一口"钵井"，井上盖有香台，该井如今还能使用。大殿内共塑三尊神像，我们询问正在殿内点烛化表的老人，得知居中者正是"洱水之神"段赤城。段赤城危坐龙椅，手持金笏，身披黄袍，背后有九龙缠绕。他鼻大眼圆，怒目前视，露出下方虎牙，一副严肃龙王像。其左右两护卫，一人拿弓，一人持印；大殿左边身披铠甲、手持长矛的是"龙王三太子"；右边头戴乌纱帽，着官服，托剑蓄须的老者是"五老爷"。殿内南侧供有三个牌位，中间大、两边小，依次是"龙王三太子之位""翊连阖辟乾坤裔慈圣帝洱海龙王大圣之位""本主五老爷之位"，分别对应以上三位神仙。由牌位可见，龙凤村的本主是"五老爷"，如今它们已成为该村的"复式本主"，而"五老爷"却似乎成了段赤城的配神。

"洱水神祠"右侧是财神殿，内塑骑虎举铜的武财神。据财神殿外墙镶嵌的《重修"洱水神祠"序》，现在的这座庙宇重修于1998

年。右边的一排厢房，一楼是龙凤村莲池会和老年协会的休闲场地，二楼则基本被废弃，不过里面保留了一些古老碑刻。神祠前面以前是深水鱼塘，2000 年以后，大理市施行"退塘还海"政策，鱼塘被挖毁填埋，现在该处变成一个船港，里面停泊了各种游艇和渔船。

六　古生村龙王庙

古生村坐落在湾桥镇，阳溪（也称"鸡鸣江"）入海口以南，是洱海流域比较知名的白族传统村落。古生村本主为托塔天王李靖，其庙被称为"水晶宫"，又有一座三教合流的老旧庙宇和古戏台，古色古香。其龙王庙位于村东洱海边，坐西朝东，与周边的栈道和湿地公园合为一体，安静清秀。老人们讲述，该村龙王庙大约修建于1996 年，是一座土木结构的仿古建筑。庙内大堂中间塑洱海龙王，其身穿盔甲，张口露牙，怒目直视。龙王身后有绿、蓝、红三个龙首伸出，其左右分别站立头顶鲤鱼和海螺的两护卫，左者握鱼叉，右者举圆锤，皆狰狞威严（见图 2-7）。龙王庙南端塑张姑太婆，这是一位身着黄衣、慈祥端庄的女性神，其左站一位手持拂尘的仙女，右站一位手捧仙桃的仙子。龙王庙北端塑的是取经归来的唐僧四师徒，四人上飞下行，画面生动。

古生村民靠海而居，临湖而渔，村西又有千亩良田，这些都需要龙王的佑护。龙王庙修建之前，村民若要求拜龙王，只能去邻村向阳溪村的龙王庙。该庙位于阳溪入海口以北，原本是一座土木结构的小庙，后因年久残破于 2014 年重修，现为混凝土平房结构。庙内塑龙头人身的龙王和两位人像龙子，以及风伯雨师和两位巡海夜叉。向阳溪村龙王庙庙小院狭，又受本村莲池会管理，古生村居民每去敬祭，多觉不便，才下决心自发修建了自家的龙王庙。该村老人讲，庙内所塑龙王是洱海龙王小黄龙，与龙凤村和河矣城村的龙王是一位。至于张姑太婆，有人认为"太婆阿奶"是大理民间传说

图 2-7 古生村龙王庙段赤城及鱼、螺二神像

中的"地母"①，她本家姓张，因而人们喊她"张姑太婆"，张姑太婆专司农田庄稼之事。② 古生村龙王庙大殿两边的对联将"张姑太婆"写为"张公太婆"，应为口误导致的错讹。此外，大理镇才村小邑庄玉案祠内供奉的也是张姑太婆，在白族"绕三灵"活动中随夫回巍山省亲的金姑娘娘便将自家钥匙寄存于此处。而古生村龙王庙内的张姑太婆便是在龙王庙建好以后才从小邑庄"分神"得来。海东镇文笔村的本主也是张姑太婆，据《大理海东风物志》介绍，南诏时期，大理遭遇外敌，张姑太婆曾借兵十万给南诏王，助其反败为胜。③ 现实中，文笔村的张姑太婆庙被称为"老太庙"，"老太"是管理该区域水利农事的重要女性神，海东地区重要的水源地"老

---

① 此处的"太婆阿奶"与各村管理自然、溪水、游魂等的"阿太尼""老太尼"类似，并非道教神话中塑造的生万物伏鳌鱼的"地母"，因为后者在大理坝子内的罗刹阁、喜洲紫云寺、周城北本主庙等处都有塑像，其形象是一个骑鳌鱼（龙头鱼身）或巨蛇的老妇人。
② 李中迪整理《玉白菜》，重庆出版社，1957，第33页。
③ 张奋兴：《大理海东风物志》，云南民族出版社，2006，第360、361页。

太箐"便由该处流出。有学者认为"大理海东乡的老太庙的老太神，是当地最具代表性的龙神之一"①。张姑太婆被视为与龙王一样是一位拥有通渠引水、管理农事本领的女性神，因而也受到白族人的敬奉，其诞辰为农历八月初八，是日环洱海各地都要如农历七月二十三日"放生会"或"耍海会"一样，聚于庙宇内念经、拜神、聚餐。② 此外，原本古生村龙王庙内只准备塑龙王一神，但又有传说认为唐僧师徒取经和白族人放生的习俗与古生村有关，所以又塑上了四人像。③

七 河矣城村洱河祠

洱河祠在喜洲镇河矣城村中心，坐西朝东，大门正对一古戏台，中间为广场。洱河祠为一进两院式土木结构，较之龙凤村洱水祠，虽宽敞不足但精致有余。大门上方悬挂一大理石制匾额，除中间写有"洱河祠"三个大字外，上方又从右至左横写"仙都河矣城"几个字，下方则从右至左竖写几列小字："大殿高塑洱河灵帝，下首站列六部朝臣，鱼螺二神栩栩如生，大殿左塑子孙娘娘，大殿右塑九

---

① 〔日〕川野明正：《大理汉族、白族的城隍信仰与求雨传说》，载任兆胜、李云峰主编《稻作与祭仪：第二届中日民俗文化国际学术研讨会论文集》，云南人民出版社，2003。

② 我们于2018年农历八月初八（公历9月17日）在下阳溪村龙王庙、河矣城村八姆庙、洱河祠都见到了祭拜"张姑太婆"的老年妇女团体，其间也有放生泥鳅和祭拜海神的活动，八姆庙"卧佛寺"内还塑有头戴小黑帽的"张姑太婆"像。

③ 古生村龙王庙旁的立石背面对该故事介绍如下：相传，唐高僧玄奘师徒到西天取得真经返回东土大唐传佛经时，农历七月二十三日这一天，在古生村准备渡过洱海。不料，船刚起航，海边棕树上一只乌鸦突然大叫，龙马受惊，脚下一滑，唐僧师徒、白马和经书都纷纷落入水中。唐僧师徒奋力挽救漂流的经书，由于水深浪急，有些经书已经下沉。下沉的经书有些被洱海中的鱼吞吃了，而沉底的经书被泥鳅发现，它们便齐心协力把经书由海底拱到海面，让唐僧师徒得以收回经书。后来，佛祖知道了这件事，为了惩恶扬善，就让佛家弟子在念经时不断敲打木鱼，让鱼把吞食的经书吐出来，以明因果报应之理。而为了表彰泥鳅抢救经书有功，让天下信众于每年农历七月二十三日这一天，到洱海边放生泥鳅，以表好生之德。于是，众信徒在古生海边修建了"龙王庙"作为"放生"活动场所，古生放生会就成了大理人民祭海祈福、珍爱自然、珍爱生命的盛大节日。

隆圣母。本'洱河祠'历史悠久，是绕三灵必经之地。"如匾所述，庙中所塑神祇可大体知晓。大门有一副对联："百二山河归掌握，万家灯火封神灵。"洱河祠除了是供奉龙王段赤城的庙宇外，还是白族"绕三灵"活动中"仙都"之所在，其大门右侧便有一块由大理州非遗保护中心于 2016 年立的石头，上刻有"国家级非物质文化遗产名录白族绕三灵""仙都·洱河神祠"等字。[①] 由大门进去，第一院为简易厨房、储物间和老人们的休憩场所，我们进去的时候还有人在里面编竹筐。第二院才是正院，而大殿内所塑之神便是之前匾额上提到的那些，只是其中鱼、螺二神并非如古生村龙王庙内鱼首螺头的"水鬼"护卫样，而是手捧金鱼和大螺的文官。

大殿格子门上生动地雕刻着"与蟒皆亡""诏王祭奠"等图案。殿内墙壁上还彩绘有河矣城版的段赤城斩蟒故事。大殿外挂有一副对联："舍身赴死除孽蟒神恩远传百里外，仗义成仁佑士民圣德长荫三村中。"左院墙上嵌有四块大理石石碑，分别为《再塑洱河灵帝神仪碑记》（2003）、《重立"洱河祠"碑记》（2002）、《"洱河祠"碑记》（1774）和《重修"洱河祠"大殿捐资碑记》（2002）。

八 喜洲镇九坛神庙

九坛神庙位于喜洲镇中心四方街以东，为该处各村之本主庙。嵌于庙内的《九坛神祠重建碑》载，九坛神庙原称"九宫神坛"，南诏异牟寻嗣位于公元 779 年（唐大历十四年），御居史城（即喜洲），学唐制各建神祠，该庙便是异牟寻所建神祠之一。原庙早已销毁，不复存在，后喜洲乡民又于 2006 年几经筹划，重建九坛神庙大殿，塑九坛本主像。至于该庙的传说缘起，历史上各有说法，《九坛神祠重建碑》作者认为今作"祈雨会"比较合适，因为庙内本设有一座祈雨台和一方刻有"甘霖澍雨"四字的匾额。而主流的故事讲，

---

① 许多人将绕三灵的"仙都"误认为在金圭寺村，实际上河矣城村与金圭寺村南北相接，而所谓"仙都"实际上便是洱河祠。

喜洲因干旱，邑人请来九位本主聚此集会，目的是请他们代邑人请各地龙王降雨。这九位本主神包括建国皇帝、大黑天神、阿利地母、白洁夫人、洱河灵帝、爱民皇帝、三灵皇帝、中央皇帝、护国皇帝，又说是灵镇五峰建国皇帝（五台峰神）、鹤阳摩诃金钵伽罗大黑天神（密教护法神）、宾阳王崇建国鸡足名山皇帝（鸡足山神）、曩聪独秀应化景帝（曩聪山神）、凤冈阖乾坤懿圣帝（凤山神）、河诶龙王妙感玄机洱河神帝（段赤城）、邓赕白姐圣妃神武阿利帝母（始祖母神）、桑霖元祖镇子福景帝（元祖神）、狮子国王一德天心中央皇帝（段宗榜）。[①] 另一种说法是，农历四月，农事大忙前夕，各村本主相约聚于此庙协商分水事宜，但奈何田多雨少，各位本主又爱民心切，都想为本村争取更多的雨水。于是，诸神久辩不明，一直从天黑争论到天亮公鸡打鸣，眼见日升于玉案山，已然回不去了，索性便就此合住在了九坛神庙。

九坛神居大殿中堂，分为两排前四后五列坐，其中除了白洁夫人、大黑天神、中央皇帝可一眼分辨外，我们亦寻不出哪位是龙王段赤城。实际上，该庙原本有一位本主，只是在这九位"别村"本主借居此处后将中间的位置谦让了出来，现在只能偏安于庙之北侧，自然也多被冷漠。而这种原来本主谦让出中央的主人位给外来的神的情况在大理也并不鲜见，本文中提到的海东沙漠庙，以及龙凤村洱水祠便有这种情况。

九　下沙坪村清官庙

清官庙位于下沙坪村东，近罗时江入海口，镶嵌于清官庙正房东墙的《沙坪村关于收回清官庙纪事》（立碑于 1990 年 5 月 31 日）载：清官庙始建于唐元和十一年（816），原祀南诏王劝利晟时斩蟒英雄段赤城，按明艾自修所编《邓川州志》称为"青男英灵持

---

① 云南省民族文学研究所研究室编《民族文谈》，中国民间文艺出版社，1985，第 88 页。

（赤）国景帝庙"，并祀御史清官，即称"清官庙"。除村民祀奉本主外，以风光明丽著称，庙前古有洱海四阁之首的"水月阁"，明以前为邓川八景之一的"海月明楼"，后称"山市秋涛"，历代石刻均毁于战乱，仅存明崇祯丙子年《重修水月楼记》碑一块。中华人民共和国成立前后这里均设为学校。《重修水月楼记》现存于庙内，只是字迹已腐蚀不堪，无法辨全，只剩崇祯落款依稀可见。

庙内《水月阁古碑》（刻于2017年农历六月十五日）上介绍：水月阁为洱海四大名阁之一，建于元末，盛于明代，此阁建于庙前水中危岩上，《邓川州志》称其为"水月明楼"，是邓川八景之一。嘉靖丙戌（1526）秋，杨升庵、王元吉、李元阳等人曾泛舟游于此，并刻"丙穴"二字于石壁，明末徐霞客也曾由此问路到花树村访"十里香"名花。该阁在明天启乙丑年（1625）倾毁，崇祯丙子年（1636）重修，又毁于清嘉庆年间。上几辈老人曾多次找其原址未果，仅存此碑。1991年云南大学教授王云先生曾拓片，但全文已难辨清，现海水下降，公私建筑栉比而兴。原有多处石刻均被毁尽，今将古碑立此允以保护。清官庙的会期是每年农历六月十六日。

我们于2018年7月去清官庙考察时，几位来自波罗塝村的师傅正在对庙内的神像和彩绘进行翻新，因而诸神都看起来格外光鲜亮丽。龙王段赤城塑于大殿正中，危坐虎椅，面目严肃，左手捧珠，右手似作无畏印。其身穿官服，头戴五龙冕，龙头金三银二。两位夫人各捧宝物，分别坐于赤城左右，都头戴凤冕。三人前面又立有两座小神像，分别代表文武官员（见图2-8）。大殿两侧摆有多座木制段赤城及其家眷的雕塑，其中有一座较有意思，正是牵黄犬灭罗刹开化大理的观音老爹，老爹脚边的小黄瓜惟妙惟肖、十分可爱，我们在大理州博物馆也曾见到一座类似的神像。清官庙附近原是大理、洱源一带贸易盛会"渔潭会"的举办地，该会的举办日期为每年的农历八月十五（中秋节），也称"八月十五会"，会期可延续至七八日至十多日。其中所销售的物品包含家具、嫁妆、牲畜、渔具、农具，以及各类生活用品，滇西一带的各族民众多有来参会贸易者，

"渔潭会"之盛不亚于三月街。因庙中龙王被认为有保护商贾的宗教功能，而各方商贾多是乘船自洱海上游或洱海沿岸来此参会，所以民众大多要到庙内祭拜段赤城。中华人民共和国成立以前，每年会期，都要在清官庙内演戏三日，热闹非常。[1] 后由于鱼潭坡的土地逐渐被新建民房蚕食挤占，会场变得拥挤不堪，于是在 1980 年，政府出面，将会址迁至北俱沙坪村 3 公里处的沙坝。然而，会址虽迁，每年"渔潭会"祭龙王的风俗却得以保留。

图 2-8 下沙坪村清官庙内段赤城像

十 青索村小黄龙庙

青索村位于洱海上游，距洱海约 5 公里，据说诸葛亮南征云南时曾于此处结藤为桥得以过河，"青索"一词便来源于此。洱海主要的入海河流——弥苴河和永安江穿村而过，现村内还保留有一座建于明代成化年间的天衢桥，小黄龙庙便夹于两河之间。庙内《重塑

①　参见喜洲镇上关村委会编著《上关村志》，内部资料，2006，第 313 页。

黄龙金身纪念碑》记载，小黄龙庙始建于 1929 年，20 世纪 50 年代，黄龙金身被毁，庙舍殿堂挪作他用。改革开放以后，龙神信仰得以恢复，该村莲池会翻修庙舍，整理殿堂，恢复了庙殿原貌，并于 1994 年 2 月再次竖起黄龙塑像。但因当时塑画技术不精，神像不够"观瞻"，莲池会便在群众的支持下于 1999 年重塑了黄龙金身，并对殿堂进行了装修。[1]

小黄龙庙为一进式小院，庙舍是土木结构，已较破旧。大门门檐上写有"潜龙肇庆"四个大字。大殿东西两侧分别塑有一文静书生和骑黑虎的武财神。中央主位则是黄龙神的塑像，龙神垂耳瞪眼，身穿铠甲，威严地坐于龙椅之上，背后有五个龙头伸出。其左右分别有一螺头护卫和一执卷文书。子孙娘娘塑于其左侧，其右侧塑的是一位手捧金色鲤鱼的妇人。我们询问青索村莲池会的老人，得知该妇人为小黄龙之生母。她们并不清楚龙神姓甚名谁，没有听说过段赤城，也不把其生母唤作龙母。而老人们告诉我们的关于小黄龙的故事版本是：黄龙神的母亲为青索村人，一日她到弥苴河岸洗菜，忽见一尾金色鲤鱼向她游来，白族人不食金鱼，她便将鲤鱼推回江中，不料鲤鱼还是向她游来，甚至要跳到她怀里，她只能又将鲤鱼放回江中。如此几番以后，鲤鱼依然不走，妇人认为这是天意，便将金鲤带回家中独自煮食。不料便因此怀孕，几个月之后，她生下了一个金灿灿的小男孩。之后的故事就与主流的版本一样了，即小男孩长大以后化为小黄龙与洱海中的大黑龙大战，并因拯救了黎民苍生而被封为洱海之神。其实青索村的本主另有其人，小黄龙庙则被两江沿岸的白族居民广为祭拜。农历七月十五中元节当日，也是小黄龙庙的会期，俗称"海灯节"。是日，数万群众要在此放流莲花灯，黑夜里两条长河中，万盏油灯顺流而下，"疑是银河落九天"，场面十分壮观。

十一　茈碧湖龙王庙

茈碧湖位于洱源县东北，距洱海 70 多公里，其湖水由弥苴河向

---

① 《重塑黄龙金身纪念碑》，杨跃雄田野调查收集（2016 年 8 月）。

南流去，最终注入洱海，此湖是洱海真正的源头。茈碧湖龙王庙在湖西北呈半岛状的罢山之麓，该庙占地宽广，有新旧两座庙宇，旧者在前，新者在后，里面供奉的都是段赤城。老龙王庙以一个走廊中堂作门，门檐挂一块黑底金字匾额，上书"龙王庙"三个行书大字。走廊左右两角分立两座齐人高的塑像作为门卫，左为虾兵，右为鱼卒，皆左手叉腰，右手执戟，作恐吓状。庙内正殿塑有龙王段赤城一家，段赤城左手捧斗，右手举笔作魁星状。其妻双手捧"降雨印"坐于左侧，其子则手握如意坐于父母中间。他们的背景是一幅双龙行雨图，图两侧有一副对联，上联书"神恩洋溢乎群众成正果行天道泽润万物"，下联书"帝德显著于唐朝斩妖蛇为人民笃身除害"（见图 2-9）。新龙王庙离老龙王庙不过百米，为混凝土平房结构，正殿上挂有一牌匾，上书"金殿"二字。殿内亦塑有段赤城一家，段公居中间，姿态与老庙内相似，只是头顶多了一顶五龙冕，又露出下颚虎牙，以显示其龙王身份。其子塑于左，妻塑于右。门口有一副金字对联，上联书"赤胆精忠烈奋勇献身斩决天生桥蛇怪

图 2-9　洱源茈碧湖老龙王庙段赤城一家像

除灾灭害民安乐"，下联书"忠心又实意施泽乡里官封苴碧湖龙王重建金殿表报恩"。

第三节　水神的嬗变

洱海地区最早被文献记载的居民是"昆明"，《史记·西南夷列传》称他们"随畜迁徙，毋常处，毋君长"[1]。可见"昆明"是一个以游牧为主要生计的族类，而这种游牧特征一直持续到了唐代初期。《新唐书·南蛮传》载：

> 爨蛮西有昆明蛮。一曰昆弥，以西洱河为境，即叶榆河也。距京师九千里。土歊湿，宜粳稻。人辫首、左衽，与突厥同。随水草畜牧，夏处高山，冬入深谷。尚战死，恶病亡，胜兵数万。[2]

因此，也有人将这些洱海区域最早的居民称为"洱海人"。[3] 实际上，除游牧生计外，一些在洱海流域居住的先民也发展出了成熟的稻作农业。早在 1938 年 11 月，吴金鼎、曾昭燏、王介忱等人受命于时任中央博物院筹备处主任的李济，来大理做考古调查。[4] 他们发现的史前遗址"多为山之缓坡，每址包含四五台至十几台不等。每址居民散处各台上，不相连接"，由此推断出"大概当时居民，同一血统或同一部落，散居于同一山坡上，每家各就其住处营其附近

---

① 参见《史记·西南夷列传》，《云南史料丛刊》卷 1，云南大学出版社，1998，第4 页。

② 参见《新唐书·南蛮传》，《云南史料丛刊》卷 1，云南大学出版社，1998，第402 页。

③ 林超民：《白族形成问题新探》，载林超民《云南文库·学术名家文丛·林超民学术文选》，云南大学出版社，2016，第 128 页。

④ 参见吴金鼎、曾昭燏、王介忱《云南苍洱境考古报告》，载罗二虎编《西南考古文献》卷 10，兰州大学出版社，2003。

之农田"。此外，他们"在发掘各址中，均发现纺轮、纺坠等物，证明纺织技术在苍洱文化早期即已发达"。从《云南苍洱境考古报告》的资料中可以看出，在史前时期，生活于苍山山麓的居民不是游牧的"昆明"，而是农耕的族类。而在斯科特（James C. Scott）看来，在固定农田中的灌溉稻作农业是将人力和食物集中在一起的关键，"作为新的政治形式，稻作国家只是将原来无国家的人民集中在一起"①。定居稻作的稳定聚落是一个政权产生的圆心。

1972 年，位于大理宾川县的白羊村新石器遗址被发现，其后云南省博物馆陆续在该遗址上挖掘出大量石器、骨器、角器、牙器、陶器等遗物，并伴随有谷物、果核、动物骨骼等食物残渣出土。经 ^{14}C 测定，这是公元前 1820 年前后的古文化遗址。② 云南省博物馆将该遗址认定为"是以农业为主，兼营狩猎、采集与饲养家畜的社会经济。从出上大量的磨制生产工具分析，当时的农业已较发达。遗址中发现贮藏禾草类的叶子、谷壳粉末的窖穴 23 个，表明粮食作物已是当时重要的食物来源。整个遗址的文化堆积较厚，房屋遗迹较小而颇密集，旁又发现储藏粮食作物与生产工具的窖穴，说明白羊村遗址是一处长期定居的村落遗址"③。可见，洱海东岸的宾川地区在新石器时期便有较为成熟的稻作定居农业。

比宾川白羊村遗址更早被发现的是位于洱海西北部的剑川海门口遗址，该遗址位于剑川县剑湖出水口浅水沼泽地，1957 年，在配合河道拓宽、掏挖工程时开始进行考古发掘。海门口遗址中发现了目前中国所发现的最大的水滨木构"干栏式"建筑聚落遗址，且这些聚落的主人大约生活于距今 2000 年前的青铜时代。同时，"大量猪、鹿、牛等动物骨骼的出土，以及稻、麦、粟、稗等植物遗骸的发现，再结合大量箭镞的存在，说明海门口遗址先民的生业方式是

① 〔美〕斯科特：《逃避统治的艺术：东南亚国家的无政府主义历史》，王晓毅译，生活·读书·新知三联书店，2016，第 17 页。
② 阚勇：《云南宾川白羊村遗址》，《考古学报》1981 年第 3 期。
③ 阚勇：《云南宾川白羊村遗址》，《考古学报》1981 年第 3 期。

以种植、狩猎、捕捞水产为主，也进行采集，另外可能还饲养一定数量的猪"。①

此外，在1964年大理州祥云县发现的大波那遗址中，考古工作者除了发掘清理出了著名的铜棺外，还通过分析随葬器物认为："家畜和家禽模型所占比例较大，其次则为生活用具和生产工具；生产工具以锄类为最多，一部分有使用过的痕迹，可以证明是实用物；生活用具中有杯、樽等酒器出现，此外还有'干栏'式的房屋模型。这些情况，表明当时已处于比较定居的农业社会。"②

以上这些考古学的例子说明了远古时期洱海流域人类先民的居住区域相对分散，且其生计方式多元丰富，其中有以游牧狩猎为生的山麓部落，也有以稻作定居为生的平原或湖滨部落。然而"春秋战国、秦汉时期，又是哪个定居民族在洱海地区活动?"

阚勇根据诸多云南地区特别是滇西的考古材料，认为《史记·西南夷列传》中记载的春秋战国、秦汉时期的西南夷中，"农业经济最发达的正是'滇僰'。他们即是古代滇国的主体民族——僰人"，并由此推之，"洱海地区的僰人业已跨入定居的农业社会"③。阚勇将僰人视为世居于洱海流域的原住民。林超民的观点则与此相异，他认为"僰人不是洱海地区土著的居民，他们原先居住在岷江流域，经历漫长的历史时期，到晋代后才逐渐迁到洱海地区"④。马曜和王叔武也认为直到公元8世纪中叶，"滇僰"才逐渐从滇池地区迁至洱海地区。"公元8世纪中叶，南诏统一洱海后继而征服了东西爨。在击破西爨后，一次用武力强迫迁徙'白蛮'20万户于永昌城。"而在他们看来，所谓永昌"当是泛指滇西地区"。当然这里所谓的"僰人"也并非川滇地区原生的土著，而是融合了一部分楚人，这部

① 闵锐：《云南剑川县海门口遗址》，《考古》2009年第7期。

② 熊瑛、孙太初：《云南祥云大波那木椁铜棺墓清理报告》，《考古》1964年第12期。

③ 阚勇：《滇西青铜文化浅淡》，《云南铜文化论集》，云南人民出版社，1991，第63、64页。转引自林超民《白族形成问题新探》，载林超民《云南文库·学术名家文丛·林超民学术文选》，云南大学出版社，2016，第134页。

④ 林超民：《僰人的族属与迁徙》，《思想战线》1982年第5期。

分楚人即"庄蹻之遗种"。[1]

汪宁生根据《史记·西南夷列传》之记载，认为在公元前 3 世纪庄蹻入滇以前云南地区分布的统称为"西南夷"的部落，分属两种经济文化类型，即"椎髻"民族和"编发"民族，前者过着"耕田有邑聚"的定居生活，后者则过着"随畜迁徙，毋常处，毋君长"的游牧生活。虽然"椎髻"民族主要分布在滇西，"编发"民族主要分布在滇池附近，但实际上二者在很多地方同时存在，交错杂居。[2] 张增祺、李东红等人也有类似的观点，但张认为洱海流域的农耕文化为"斯榆蛮"所创造，"斯榆蛮"是该区域的古老民族，与"昆明蛮并非一类民族"，洱海因此也被称为"斯榆泽"。李东红则将"昆明之属"划分为游牧族群和农耕族群。[3]

日本学者林谦一郎曾在云南大学攻读民族史博士，其间，他对白族的起源问题做过深入的研究。其在 1995 年提交的博士论文《白族的形成及其对周围民族的影响》中提出："目前从文献资料和考古资料两个方面明显反映的，我们只能认定古代洱海人，是洱海地区土著的定居农耕民族。洱海人，即古代洱海文化的主体民族，就是白族族源中最重要的一部分。"[4] 林谦一郎将古代洱海流域定居的农耕民族称为"洱海人"，肯定了定居型农业在洱海流域悠久的历史和由此延伸出的发达文化。

人类对水系（包括源泉、河流、池塘、沼泽、湖泊、海洋，以及由此构成的整个水生态系统）的依赖主要出于以下几种目的。第一，作为基本生活资料的来源。简单而言，就是水系可以给人们提供饮用水和食物。因为相较其他获取食物的方式，在水域中捡拾贝

---

① 参见马曜《白族简史》第一章"白族的来源"，云南人民出版社，1988。
② 汪宁生：《云南考古》，载《汪宁生论著萃编》下卷，云南民族出版社，2001，第 1103 页。
③ 参见林超民《白族形成问题新探》，载林超民《云南文库·学术名家文丛·林超民学术文选》，云南大学出版社，2016，第 128 页。
④ 参见林谦一郎《白族的形成及其对周围民族的影响》，博士学位论文，云南大学，1995。

壳、螺蛳、鸟蛋，以及捕获鱼虾、水鸟所付出的努力和消耗的能量要更少，依据最优觅食原则，水域附近往往更受到人们的居住青睐。如今在云南省境内的许多高原湖泊（如洱海、滇池、抚仙湖等）附近的古村落遗址中都有数量庞大的螺、贝类化石出土，也证明了这一点。而大约在距今5000年前，一些史前人类便居住在银梭岛以及临洱海的湖滨台地上，过着捕鱼捞螺、狩猎采集的生活（见图2－10）。第二，满足农业灌溉的要求。充足、稳定且有规律的降水和河水是定居稻作农业得以发展的必需条件，因此，人类群体往往依田而居，而河流水系的位置和分布则决定了农田的选址。大河形成的冲积平原，湖泊退却形成的坝区，入海口的冲击扇区大都会被开垦成肥沃的农田。当遇到水系改道或水源枯竭等情况，农田缺水，作物枯死，农田便会荒废，以此为生的人也只能被迫迁徙，另谋出路。第三，水系可以提供便捷的交通运输条件。在一些区域，由于陆路交通受制于落后的道路状况和交通工具，人们便需要借助船舶

图2－10　白族先民在洱海边渔猎的情景复原

资料来源：杨跃雄拍摄于大理白族自治州博物馆，2019年2月。

等水上交通工具来对人员、货物或信息进行异地运输和传播，而四通八达的水系网络则刚好为人们提供了便利的条件。如费孝通笔下的太湖江村，其大部分的运输工作就是通过穿行于村落河流间的小船来完成的。第四，军事防御的功能。一些村落或城池往往建在山环水绕或多面环水的地方，这便是借用了水域天然的屏障功能，将外敌隔绝开，使其无法进入并大大减少防御成本。当然，除了以上这些水系给人们带来积极的影响外，依水而居必然也要承受其带来的各种灾祸，其中洪和涝便是两种最主要的水害。所以，不论是出于积极的祈求丰收的目的，还是消极的消灾免难的目的，崇拜水神、祭祀水神都有宗教和现实的双重意义。

我们之所以在前面用考古学的例子证明洱海沿岸有悠久的稻作定居农业，其目的就是说明水神信仰体系对稻作定居农业的重要性。或者可以说，成熟的稻作定居农业社会，因为仰仗水系的饮用、灌溉、防洪、止涝、守卫等自然功能，势必发展出一套适应其自然地理构成和社会结构的水神信仰体系，因而水神信仰对这一类型的人类社会组织至关重要。而我们猜测洱海流域的水神信仰甚至在"原始社会"时期便已有之，只可惜在南诏以前该地并无考古材料或文献记载明确告知我们彼时具体的水神是谁。

滇池与洱海占据云南高原湖泊的前两席，有着相似的自然环境和气候条件，历史上两地的居民多有流动，同为云南文明最重要的发祥地。晋宁县位于滇池西南方，1956 年，考古工作者在该县石寨山中发现了一座滇王墓，在该墓中出土了一方"滇王之印"，据称该印便是史料中所记载的"滇王之印"。《史记·西南夷列传》载：

> 元封二年（前 109），天子发巴蜀兵击灭劳浸、靡莫，以兵临滇。滇王始首善，以故弗诛。滇王离难西南夷，举国降，请置吏入朝。于是以为益州郡，赐滇王王印，复长其民。西南夷君长以百数，独夜郎、滇受王印。滇小邑，最宠焉。

"滇王之印"除了能证实汉王朝对"边疆少数民族君主"的册封事件外，更有意思的是，该枚金印的纽部被铸成了蛇的形状。此外，晋宁石寨山滇王墓中还出土了大量与蛇有关的器物。据粗略统计，具有蛇图像的青铜器不下100件，其中有20余件是在人物或动物活动场面中被置于显要或特殊位置上，① 其余则作为装饰性题材出现于各种器物上面，① 如出土的多件"杀人祭铜柱贮贝器"都铸有大蛇缠绕即将被献祭的裸体奴隶的场景。

关于这些有蛇元素参与其中的意象的意义，有学者认为：其一，滇王国的君长以蛇作为崇拜信仰对象，认同其为一种象征权力的标志；其二，汉王朝的正统意识中，也同样认同"滇"是以蛇为信仰对象的民族，所以赐以蛇纽金印，以区别于其他的少数民族。② 而蛇在滇国中便有"水神"的地位。黄美椿提出，蛇的图像主要是水神，晋宁石寨山青铜器上出现的以蛇为尊的祭祀场面，应为祭"水神"或者祭"龙神"之类的祭祀活动。③ 其观点不无道理。稻作农业多分布于热带、亚热带地区，该区域热量充足、降雨丰富，许多蛇类也栖息于此。谷熟穗沉自然会吸引诸多鼠雀，而蛇多以小鸟和老鼠为食，因而稻作发达、人员密集的空间也多有爬蛇游弋。蛇的形态怪异，有些种类还有剧毒，人们只能对其敬而远之。久而久之，蛇便和农业、雨水联系在一起，并被编织到人们的宗教信仰和民俗观念中。由此，"在南方古族的蛇信仰中，蛇既是水神、雨神，很可能还同时集土地神、农业神等诸多神格于一身，与稻作农业的关系应当相当密切"④，即《管子·形势解》所谓"蛇龙，水虫之神者也。

---

① 参见黄美椿《晋宁石寨山出土青铜器上的蛇图像试释》，载云南省博物馆编《云南青铜文化论集》，云南人民出版社，1991。

② 霍巍：《中国古代的蛇信仰与稻作文明——中日稻作文化比较研究之一》，载霍巍《西南考古与中华文明》，巴蜀书社，2012，第179页。

③ 参见黄美椿《晋宁石寨山出土青铜器上的蛇图像试释》，载云南省博物馆编《云南青铜文化论集》，云南人民出版社，1991。

④ 霍巍：《中国古代的蛇信仰与稻作文明——中日稻作文化比较研究之一》，载霍巍《西南考古与中华文明》，巴蜀书社，2012，第187页。

乘于水则神立，失于水则神废"。前面我们提到，如今洱海流域的白族祖先中有一部分可能是在公元8世纪中叶，由居住在滇池附近的"滇僰"群体迁徙融合形成。若这种假设成立，那么"滇僰"群体的崇拜蛇为水神的习俗自然也会被一并传到洱海流域，更或者洱海流域也早有以蛇为水神的宗教传统。而在赵橹看来，远古时期洱海流域的温暖湿润的气候十分适合蛇蟒一类生物生长，"初民"视其奇特，常奉其为神灵，因而南诏及之前洱海中的水神便是蛇。① 此种观点有一定道理。

在外来成熟型宗教传入洱海流域以前，该区域自发形成的宗教形态多被学者们称为"巫教"。"巫教观念起源于早期原始社会，其特征是幻想依靠'超自然力'对客体强加影响和控制，是一种准宗教现象。巫术在汉代就已在大理地区白族的先民中流行。"② 而蛇便是一种主要的巫教崇拜神，这一点考古材料已有证明，至于文字材料，我们后面还要讨论。不论如何，我们可以肯定的是，在洱海流域水神崇拜早已有之，且一直延续至今，但水神的构建和敕封并非一成不变，随着社会历史背景的变迁，不同水神在宗教舞台上也经历了一次次嬗变的过程。

若我们以现有文献记载为依据，厘推洱海流域的水神嬗变过程，则有关洱海水神的记载直至南诏才出现。

一 道教水神：三官之水官

唐樊绰《蛮书》卷十载，贞元十年（794）唐诏之盟中，南诏第六代国王异牟寻遣其子寻阁劝、清平官洪骠利时、大将军段盛与唐朝西川节度使判官崔佐时"谨请西洱河、玷苍山神祠监盟"，并"率众官具牢醴，到西耳河③，奏请山川土地灵祇……其誓文一本请剑南节度随表进献，一本藏于神室，一本投西耳河，一本牟寻留诏

---

① 赵橹：《论白族龙文化》，云南大学出版社，1991，第54页。
② 杨镇圭：《白族文化史》，云南民族出版社，2014，第69页。
③ 此处"耳"同"洱"，下同。

城内府库，贻诚子孙。伏惟山川神祇，同鉴诚恳！"如此重大的国家外交事务，要到洱河神祠奏请山川土地灵祇，并将盟表一本投于西洱河，可见南诏时洱海水神已在人们的宗教生活中扮演了重要角色。洱河神祠在南诏时便有，且是重要的国家祭祀场所。然而洱河神祠中究竟供奉的是谁，我们不得而知。彼时佛教尚未在洱海地区兴盛，除了"巫教"的力量外，异牟寻于《云南诏蒙异牟寻与中国誓文》中"上请天、地、水三官，五岳四渎及管川谷诸神灵，同请降临，永为证据"[1]，其中不免有道教思想的影响。由此，也有史家认为这次"苍山会盟"所采用的便是道教五斗米道的誓盟方式。特别是其中"上请天、地、水三官"之仪式，确与五斗米道"三官手书"有相通之处。[2] 因此，异牟寻时期洱河神祠中所塑之洱海水神便有可能是道教三官中的"水官"。

西晋陈寿所著《三国志》卷八《张鲁传》中有引注《典略》[3]之内容，其中载有张鲁修五斗米道的教法。

请祷之法，书病人姓名，说服罪之意，作三通，其一上之天，著山上，其一埋之地；其一沉之水，谓之三官手书。[4]

向达先生将《云南诏蒙异牟寻与中国誓文》列出与之相比较，认为前誓文"很明显的用三官手书方式，故南诏的宗教信仰确然为五斗

---

① （唐）樊绰撰，赵吕甫校释《云南志校释》，中国社会科学出版社，1985，第329~330页。
② 道教中的"三官大帝"即天官、地官、水官。三官在早期道教中就占有重要的地位。东汉末年就有天、地、水三官之名。据称其中天官能赐福，地官能赦罪，水官能解厄。一说天官为唐尧，地官为虞舜，水官为大禹。又因"天气主生，地气主成，水气主化，用司于三界"，"三元正当三归宫，故曰三官也"。故以农历正月十五日为上元，七月十五日为中元，十月十五日为下元，三日统称为"三元节"。
③ 《典略》为三国时期魏国郎中鱼豢所著，是一部业已失传的中国古代野史著作。内容上起周秦，下至三国，纪事颇广，体裁驳杂，系作者抄录诸史典故而成。清代名士纳兰容若辑有佚文。《典略》的作者鱼豢在正史中无传，生平无从考知。
④ 《三国志》第一册，中华书局，1959，第264页。

米道，是毫无可疑的"①。其在所著《蛮书校注》卷十中也说："天、地、水三官乃天师道之一种中心信仰……今按南诏与崔佐时盟誓上请天地水三官，其誓文除以一本随表进献外，一本藏于神室，天也；西洱河，水也；府库，地也。故在唐贞元时，南诏之宗教信仰犹以三官为中心，即是天师道一流。"② 而从巴蜀道教传播于西南夷地区的大势来看，早期五斗米道"天地水三官"的信仰，确有在南诏流传的可能。③

　　三国时期的大理巍山人孟优是探究云南地区道教起源的重要线索。在大理民间，孟优被白族人称为"药神"，并被视为孟获的二弟，海东镇海东村还奉其为本主，在洱海地区也流传有孟优寻药救百姓的传说。清乾隆《云南通志》卷二十五《仙释传》载："孟优，蒙化人。世居巍宝山，与土帅孟获兄弟也。素怀道念，常往来于澜沧、泸水间，得异人长生久视方药诸书，随处济人。"④ 孟优习得道教各种阴阳方术，并深谙道教济世救人的思想。巍山民间传说诸葛亮南征孟获时大军驻扎南涧，士兵因误饮哑巴泉水而失语，诸葛亮得知孟优有医人之术便亲自前往其修道的巍山龙潭殿求药，蜀军服用了孟优赠予的药草之后方才痊愈。诸葛亮慕其才术，留其在军中当医生，后带回四川。诸葛亮去世后，孟优入四川峨眉山清修传教。⑤ 明清以来，龙潭殿已演变为道教的文昌宫，而"孔明求药"的故事在清乾隆《云南通志》卷二十五《仙释传》中有所记录。此外，对大理有影响的道教人物还有东晋时的书圣王羲之⑥，胡蔚本

① 　向达：《南诏史略论——南诏史上若干问题的试论》，载向达《唐代长安与西域文明》，重庆出版社，2009，第172页。
② 　（唐）樊绰撰，向达校注《蛮书校注》，中华书局，1962，第261～263页。
③ 　张泽洪：《南诏大理时期的道教探微》，《大理民族文化研究论丛》，2006，第107～119页。
④ 　《文渊阁四库全书》第570册，台湾商务印书馆，1986，第259、260页。
⑤ 　薛琳主编《新编大理风物志》，云南人民出版社，1999，第210页。
⑥ 　王羲之的道教信仰有深厚的家庭背景。王氏家族是东晋时最有代表的文化士族，从上到下，信奉黄老学说。《晋书》卷八十记载，王氏家族"世事张氏五斗米道，又精通书道"。《道经》中记载了王羲之始祖王子晋向往神仙之灵虚，远行放达于天台北门金庭桐柏山（即今嵊州金庭）第二十七洞天（道界三十六洞天之一）的故事。《潜夫论》记载："因氏王氏，其后子孙，世喜养性、神仙之术。"

《南诏野史》载："唐开元十四年（726）立庙，祀晋右军将军王羲之为圣人。"王羲之是道教天师道世家，又是书法名家，很受南诏王族的崇敬。李京《云南志略》云："其俊秀者颇能书，有晋人举意。蛮文云，保和中，遣张志成学书于唐，故云南尊王羲之，不知尊孔孟。"① 盛罗皮（712～728）即位后，"祀王羲之为先圣"，在境内传播道教。直到第十一代主劝丰祐时始废道教，崇拜佛教中的密宗。②

《南诏德化碑》刻立于唐开元二十年（738），是了解南诏和中原交流史的重要历史文物，碑文为南诏清平官郑回所撰。郑回本为中原人士，唐天宝年间为西泸（今四川西昌）县令，后为南诏所俘，押解回太和城，并被南诏封为清平官（相当于汉制之宰相），因而郑回对道教在大理的传播和发扬也有一定影响。《南诏德化碑》碑文中多处显露出南诏文化受道教影响的痕迹，如"恭闻清浊初分，运阴阳而生万""性业合道"等话语，是碑文作者欲借用道教"道"的原理来论证南诏的"德化"和对唐的友好。而"然后修文习武，官设百司，列尊叙卑，位分九等。阐三教，宾四门，阴阳序而日月不愆，赏罚明而奸邪屏迹。通三才而制礼，用六府以经邦"，则称南诏遵行中原礼乐文化制度。其中"阐三教"，即指阐扬儒释道三教，南诏开国，儒释道三教皆对其有深远影响。

《白古通记》中还载有诏王劝丰祐请南天神庙"修道者"周善海施法降雨一事，说明在南诏时借用道术祭天求雨已较为普遍。

> 天旱，王请西天白胡神至，启坛行法术。乌云油然，布于地，亦不雨。人民以竹为枪而戳之。方漏些须雨，乃止。白胡神曰："此处必有得道者戏止之。"王多着人员，访得南天神庙

---

① （明）钱古训撰，江应樑校注《百夷传校注》，云南人民出版社，1980，第170页。

② 中国彝族通史编纂委员会编纂《中国彝族通史》卷2，云南人民出版社，2012，第281页。

有修道者，名曰周善海。请之，不赴。王与白胡神往谒之，白胡神见善海而先拜。王问其故，白胡神曰："周善海顶上有咒五字，乃我们本师之号，是以拜之。"王曰："我们何不见？"白胡以香水洗王眼，乃见"苏怯先和罗"五字。诏（王）亦拜之，告曰："凡人不知圣术，愿施雨泽，以济亢阳。"善海曰："为人上者嗜杀，天谴不雨。如悔过迁善，雨乃降焉。主先回，雨后来。"果大雨滂沱，民大悦。①

　　今苍山中和峰麓的"点苍神祠"内尚存有一块石碑，碑正面中间竖刻大字"敕封点苍山昭明镇国灵帝神位"，左右各竖刻小字"六曹官吏之神""同堂文武众神"。杨瑞华、杨明达等人认为南诏"苍山会盟"所在的"苍山神祠"便是如今的苍山本主庙②，然而亦不知当时具体的苍山之神为何人。南诏蒙氏政权统一云南后，模仿中原制度，在其境内设定五岳四渎③，点苍山便为"五岳四渎"中的中岳，而丽江的玉龙雪山则为北岳。到了元朝初年，元世祖忽必烈到丽江时，又封玉龙雪山为"大圣雪石北岳安邦景帝"④，虽有一个"帝号"，实际上就是以山拟人，山神不与具体的人物或神仙相对应。南诏时期的西洱河神、点苍山神情况也应大略如此。

二　巫教水神：毒蛇、金鱼、金螺

　　到南诏末年及大理国时期，洱海除了有一个道教的水官外，在

---

①　王叔武辑著《云南古佚书钞》（增订本），云南人民出版社，1996，第69页。

②　杨瑞华：《苍山神祠考》，《白族学研究》1996年第10期；又见王明达《本主崇拜的产生与本主故事的时代特征》，《边疆文化论丛刊》第一集，云南民族出版社，1988。

③　《僰古通纪浅述·蒙氏世家谱》中记载："封五岳四渎：以绛云路山为东岳（一名尤雪山，在武定、东川接界。其山有十二峰，四时云横雪山上。山上有池，池中有异鸟，有共命者，有一头而二身者），以无量山为南岳（在景东之南），以高丽贡山为西岳（在金齿之西二百里），以松外龙山为北岳（在丽江，一名雪山），以点苍山为中岳。以金沙江、浪沧江、黑惠江、潞江为四渎。"参见尤中《僰古通纪浅述校注》，云南人民出版社，1989，第27~29页。

④　云南省丽江地区地方志办公室编《丽江年鉴·1997》，1997，第284页。

相关的文献记载中其内部开始出现具体的水神。《南诏图传》① 是研究白族历史文化的重要资料，于南诏中兴二年（899）完成，由《图画卷》和《文字卷》两部分组成，《图画卷》最末有一"洱海图"。图中洱海内部画有雌雄二蛇，红体白腹、两尾相连，双颈缠绕，作交尾状。二蛇蟠成一椭圆形环，身体多处自然弯曲，蛇头立于中间，身上细小的鳞片清晰可见。左蛇抬头闭口做严肃状，为公蛇。右蛇仰头张口做挑逗状，为母蛇。在二蛇南北两端绘有金鱼和金螺各一，洱海周围则有三条大河与外界连通（见图 2 - 11）。又《文字卷》载：

> 《（西洱河）记》云：西耳河者，西河如耳，即大海之耳也。主风声，扶桑影照其中，以种瑞木，遵行五常，乃压耳声也。二者，河神有金螺、金鱼也。金鱼白头，额上有轮。蒙毒蛇绕之，居之左右，分为二耳也。而祭奠之，谓息灾难也。

如文中所述，西洱河（即洱海）② 的河神是金鱼和金螺，它们分布在洱海南、北两侧，周围还有"蒙毒蛇"③ 绕之，若对它们进行祭奠，可消灾免难。《文字卷》中虽然并未明确表明两条蟠蛇也是洱海中的"水神"，但我们结合之前提到的蛇在稻作定居农业中有祈丰求雨的功能，并不能否认《洱海图》中的赤蛇便是某种形式上的蒙氏祖先和洱海水神。因此，我们认为，白族先民对洱海水神金鱼、金螺以及赤蛇的祭拜虽始见于《南诏图传》之记载，但实际上这几

---

① 据《文字卷》记载，《南诏图传》是中兴皇帝舜化贞的大臣根据《巍山起因》《铁柱记》《西洱河记》等书，结合佛教传入南诏的历史和民间传说绘制的，只可惜以上几本书皆已佚失。而《西洱河记》大略便是记载南诏时期巫教的一些事件。

② 洱海在古代称为"西洱河""洱河""叶榆水"等，本文中若无特殊说明，则所引用古文"西洱河"一词皆指"洱海"。

③ "蒙毒蛇"应为南诏祭拜之"祖先蛇"，而祭拜洱海有祭拜祖先之义。参见杨跃雄、王笛《〈南诏图传·洱海图〉与白族的"祖先蛇"崇拜》，《昆明学院学报》2018 年第 4 期。

位"动物图腾"样式的水神或许在南诏及其前期巫教盛行的时代便已存在，并作为与现实生产生活关系密切的水神得以保留，乃至出现在主要讲述南诏佛教立国源起故事的《南诏图传》上。

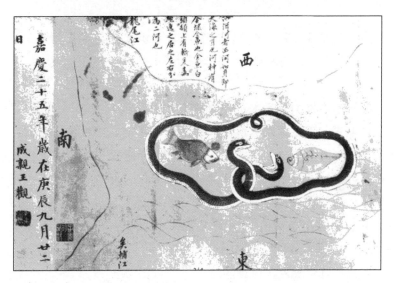

图 2－11　南诏时期《南诏图传·洱海图》*

注：图中金鱼、金螺被围于蟠蛇环内，彩色版中蛇的颜色为十分显眼的大红色。

资料来源：李霖灿所著《南诏大理国新资料的综合研究》一书文末配图。

仔细阅读《西洱河记》的内容，配以诡谲的画面，我们不难发现，这其中虽有儒道的元素，如"遵行五常""扶桑""瑞木"，但更多的是"巫教"的影子。巫教，始于上古祭祀文化，是一种准宗教现象。在道教传入洱海流域以前的汉代，巫术已在白族先民中流行。① 《华阳国志·南中志》载：

> 夷中有桀黠能言议屈服种人者，谓之耆老，便为主。论议好譬喻物，谓之夷经……其俗征巫鬼，好诅盟，投石结草，官

---

① 杨镇圭：《白族文化史》，云南民族出版社，2014，第 69 页。

常以盟诅要之。①

《蛮书·云南界内途程第一》中也称：

> 大部落则有大鬼主。百家二百家小部落，亦有小鬼主。一切信使鬼巫，用相服制。②

由此不难推测，后来的巫师多是承袭汉代"耆老"、唐代"鬼主"的职责，只是称呼有所不同。而"在道教、佛教传入以前，巫教是白族先民信仰的主要宗教，在民间十分盛行"③。自道教传入苍洱以后，巫教中的一些撵鬼祛邪的观念和仪式便与五斗米道中祀神驱鬼的活动相结合，并行不悖。如《白古通记》中所载的董细师、王玄兴、杨梵甲等人有"咸具戒行，能役鬼神"的本领，甚至能"咒猪头为鬼魅，以供其役；化蔓草为龙蛇，以供戏弄。役鬼□□，食以炭滓；庭中曝麦，田野注雨"④。

南诏后期，佛教在大理地区空前兴盛，成为国教。劝丰祐废道崇佛，巫教也随之失宠，却并未从此销声匿迹，而是顺应密教的特点，遁入民间成为其重要的附庸。到了明代，大理府还设有朵兮薄（大巫师）道纪司，太和县则设有朵兮薄道会司，专管巫、道事务。这些机构虽然于清康熙年间被取消，但一些巫教的传统至今还在大理民间若隐若现，在某些地区还活跃着朵兮薄和各种巫觋。而洱河神祠和古生村龙王庙内塑的作为侍神的金鱼、金螺二神则是巫教水神信仰的残留和延续。

《白古通记》载："点苍山脚插入洱河，其最深长者，惟城东一

---

① （晋）常璩：《华阳国志·南中志》，载刘晓东等点校《二十五别史》卷10，齐鲁书社，2000，第49页。

② （唐）樊绰撰，向达原校，木芹补注《云南志补注》，云南人民出版社，1995，第12、13页。

③ 杨镇圭：《白族文化史》，云南民族出版社，2014，第69页。

④ 王叔武编《云南古佚书钞》（增订本），云南人民出版社，1996，第68页。

支与喜洲一支。南支之神，其形金鱼戴金线；北支之神，其形玉螺。二物见则为祥。"①《白古通记》是大理白族人用白文写成的一部古代史书，成书于明代早期，原书虽已佚，②但因其对明清云南地方史、白族谱牒、白族民族意识、宗教信仰等有深远影响，而被称为"功标史林"。据侯冲的研究，"《白古通记》的作者由于有条件接触到一般人看不到的皇家文献《南诏图传》，遂在《白古通记》中引录了《文字卷》中的大部分文字"，因而"《南诏图传》为《白古通记》成书的主要编纂依据"③。不难看出，《白古通记》中关于"洱海之神"的一段文字，其蓝本明显是《南诏图传》中最先出现的有关河神金螺和金鱼的文字。④《白古通记》虽已佚，但其"直接资料主要是明清时期滇人撰写的云南地方史志、碑刻、家谱和旅滇人士撰写的有关云南的史志"⑤。也就是说，这些史料中所记洱海水神等事多数直接来源于《白古通记》，后又逐渐向外传播和延展。因此明以降，后人对西洱河神的解释和再创造最早便始于《白古通记》。其中，今天在许多龙王庙中，塑鱼头人身和螺头人身为龙王之守卫的传统便沿袭于此。

当然，也有将金鱼和金螺归入道教的崇拜体系，"南诏前期崇拜西耳河，认为其为大海之耳，主风声，有瑞木扶桑影照在其中，其河神为金螺和金鱼，原为南诏尊奉祭奠的神祇，认为按时祭奠可以禳灾息难，属于道教神祇"。在生产力较为落后的前现代社会，洱海中的鱼类和螺蛳是白族先民最重要的食物来源之一，千百年来以此为食的白族人，不仅将鱼和螺蛳应用于日常生活中，也将其作为一

---

① 王叔武辑著《云南古佚书钞》（增订本），云南人民出版社，1996，第58页。
② 王叔武辑《白古通记》部分散落在云南各地方志、史书中的佚文，编成《白古通记》并载入《云南古佚书钞》一书中，参见《云南古佚书钞之十·白古通记·叙列》，云南人民出版社，1979。
③ 侯冲：《试论〈白古通记〉的成书年代》，《云南学术探索》1996年第2期。
④ 李霖灿：《南诏大理国新资料的综合研究》，"中央研究院"民族学研究所，1967，第51页。
⑤ 侯冲：《白族心史——〈白古通记〉研究》，云南人民出版社，2011，第6页。

些宗教仪式中必不可少的献祭物。在新房落成或为房屋"过生日"的大理阿吒力教"破五方"仪式中，屋主要准备五条活鱼、五个活螺蛳，同其他祭品一起置于五方以祭拜鬼神，活鱼和活螺蛳必须来自洱海。而在推行公墓区集中下葬之前，大理白族举行葬礼，还普遍流行要在下葬前先于墓穴底部挖一个洞，再将一个盛有洱海水、活鱼、活螺蛳的陶罐埋于洞中，然后才可将棺椁下葬的风俗。①

三 佛教水神：难陀、白难陀等龙王

明万历年间，大理名士李元阳所撰《西洱海志》载："榆水西北岸，各有水神祠，神状牛首人身，或虎头鸡喙，皆大石自地涌出，实非人工也。"②"各有水神祠"应该就是"城东一支与喜洲一支"。而其描述中，洱水神祠供奉的是"牛首人身"或"虎头鸡喙"的神像，这些神像从地里冒出，不是人工所刻，尚未提及段赤城。李元阳在万历《云南通志》中说："喜洲龙王庙，在府城北五十里河矣城村，与府东洱水神祠同出。"③后又引《南诏图传》（《洱海图》）和《白古通记》中金鱼、金螺的典故，道出龙王庙的出处，也未提及段赤城，可见当时的洱水神祠中所塑神像还不是段赤城。

《南诏图传》绘制的年代，佛教已经在大理地区有了长足的发展，并被奉为国教。《文字卷》中有载：

> 每年二月十八日，当大圣乞食之日，是奇王见像之时，施麦饭而表丹诚，奉玄彩而彰至敬。当此吉日常乃祭之。更至二十八日，愿立霸王之丕基，乃用牲牢而享祀西耳河。

---

① 《思想战线》编辑部编《西南少数民族风俗志》，中国民间文艺出版社，1981，第135页。
② （明）李元阳：《李元阳集·散文卷》，云南大学出版社，2008，第176页。
③ （明）李元阳编撰《云南通志》卷12，云南省图书馆藏抄本，民国24年龙氏灵源别墅重印本，第11页。

据李霖灿的研究，每年农历二月二十八日南诏国有奉祀阿嵯耶观音和西洱河的习俗，但《洱海图》中只绘出了金鱼、金螺及赤蛇的形象，并未出现佛教水神。

另一幅绘有"水神"的大理古画是完成于大理国盛德五年（1180）的佛教人物画卷《张胜温画卷》（又称《大理国梵像卷》），该画卷是南诏、大理国时期洱海区域佛教兴盛的直观反映。画卷第10幅至第18幅分别绘"手执金刚统领眷属龙王""优钵罗龙王""摩那斯龙王""白难陀龙王""莎竭海龙王""难陀龙王""和修吉龙王""德叉迦龙王""阿那婆达多龙王"众像。李霖灿认为这九位龙王即"法华经序品中之九大龙王也"[1]。龙的主要职能为控雨祛灾，佛教密宗中有很多咒龙求雨的经典，如唐高僧不空所译《大云轮请雨经》中讲龙"若亢旱时能令降雨，若滞雨时亦能令止，饥馑疾病亦能除灭"[2]。该经上卷开篇便写：

如是我们闻，一时佛住难陀优钵难陀龙王宫，吉祥摩尼宝藏大云道场宝楼阁中。与大苾刍及诸菩萨、摩诃萨众，复有诸大龙王。其名曰：难陀龙王、优钵难陀龙王……[3]

其中所列龙王便有160余位，可见佛教世界中龙王之繁多。优钵难陀龙王梵名又作婆唯陀龙王、优波唯陀龙王，即白难陀龙王。其与难陀龙王是兄弟，因善调御风雨，善能顺应人心，深得百姓喜爱，固有延喜龙王、大喜龙王等名称。白族人对白难陀龙王喜爱尤甚，常将其奉为本主。剑川县金华镇北门、甸南回龙等村便祀白难

---

[1] 李霖灿：《南诏大理国新资料的综合研究》，"中央研究院"民族学研究所，1967，第27页。
[2] （清）雍正敕修《乾隆大藏经》35《宋元入藏诸经》2，中国书店，2010，第1255页。
[3] （清）雍正敕修《乾隆大藏经》21《大乘经五大部》4，中国书店，2010，第679～700页。

陀龙王为本主。①

从图画的意象结构上看，在《张胜温画卷》"白难陀龙王（Up-ananda）"和"莎竭海龙王（Sagara）"两幅画中，二龙王盘坐在蟠蛇身上，头戴蛇冕，身旁诸人也头戴蛇冕，座前有鸡首人身和蛇首人身的两位侍者分列左右。"莎竭海龙王"前又多出两位犬首人身和牛首人身的护法（见图2－12）。此类佛教龙王形象在其他地方也有出现，清乾隆四十八年武英殿刻本的《御制大云轮请雨经》中，

**图2－12　大理国时期《张胜温画卷》中的莎竭
海龙王和白难陀龙王像**

资料来源：http://image87.360doc.com/DownloadImg/2015/08/0808/5688592
4_2.jpg。

---

① 郑筱筠、赵伯乐、牛军：《佛教与白族龙文化》，《思想战线》2001年第2期。

卷前有一"四方龙王像"的配图，四龙王都是人身蛇尾，头戴蛇冕，左右都站有两位女护法，护法亦头饰蛇首。① 季羡林考证，中译佛经里面的"龙"字实际上是梵文"Naga"的翻译，"Naga"的意思是"蛇"。② 在印度神话中，"Naga"的人格化程度较高，其形象与中国传统观念中作为动物的龙的样子不同，其基本形象是蛇头人形或人蛇一体。与此类似，作为水神的龙是在公元 6 世纪才随着佛教和道教传入日本列岛的，以适应日本稻作农业的发展和人们对水神信仰的需求，由此中国的龙也取代了日本土著的水神大蛇。③

　　从中国的历史背景来看，佛教自东汉末年传入华夏，带入了"龙王"的概念，但到东晋时期，人们依然延承先秦信仰，视水神为"君"（如"湘君"），而非"龙王"，因而"龙王庙"一类的名称在南北朝时尚未出现。直到隋唐之后，外来佛教与本土道教日渐融合，宗教走向世俗化，信教功能性的世俗目的开始大于超越性的出世目的。在农耕文明发达的中国，"龙王"的控水能力被重视，因而龙王庙也开始如雨后春笋般遍布全国各地。正统佛教中的祈雨仪式也经常被运用于人们的日常生产生活。④

　　佛教典籍《百丈丛林清规证义记》卷二比较详尽地对这类求雨仪式做了记载。

　　　　次依《大云轮请雨经》文，陈设结坛。择洁净地，方广十二步，以为道场。筑坛其中，东向，高一尺，方十步。取洁净黄土，泥坛四周。坛中设床，方广二丈，为高座，覆以青幄。幄中，设主坛僧座一，高桌一。两傍设诵经矮座并矮桌，如其人数。凡座褥、桌帏，皆以青色。

① 吕济民主编《中国传世文物收藏鉴赏全书·古籍善本》下，线装书局，2006，第 30 页。
② 季羡林：《印度文学在中国》，载季羡林《中印文化关系史论文集》，三联书店，1982，第 127 页。
③ 铁军：《日本龙文化研究》，中国传媒大学出版社，2013，第 7 页。
④ 张培锋：《中国龙王信仰与佛教关系研究》，《文学与文化》2012 年第 3 期。

从高座东，量三肘外，设青帏、高桌一，桌上设供器及乳糜杂果，供龙王，一身三头，并诸眷属。

西向，从高座南，量五肘外，供龙王，一身五头，并诸眷属。

北向，从高座西，量七肘外，供龙王，一身七头，并诸眷属。

东向，从高座北，量九肘外，供龙王，一身九头，并诸眷属。

南向，坛四角，各坚青幡七，一幡下，各燃油灯一，灯前四角，各设花瓶，插诸鲜花。坛之四周，或一步，或数步外，以席为墙。四面有门，门各画二行龙守护，即用以结界。龙首皆向门而蜿蜒，其尾互相钩结。门外有屏，亦以席为之。

选高行持戒僧，一人主坛。两序亦择戒行清净僧唪经。又选僧二人，入坛为侍者，以供添香注水之役。僧皆青衣，薰沐斋祓，悉如经说。昼夜严净，虔诚结愿，讽诵经文。

至一七日，或二七日，远至三七日，自然感召天和，甘霖应祷矣……①

南诏大理国时期，在佛教信仰浓烈的洱海流域，这类祈雨仪式自然也被沿用。发现于喜洲弘圭山的《大阿拶哩杨嵩墓志铭》载：

七世祖杨名寿，就大慈寺结坛修行密教，感而灵验，大而能运，则八金刚自西来，出（初）从本寺白难浥（陀），并助侍其教，故名助教师。师留赤声金刚在焉，余者令去，更有金色二辟婆罗大金刚，天然现其坛内，时过天地亢阳，助教师为民祈雨。②

----

① 《卍续藏》第63册，第387页下。
② 摘自《大阿拶哩杨嵩墓志铭》（1420），载石钟《大理喜洲访碑记》附录，参见赵寅松主编《白族文化研究》2002卷，民族出版社，2003，第78页。

按碑中所记，墓主人杨嵩的先祖是生于天竺国婆罗门的杨珠、杨珠觉二师，观音开化大理以后请他们前来"护国安邦"。杨嵩的七世祖杨名寿在大慈寺结坛修行密教，"感而灵验，大而能运"，请来西天之八大金刚，后师从白难陀，成为其助教师。

发现于大理北部剑川县的《修白姐圣妃、龙王合庙碑》载：

> 正统十四年己巳，昭信校尉杨公瑾串合村人修建白姐圣妃龙王合庙……旧说柳龙冲昔因岩场水连年横流为患，备御弗克，合议曰：州东北之谠滥场，古建白姐庙，灵感有验，叩之立应，盍资神力以制之，议既合众，遂阄辞请祷于庙，徙置岩场江阴，又塑白难陀龙王专像奉安于左，合而镇之，果蒙神灵有归，而水患赖以宁息。①

人们受到来自印度的神僧摩伽陀留下的婆罗门密语启示，认为白姐圣妃是弥勒的化身，有很大的法力。传说从前柳龙冲这个地方水患严重，人们就修建了一座白姐圣妃庙，并将原本置于谠滥场的白姐塑像搬来镇水，又在白姐塑像左边塑了一座白难陀龙王像"合而镇之"，结果十分灵验。而这两位神的法力却不只是镇水，第二年大旱，官僧结坛祈求，果然天降大雨。此事在李春龙、王钰点校的《新纂云南通志》中也有所记载。

> 在学宫左，即崇仁寺址，祀讹喇帝母。其像购自西域，唐番僧摩伽陀以毗那祖师秘咒书纳像中，相传能镇水患。原在螳螂村，明正统中，岩场河屡涨，漂没民居，知州甘凤移前殿祀白难陀龙王。清康熙四十四年，副将林大忠修。咸丰十年，毁于兵。②

---

① 大理白族自治州白族文化研究所编《大理丛书·本主篇》（上），云南民族出版社，2004，第17、18页。

② 李春龙、王钰点校《新纂云南通志》6，云南人民出版社，2007，第52页。

白难陀龙王有镇水之力，故在明清广有信众。据杨延福所讲，20世纪50年代剑川县沙溪乡大木渡村本主庙内的木雕龙王像、洱源县江尾乡上海场和村本主庙中的古老木雕龙王像皆与《张胜温画卷》中的"白难陀龙王"画像十分相似。[①] 如今剑川城依然奉白难陀龙王为本主，而沙溪区的本主则为莎竭海龙王。[②]

由此可见，自佛教传入苍洱，"密教八大龙王"便日渐被白族先民奉为上神。直至明清，作为佛教"水神"的白难陀、莎竭海等龙王在洱海流域依然普遍被塑像供奉，但元代以前其造型布局理应按照一定的规则和结构，即如《张胜温画卷》中所画，龙王前面要放置兽首人身或禽首人身的侍者或护卫。《白古通记》载："榆水西北岸各有水神祠，神状牛首人身，或虎头鸡喙。"[③] 世人对此多有解释，清代《洱海考异》说此乃《山海经》中所说的兽面人身之神，[④] 连瑞枝认为这与阿育王之"神犬石"类似，[⑤] 我们则认为洱水神祠中其状"牛首人身，或虎头鸡喙"的石像应该就是立于白难陀龙王和莎竭海龙王前的侍者和守卫，而其正位所供奉的自然就是这两位龙王，只是世事变迁，龙王塑像残破消失，几座被墙土淹没的石像又于明代被世人掘土寻得，但此时却已说不清其来历，所以被称为"皆大石自地涌出，实非人工也"。如今许多人都误认为其是兽首的龙王。[⑥] 明天启年间，刘文微《滇志》载："滇郡亦有神祠，羊首人身，亦不知其所以来。"[⑦] 当时昆明的人已认不得羊首人身的神像

---

① 杨延福：《对〈张胜温画〉的浅见》，载赵怀仁主编《大理民族文化研究论丛》（第2辑），民族出版社，2006，第168页。

② 国家民委《民族问题五种丛书》编委会编《当代中国民族问题资料·档案汇编：〈民族问题五种丛书〉及其档案集成》第5辑，《中国少数民族社会历史调查资料丛刊》卷84，2005，第661页。

③ 王叔武辑著《云南古佚书钞》（增订本），云南人民出版社，1996，第55页。

④ 张奋兴编著《大理海东风物志续编》，云南人民出版社，2008，第32页。

⑤ 连瑞枝：《隐藏的祖先：妙香国的传说和社会》，生活·读书·新知三联书店，2007，第209页。

⑥ 赵橹：《论白族的龙文化》，云南大学出版社，1991，第189页。

⑦ 云南省编辑组编《云南地方志道教和民族民间宗教资料琐编》，云南人民出版社，1993，第157页。

了。土木结构的庙宇因年久失修或遭遇自然灾害而就此荒废，若得以重建，原本所祀之神像亦不易寻得。明李元阳所著万历《云南通志》载：

洱水神祠，在府城东五里，洱河西岸，国初建。正德九年，地震庙额，知府梁珠重修。嘉靖四年，旱，副使姜龙祷雨立应，因重修庙貌，建堂阁于祠前。[①]

洱水神祠在嘉靖以前就经历了两废两建的坎坷命运。[②] 而关于喜洲洱河祠，据该村《何氏族谱》记载，明朝时期洱河祠的主神为一尊"马首人身"的石像，且这尊石像已于民国年间被渔民从洱海中捞出。[③] 田野调查期间，我们曾向村里老人询问该石像下落，有老人说好像其被摆放在邻村（金圭寺村）的本主庙内，我们便进入金圭寺村本主庙，可惜久寻而不得，询问几位正在念经的老人，他们也说"认不得"。

本主信仰是一种介于成熟型宗教与"原始宗教"之间的过渡型宗教样态，其中所敬奉的神祇纷繁复杂。有趣的是，就兽首人身的神祇而言，如今在白族社区的本主庙内也不难发现或塑或绘于走廊两侧的"鸡、猪、牛、马"几位畜神（见图 2-13、图 2-14），作为以定居农耕为主体构成的白族为祈求六畜兴旺而崇拜与日常生产生活息息相关的畜神也不无道理。奇怪的是，明清几代的村民为何不将从大理涌出的"牛首人身，或虎头鸡喙"的石像归为畜神一类呢？我们猜测，原因可能有三点：其一，白族对"鸡、猪、牛、马"几位畜神的塑像崇拜源起较晚，当时尚未有畜神崇拜，故村民不识

---

① 云南省编辑组编《云南地方志道教和民族民间宗教资料琐编》，云南人民出版社，1993，第 155 页。

② 据清乾隆王崧《云南通志》，洱水神祠在明嘉靖年间重修以后，到了清代，又"岁久朽敝。康熙三十二年提督诺穆图重修"。

③ 赵玉中：《祖先历史的变奏：大理洱海地区一个村落的身份操演》，云南大学出版社，2014，第 209、210 页。

得石像；其二，当时已有畜神崇拜，但出土的石像却非畜神，并且村民能清晰辨明二者的差别，故对石像之真相不解；其三，石像便是畜神，只是由于明初战乱和"灭淫祠"运动，诸多当地的庙宇遭到破坏，原本的宗教活动被迫搁置，日久天长，人们便忘却了石像的真正意义。当然，我们认为第二种可能性要大一些，而本主信仰中的畜神崇拜也是一种多元宗教文化融合的现象，其中佛教龙王座前的侍者形象势必对白族畜神的形成有所影响。

图 2-13　鸡神和猪神　　　　图 2-14　马神和牛神

资料来源：杨跃雄拍摄于湾桥镇云峰村本主庙，2009 年 3 月。

　　《白姐圣妃、龙王合碑》中说："圣妃实弥勒化现之神，首上三龙表示主持三界。"[1] 许多人对此深信不疑。我们则认为圣妃首上三龙或与其在此处的"水神"职责有关，因为与白姐（笔者按：即"白洁夫人"）合庙并塑的龙王是白难陀，白难陀身后便有蛇头伸出，而两位神祇合庙的目的也是"镇洪除旱"，若非古人将残破的白难陀龙王像误认为是白姐之像，则有可能是为了凸显白姐的这种"御水"能力，而故意在其首加上了似白难陀龙王的装饰。大理海东

① 大理白族自治州白族文化研究所编《大理丛书·本主篇》（上），云南民族出版社，2004，第 17、18 页。

沙漠庙正殿西侧塑有大义宁国王杨干贞像，其头上亦有三条龙，他手持一条弓鱼，身着龙袍，一派帝王之相。白族人称杨干贞为"古乌信"，意为"弓鱼王"。相传杨干贞为莉村人，在此称王，他是洱海弓鱼神的化身，故祀在此以管理洱海渔业。[①] 杨干贞本为帝王本主，首上塑三条龙便具有了某种"龙王"的能力。其实，在洱海流域的神像中，背后有龙头伸出或头戴龙冕的情况并不少见，特别是在水神中。

明代及以前，洱海地区广兴密宗龙王崇拜却是事实。从南诏开始，大理董氏一直是洱海区域国家性的仪式专家，其始祖伽罗尤被蒙主赐姓，并拜为国师。董氏作为祭司，主要责任就是用法术助王御敌及治涝求雨。董氏宗谱载，第十二世祖董福祥时，洱海水涨，福祥应国王段思廉（1045～1075）之请，设坛施法，"铣舍利，以铜龙取洱河水，安诏琉璃钵中"，于是"洱海水干三尺"。董祥义时，天大旱，是年（1095）高升泰为国王，他被请为"大坛主"，在"上元寺内白难陀前，建多心经道场"，虔心求雨，于是连雨多日，万民蒙泽。[②] 由此可见，在大理国时期，奉白难陀为龙王，祈天求雨在国家层面已较为普遍，且其中"阿吒力"[③] 法师扮演了连接神人的关键角色。

到了明代，一些庙宇开始崇拜本土龙王。据立于明正统十二年（1447）的下关石坪村《应海庙龙王碑铭》[④] 所载，该庙原祀龙王为"阖辟乾坤霭慈圣帝"，这是一位由人"凭佛之化"而成的龙王，其"始官蒙诏开邦之日，卜居大理，坐太和而著威"，因"助君决河，

---

① 大理白族自治州白族文化研究所编《大理丛书·本主篇》（上），云南民族出版社，2004，第43页。

② 参见《董氏宗谱记碑》，载杨世钰主编《大理丛书·金石篇》卷10，中国社会科学出版社，1993，第223、224页。

③ "阿吒力"意为"导师""正行"，是佛教密宗在大理本土发展起来的一个分支教派。

④ 田野调查抄录整理。又见《白族社会历史调查（二）》，民族出版社，2009，第172页。

功显名过，赫有光也"，终被人们奉为龙王。这位应海龙王较为灵验，"是祷是祈，雨赐顺时，所求咸宜，民康泰也"，因而人们将其与同样法力高强的难陀龙王相提并论，"实岂与白法校其优劣，难陀比其威德者哉"。此外，应海龙王还被认为与洱海地区流传的"九龙"故事有某些联系，其"生九龙而俱灵，庙启波边。从兹而现龙仪，倚岸起楼"。《应海庙龙王碑铭》行文婉转、晦涩难懂，但若细看我们依然有所发现。其一，明中期的洱海地区，阿吒力教在崇神建庙方面依然很有影响力，由碑始记载可知该碑是由"赐红阿左梨苍山吉祥金刚撰，习密智金刚篆额并书"；其二，该碑将新立的"阖辟乾坤霈慈圣帝"与难陀龙王做对比，反映出当时及之前洱海区域难陀、白难陀信仰之盛；其三，碑文通篇并未提及段赤城，然而今天应海庙中所塑确实是段赤城。因此，石坪村所祀之段赤城很有可能是在明中后期替换原本的"阖辟乾坤霈慈圣帝"而来，只是虽然其所祀之神有所变化，却保留了原本的封号。

纂修于明正德五年（1510）的正德《云南志》卷三大理府"祠庙"一栏载有两处水神庙。一为海神祠：在洱海北，南诏异牟寻复归唐时立此，示不复叛之意。一为洱水龙神庙：在洱海西滨，蒙氏时建。邓川、浪穹俱有。[①]

回到李元阳的万历《云南通志》，他在卷十二"祠祀"项中记载了大理府、浪穹县（今洱源县）等地的龙王庙，除了之前我们提到的"在府城东五里，洱河西岸，国初建"的洱水神祠和"在府城北五十里河矣城村，与府东洱水神祠同出"的喜洲龙王庙外，还有如下庙宇。

> 海口龙神庙：在府城南三十里，岁太和县春祭，赵州秋祭；
> 海神祠：在府洱河北，南诏异牟寻复归唐时立此，示不复

---

① 方国瑜主编，徐文德等纂录校订《云南史料丛刊》卷6，云南大学出版社，2000，第141页。

叛之意；

安龙庙：在府城西南隅。初建城时，惟西南角随筑随圮，父老谓宜安龙，遂立庙，自是城不复圮；

神宝泉庙：在府城南五里，其地出三泉，灌溉田畴，古昔立庙，祀其龙神。嘉靖间，庙灾泉亦闭，民白其事旋官通立庙，明年泉复出；

上关龙王庙：在府城北六十里龙首关；

龙王庙：有二：一在赵州治东八里，一在浪穹县治址十里许宁海之滨，有修撰杨慎诗；

东龙庙：在（邓川）州治东十里，唐邓赕诏所建水神祠也。非惟资灌溉，而祈祷亦应。州之春祈诣焉。①

以上龙王庙中所立之神多是民间为"安城引泉"而祭拜的地区性龙王，随着汉军入滇及大规模屯兵屯田运动的开展，在白族核心区域，传统的佛教势力受到打压，以上所提到的龙王庙中已难觅难陀、白难陀等佛教龙王的影子。另外，当时的海神庙被认为是南诏异牟寻与唐结盟时所立，即"谨请西洱河、玷苍山神祠监盟"中的洱河神祠，所以府城东五里的洱水神祠与南诏时的西洱河神祠并无关系。海神祠如今已不存在，而洱水神祠常常被误认为是苍山之盟中提到的西洱河神祠。若李元阳未曾记错，将唐诏会盟中的西洱河神祠错安在了当时的海神祠上，抑或就是如今的洱水神祠已经取代明时海神祠的功能和地位，变成了南诏时的西洱河神祠。

白族民间流行的甲马中，有不同版本的水府龙王，如图 2-15 至图 2-18 所示。

---

① 云南省编辑组编《云南地方志道教和民族民间宗教资料琐编》，云南人民出版社，1993，第 155、156 页。笔者疑其中海口龙庙为今石坪村应海龙王庙，上关龙王庙为今上关下沙坪龙王庙，浪穹龙王庙为洱源茈碧湖河头龙王庙。

图 2 - 15　白族甲马：水府龙王（一）　　图 2 - 16　白族甲马：水府龙王（二）

图 2 - 17　白族甲马：水府龙王（三）　　图 2 - 18　白族甲马：水府龙王（四）

四　本土水神：段赤城

李元阳的万历《云南通志》并未提及段赤城为龙王，以上龙王庙的简介中也没有提及，但段赤城的故事却已有流传。《云南通志》"灵塔寺"一条中注曰："灵塔寺，在府城南斜阳峰麓。唐段赤城入蟒腹诛蟒既，人思其功，于蟒腹中取其骨葬之，建塔其上，焚蟒骨建塔。"①

————————

① 云南省编辑组编《云南地方志道教和民族民间宗教资料琐编》，云南人民出版社，1993，第 156 页。

段赤城斩蟒的故事不见于明以前史志，而成书于明代景泰七年（1456）的《寰宇通志·云南等处承宣布政使司》是最早记录段赤城故事的文献。该书"大理府"一项"人物"栏中说：

> 段赤城，太和人。胆略过人，勇于为义。蒙氏时，龙尾关外津梁寺西有一大蟒，吞咽人畜，往来患之。赤城乃披铁甲，持双剑，欲杀蟒。为蟒所吞，剑锋自蟒腹出，蟒亦死。土人为建灵塔寺，以赤城葬塔下。①

由于《寰宇通志》未受《白古通记》影响，故此段文字与上引《白古通记》文字相较，显然更接近史实。《白古通记》载段赤城杀蟒一事的同时，又增附了神话传说，把历史变成了民间传说，是对明以前历史著作记述史事又参附传说的特点的继承。② 《白古通记》为明初大理喜洲杨姓遗民根据南诏大理国史、《南诏图传》《记古滇说集》一类云南地方史志资料及佛教史传资料所著，并有一个特定的历史背景。③ 由此可知，段赤城在历史上确有其人，其斩蟒的事发生在南诏时期，并被一直传扬。只是因为当时佛教在洱海流域势力强大，段赤城作为一个地区性的历史人物，并未被搬上神坛。而洱海水神由最初对毒蛇、金鱼和金螺的崇拜，到对道教三官之水官的崇拜，再到对佛教龙王的崇拜，最后才逐渐转变为对段赤城的崇拜，而今天鱼、螺二神退居次位，变成了龙神本主的朝臣或侍者。④

若段赤城斩蟒的故事原型是真实的历史事件，那在白族、彝族等氐羌系民族尚未分化发展的南诏时期，这个事件对国内各阶层的民众应该都是有所影响的，以至于到了当代，我们依然可以在除白

---

① 方国瑜主编《云南史料丛刊》卷7，云南大学出版社，2001，第142页；又见云南大学历史系民族历史研究室编《云南史料丛刊》（油印本）第16辑，第85页。

② 侯冲：《白族心史》，云南民族出版社，2002，第91页。

③ 侯冲：《白族心史》，云南民族出版社，2002，第36页。

④ 杨宪典等：《大理白族节日盛会调查》，载云南省编辑组编《白族社会历史调查》卷3，云南人民出版社，1991，第131～137页。

族以外的一些氐羌民族的民间神话中有所耳闻。周雷在昆明滇池北村调研时，便有当地村民告诉他，在滇池西山的龙王庙一带，有一个山洞，传说洞内藏有一条大蟒蛇，每逢祭祀，人们总是有去无回。后来有一个青年人背着镰刀去山洞祭祀，也不幸被蟒蛇吞食，但在危机之际，他用镰刀奋力将蟒蛇的肚皮划开。滇池北村以及周边村落对滇池龙的传说和口述史中，经常混淆龙和蟒蛇，一些年老的口述者则直接澄清，滇池中许多有关龙的传说，其本源便是蟒蛇。① 周雷并未由此联想到洱海地区的段赤城传说，而是认为这个故事应出自《滇彝古史》中关于蟒蛇的神话叙事："谷俄比尔山/昆明西山龙门/蟒蛇岩下爬/梅纳审剥山/美女静静躺/昆明西山睡美人。"然而，我们不能否认的是白彝两族在历史文化上的紧密联系，以及洱海流域神话在古代文明中对周边地区的深远影响。如今在滇池附近的一些村庄中，村民依旧会将西山吹来的风同远在大理的洱海相互联系。他们认为滇池西山的风是因为洱海的风神打破了风瓶，于是大风得以长驱直入，因此，在神话学意义上，滇池流域常年盛行的季风是下关风的延续。而风瓶的故事在大理则被演绎成《望夫云》《观音掉玉瓶》等故事，其中有明显的佛教化影响，这也是洱海流域或白族的同类传说与其他区域和民族的最大区别，段赤城的故事也是如此。

至于段赤城被敕封为水神的时间，前面提到的明正德五年（1510）的《云南志》载为"在洱海西滨，蒙氏时建"，民国龙凤村耆老说是"元代敕封洱水龙王，世俗遂以龙王称"②，本土学者张锡禄认为是南诏时"诏王劝利晟亲往祭奠，礼封为龙王"③，但都未见具体证据。

其实，在洱海流域，水神信仰和概念的出现要远早于龙王，龙王只是水神佛教化的一种表现形式，而龙王在大理及中国的风行要

---

① 周雷：《人类之城：中国的生态认知反思》，北京理工大学出版社，2012，第60页。
② 参见《唐义士赤城段公传》，笔者田野调查整理（2017）。
③ 参见《重修洱河祠碑记》，笔者田野调查整理（2017）。

得益于其与本土宗教和区域信仰的融合。如在道教经典中，涉及龙王信仰的文字不仅出现得较晚，而且也多来源于佛教典籍。《太上洞渊召诸天龙王微妙上品》便有记述。

> 道言：告诸众生，吾所说诸天龙王神咒妙经，皆当三日三夜，烧香诵念，普召天龙，时旱即雨，虽有雷电，终无损害。其龙来降，随意所愿。所求福德长生，男女官职，人民疾病，住宅凶危，一切怨家及诸官事，无有不吉。如有国土、城邑、村乡，频遭天火烧失者，但家家先书四海龙王名字，安著住宅四角，然后焚香受持，水龙来护。①

明清之际，龙王信仰已经在中国大地定型，少有变化，龙王已然成为法力巨大、普救世人的重要神灵。在佛教信仰原本就根基深厚的苍洱地区，随着不同宗教的融合，龙王头衔被转嫁到白族英雄段赤城的身上，段赤城因此成为兼具各种宗教信仰元素的水神、本主、龙王和龙神。

---

① 《道藏》第6册，第48页上。

第三章　水神的封赐与白族的族性

洱海流域普遍奉段赤城为龙王，有其地理空间的根源，也受历史流变中各种政治、民族、宗教力量博弈和合谋的影响。大理坝子自身具有的高原盆地式地理结构，使居于其内的人在历时性的生存经验积累以后，有了一套相对模式化的空间认知方式，他们将这套认知方式作用于对外在世界的解释，并内化于自己的日常宗教实践中，最终借由神话逻辑对区域社会进行理解。在官方权力对民间祀典制度进行浸入和干涉的过程中，"国家在场"成为新立神祇和仪轨不可或缺的条件，即所谓仪式正统。而官方对地方神的认证分封，向民间散播了以儒学为主的治国思想，使民众能知礼服治。而一些民族精英，也能以本族先人之壮烈故事和高尚情操对中原统治者视其为"边疆蛮夷"的举动做出回应，企图以道德高度的相近来谋求政治权利的平等。这种努力的最好方式便是人为地建构出一套独立的祖源神话，它的构成要件部分来源于真实的空间困境和过往历史，而其营造出的神话故事又能重嵌回现实生活，从而潜移默化地形塑人们的基本认知。段赤城被封为洱海龙王便是官方需求和民间意志的合力结果，而遍及大理的"九隆文本"则是白族历史上民族意识崛起的宗教遗存。

第一节　坝子社会：洱海与白族的宇宙观

云南地处"地中海—喜马拉雅火山地震带"（欧亚地震带），地质活动频繁，是中国的地震高发区。根据可查资料，至 20 世纪末，云南一省共遭受了 21 次 7 级以上特大地震的侵袭，因地震造成的死亡人数约为 6.5 万人。[①] 苍山和洱海便是欧亚板块和印度洋板块碰撞后形成的地垒和地堑，这种地理空间结构也被称为坝子。坝子是云贵高原独特的地理空间，亿万年前的地壳断裂，陷落成山间构造盆地，最初积水成湖，后又淤积成平原，有的坝子中心低洼处还有湖泊存在。自然状态下的坝子受各种地理因素的影响，有其生长消亡的规律。其中最关键的因素是地壳运动，即板块之间的挤压，苍山山脉就是形成于印度洋板块和欧亚板块之间的相互碰撞。在激烈的造山运动中，西侧抬升形成苍山，东侧则断陷形成洱海。在地质学上，洱海位于扬子准地台与唐古拉—昌都—兰坪—思茅褶皱系接合部的扬子准地台一侧的丽江台缘褶皱带之鹤庆—洱海台褶束中，即欧亚板块内部三江板块与扬子板块的接合部。

大约 350 万年前，因喜马拉雅造山运动，洱海地区断陷形成一个湖盆；后因外力不断侵蚀，冰川退缩，水流大量汇集，形成一个湖泊。因此，洱海是一个由于沉降侵蚀而形成的构造断层陷落湖泊，洱海及其以西地区处于"特提斯海"演化史上地质构造的重要转折部位。在 350 万年的悠悠岁月中，苍山和洱海历经多次冰期与间冰期，冷暖交替，洱海也进行着由小到大的演变。因气候转暖，冰盖及冰川退缩，水系得以发育，洱海的生存条件和水环境状况在冷暖交替的历史性演化过程中日益改善，大约距今 68 万年前才逐渐丰满成型。

---

① 王景来、杨子汉：《云南自然灾害与减灾研究》，云南大学出版社，1998，第 46、50 页。

足以造就沧海桑田变迁之势的地质运动按百万年的时间单位计算，已在人类文字文明的记忆上限之外，因而可以为我们祖先所感知并被以多种方式记录于历史的是发生在坝子内部的地质运动——主要为填湖和排水。高山盆地形成以后，随着雨水和溪流的不断侵蚀冲击，高处的土石受地球引力作用以泥石流的形式填塞入中心湖中，迫使水线后退，并形成肥沃平原。如今在苍山的许多山谷中依然可以看到这种不同时期形成的洪积扇地形。与填湖同时进行的是排水，土石占据了湖水原本的空间，湖水便只能顺着地势低洼的河谷流向海拔更低处的大河，进而水位下降之后才可以腾出供人类繁衍生息的陆地空间。"距今1300年前后，洱海水位在2040~2010米左右，与挖西洱河前洱海水位1965米比较，1300年来洱海水位自然下降45米，其下降率3.5毫米/年。"[①] 人类文明出现以来，在非人为干预的状态下，洱海的整体水位是呈下降趋势的，也就是说，洱海会逐渐干涸变小。

一　旱涝灾害与白族神话的解释努力

洱海虽然正处于一个日渐缩小的地质时期，但其湖面水位线的退却并非不可逆的，受气候（即降水）和排水通道顺畅度等因素的影响（而且二者往往会同时出现），即在一定时间内湖体的入水量大于其排水量，湖泊的水位便会上涨，导致沥涝灾害。[②] 大规模的涝灾属于偶发性事件，并非年年如此。但因急于向下拓展村落，开垦土地的人却无力预测，也很难应对这种灾害，因而历代沿湖而居的白

---

① 段彦学：《洱海的演变》，载大理白族自治州科学技术委员会、大理白族自治州洱海管理局编《云南洱海科学论文集》，云南民族出版社，1989，第212~222页。

② 洱海水的来源以大气降水为主，降水量多集中于6~10月。洱海流域水系涉及117条大小溪流，汇水面积2565平方千米。主要入湖河流，北有弥苴河、罗时江和永安河，南汇波罗江、白塔河，东接凤尾箐、玉龙河，西纳苍山十八溪。洱海属澜沧江水系，西洱河为洱海唯一的天然出水口，湖水从西洱河流出，向西汇入漾濞江后，经黑惠江流入澜沧江。为解决宾川盆地严重的缺水问题，1994年当地"引洱入宾"工程竣工后形成东向出水口。

族先民都饱受涝害。据相关文献记载，仅有清一代，因西洱河堵塞导致洱海水溢的重大灾害便不下几十起，如顺治七年（1650）"合江铺河（即西洱河），河尾日久而淤，加之支流横截海尾，砂石冲激，尤易淤塞，每遇雨水泛滥，宣泄不及，滨海之太和及滨赵田亩多被淹，而邓川距其上流，水壅逆灌，其患尤倍"。乾隆二十年（1755）"邓川六月内雨水连绵，其中十七日至二十六、七日，昼夜大雨，十九村滨湖田地被淹，计灾田 32 顷，灾民 1400 多户，房墙亦有坍塌"。又光绪十六年（1890）"七月十五日至二十二日大雨倾盆，山水陡涨……八月霪（淫）雨，西闸河两次溃堤，洱海漫溢成灾"。①坝区环境的整体性，必然导致洱海涝灾一损俱损，这种"一碗水端平"的自然灾害覆盖面积广且很难根治。

因此，基于高原坝子这种特殊的地理地质构造，居于其中的先民们便凭借想象力将其生活空间的开拓过程逐渐神秘化，并结合各种文化元素建构出诸多开辟坝区的神话。在坝子社会中，这类以排水为核心的开辟神话为在区域范围内生活的人们做了得以存在的合理解释，也为人们处理水涝灾害预留了以宗教方式来消解的空间。可以说，这类神话是白族群体空间心理的最直观呈现。在大理坝区，相关的开辟/排水神话主要有两则，即《白古通记》中所载《观音伏罗刹》和《段赤城斩蟒》。

《观音伏罗刹》讲，大理盆地原为泽国，为罗刹一部统治，称为罗刹国。罗刹喜啖人眼、人肉，观音悯其受害，乃化为梵僧，牵一犬自西天来。罗刹贵臣张敬引见于其王，梵僧遂与罗刹立契券借地，并用"袈裟、白犬"之术赢得罗刹国土。后乃幻上阳溪石室，为金楼玉殿，以螺为人睛，饮食供张百具。罗刹喜，遂移居之。一入而石室遂闭，僧化为蜂由隙出。自此罗

---

① 大理市洱海保护管理局编《洱海管理志》，内部资料，云南省大理州新闻出版局，第 5、6 页。

刹之患乃息……于是老人凿河尾，泄水之半，人得平土以居……时观音大士开疆，水退，林翳，人不敢入。有二鹤，自河尾日行其中。人始尾鹤而入，刊渐渐开，果得平土以居。[1]

《段赤城斩蟒》讲，洱河有妖蛇名薄劫，塞河尾峡口，兴大水淹城。王出示："能灭者，赏尽官库，子孙世免差役。"有段赤城愿灭蛇，缚刀入水，蛇吞之，蛇亦死。水患息。王建寺，镇之以蛇骨灰塔，名曰灵塔。[2]

以上两则神话，前者借观音之力降服罗刹，并打开了洱海水道，泄水之半，人们才得平土以居，解释了大理坝子之由来；后者则通过讲述段赤城杀死塞河尾峡口之妖蛇，说明河道虽开，但水涝之害亦会发生。当然，在民间流传的《小黄龙大战大黑龙》故事的一些版本中，也有"小黄龙打败了盘踞在西洱河的大黑龙，使洱海水得以从天生桥排出"或"大黑龙被小黄龙打败以后，急于逃命，便冲开了天生桥下的石崖，由此洱海水便排了出去"之类的结尾。"天生桥"为扼洱水西流之咽喉，成为大理坝子地理结构的最关键点，因而如今上面还建有江风寺，寺内还塑有龙王段赤城像。明景泰元年（1450）《重修圣元西山碑记》载："按郡志：贞观癸丑，圆通大士开化大理，降伏魑魅，凿天桥，泄洱水，以妥民居。"[3] 又李元阳所纂《嘉靖大理府志》"古迹"一项中载："天桥在城南三十五里。观音大士凿洞山骨，使洱河水下趋处也。初未凿时，苍洱之间水据十之七，凿后水存十之三矣。古人谓之石河。"[4] 《僰古通纪浅述》则说在南诏劝利晟七年（823）"有巨鲸自浪（穹）流入洱河，塞于河

---

① 王叔武辑著《云南古佚书钞》，云南人民出版社，1979，第 53~55 页。
② 王叔武辑著《云南古佚书钞》，云南人民出版社，1979，第 65 页。
③ 大理市文化丛书编辑委员会编《大理市古碑存文录》，云南民族出版社，1996，第 144 页。
④ （明）李元阳纂《嘉靖大理府志·古迹》，大理白族自治州文化局，1983，第 85 页。

尾大桥口，河水壅滞不流，泛滥于国乡城市"①。此处将巨蟒换为巨鲸，更能突出堵塞河尾之物体形的庞大，造成涝灾之严重。而以上这些神话都反映了古人对坝子空间形成的认知，并将涝灾归咎于怪兽。

朱家桢、刘敏江等人也注意到了这种神话传说与地理结构之间的某些联系，并认为，古时大理坝子确为泽国，但此后经劳动人民的智慧创造，将下关天生桥凿通，使洱海水得以下泄入澜沧江，然后才得以平地耕种。他们判定这个时期大约在秦汉以前，因为到汉代时大理地区已设立了楪榆县。人为凿通天生桥的做法过于乐观，我们认为，洱海水位下降以地质运动规律为主，在前现代社会很难通过人力改变这种格局。此外，有些前辈学者还将观音伏罗刹的故事反推回去，用以解释洱海地区未"开化"时的族群关系。"当时在这里居住着一个名叫'罗刹'的部落，从名称上来看，可能与'乌蛮'有近亲关系，他们不善治水。以后又来了一个善于治水的部落，打败了'罗刹'，而占有其地，并治平了水患。"② 显然，乌蛮是洱海流域一个颇有争议的历史族群，我们不能简单地沿用进化论的思想，将人与自然的抗争转喻为族群部落的战争，而实际上观音伏罗刹的故事只是在佛教传入大理以后，结合本地历史地理情况转化而来的一个故事版本，这种佛教救世故事在不同地方都有各自版本，况且"罗刹"（梵 Rākṣasī，又作"罗刹斯"）一词的由来远在乌蛮群体出现之后。

古代社会，应对坝区涝灾的唯一办法便是疏浚西洱河，使用人工之力，将淤积于河口及河底的杂物、泥沙打捞挖出，使河口通畅、河床变深，加大其排水效率。但是，随着时间的推移，没过几年，河道依然会有泥沙沉积，因而疏浚西洱河成为历任地方官员的重要任务之一。清刘慰三所撰《滇南志略》便对此事做过记载。

---

① 尤中校注《僰古通纪浅述校注》，云南人民出版社，1989，第59页。
② 云南省编辑组编《白族社会历史调查》（一），民族出版社，2009，第9页。

> 水之利害，系于海口、河尾，即下关，例以三年一浚，过
> 期不浚，则滨河之田必致淹没。明正德间，通判喻河处置有方，
> 用能成功，乾隆九年，议准疏浚大理府洱海淤沙，以除榆郡水
> 患，嗣后责令地方官就近督修，按田出夫，五年大修一次，仍
> 令该道不时稽察，毋致复淤。[①]

疏浚西洱河可谓劳民伤财，却又恐于河水上涨淹没田亩屋舍，因而每有涝害，人们便认为是天生桥口又遭巨蟒所堵，此时就要诉诸神话中能斩蟒疏河的龙王段赤城，寻求成本更低的宗教解决途径。在修筑天生桥节制闸之前，每有涨水，各地百姓便会纷纷至供奉段赤城的庙宇中，磕头烧香，祈求段龙王能尽快使海水退去。我们在田野调查期间，经常听老一辈的人提及洱海的涝灾，暴雨过后，海水突涨，不仅危及房屋和田地，有时也会害及人畜性命。新溪邑村的老人 HYQ（时年 87 岁）告诉我们，以前洱海过几年就会涨水一次，而且还多是秋季要收割水稻和玉米的时候，其次子出生那年（1966）的秋季，连续下了十多天的大雨，结果一觉醒来，海里面的水都流到了家里，村中心的桥也被洪水淹没了。房子好多都是土坯墙，倒塌了一大片。田地被淹，队里几个人就借了一条小木船去抢收庄稼。可到了田野，已经分不清哪里是河哪里是地，大家跳下船，结果正好跳进了河道里，河水齐颈。他们被河水冲出几百米后，才被河口的几棵柳树挡了下来，幸运地捡了条命。而河矣城村则在1962 年秋，因洱海水上涨，村民到水淹田中抢收玉米时，因超载沉船，结果造成了 12 人溺亡的严重后果。[②]

困于排水问题，作为高原湖泊的洱海给居住于其岸的人们带来了许多痛楚，然而这些痛楚也以宗教神话的方式形塑了白族人的宇宙观，使其在一个相对独立的坝子社会中按照自己的认知方式思考

---

① 方国瑜主编《云南史料丛刊》卷13，云南大学出版社，2001，第79页。
② 参见赵玉中《祖先历史的变奏：大理洱海地区一个村落的身份操演》，云南大学出版社，2014，第67页。

和生活。段赤城信仰便是这种坝子社会之宇宙观视角下的产物，龙王段赤城至少在精神世界保证了白族人生存空间的续存，他与巨蟒的对抗也隐喻了人们与洪涝灾害的对抗。对地质结构和地质运动的客观观察和认知，形塑了先民们的科学思维，正是对一系列自然现象和规律的归纳和推演，使他们在实际的环境实践中知道应采取何种更加有效的应对策略。但与此同时，自然巨大的不可知性和不可控性又往往使先民手足无措，因而他们需要在相对固定的自然认知中加入多元的感性理解，以弥合这种人对自然的无能为力。米歇尔·德·塞尔托（Michel de Certeau）将历史称为科学和幻想的组合，即过去回返到现在的表述中。"从更广义的角度上讲，这种科学和幻想的混合打破了'现在'和'过去'之间泾渭分明的状态……一边是表述者，另一边是被再现的对象。被假定为外在的客体决定了研究的内部操作。"① 因此，对灾害的神话认知和解释努力也是人们地域性思维方式的体现，而这种与生存息息相关的思维方式也构成了人们独特的民族性格。列维－斯特劳斯（Claude Levi-Strauss）也说："我们所知觉的世界，就定义来说，必然服膺于我们的逻辑法则，因为它只是一个不可知的现实通过思想结构的反映而已。"② 因此，"有系统的探索想象力并非无用。将神话中显得荒诞的创造物与事件放到没有固定衡量标准的原始思维时，它们就不再完全没有意义"③。此外，人们对环境尚怀有神话的解释，也证明了人们对它的认知还保留感性的整体性倾向，人是环境中的一部分，而且是相对弱小和被动的一部分，因而人要敬畏环境，而不是绝对地将环境"祛魅"，将破坏和蹂躏自然的行为视为对自然的征服。神话的力量在一定程度上延缓了自然被客体化和物质化的悲惨命运，在环保主

---

① 〔法〕米歇尔·德·塞尔托：《历史与心理分析——科学与虚构之间》，邵炜译，中国人民大学出版社，2010，第 15 页。

② 〔法〕克洛德·列维－斯特劳斯：《我们都是食人族》，廖惠英译，上海人民出版社，2016，第 119 页。

③ 〔法〕克洛德·列维－斯特劳斯：《我们都是食人族》，廖惠英译，上海人民出版社，2016，第 124 页。

义盛行的当代反而具备了积极的作用。以研究神话学见长的叶舒宪便认为，在面对自然环境时，神话足以充当现代人的生态导师，而其主要根源就体现在神话思维的物我不分的混融性质上。"神话从来不突出超越自然万物之上的人类主体，因而也绝不会陷入人类中心主义的自大狂妄之中。"[1] 神话是人类群体在特定地理空间和历史过程中塑造宇宙观和民族性的重要文本表征，一个族群不可能没有属于自己的神话，如果以前没有，也会在族群的诞生过程中被发明出来。

二 分水线与被分治的洱海

当然，对洱海的空间认知中，除了着眼于坝子整体的"水陆平衡"外，在坝子内部，人们也因区域差异，于宗教层面上对其进行空间划分，这也是白族宇宙观的一种体现。洱海沿岸，在海东、双廊、磻溪等地都有"南北海神"和"分水线"的说法。简言之，就是洱海中心有一条分水线将海面一分为二，南北水域都有各自的海神掌管。

北海的水神是双廊红山本主庙内供奉的王盛、王乐和王乐宽祖孙三人，他们共为双廊的复式本主（见图 3 - 1）。王盛被敕封为"赤男灵昭威光景帝"，白族话称其为"红山老谷"或"奔老谷"，即"北边的本主"。王氏原籍海东鲁川，即挖色坝，因为他们是渔民出身，故很识水性，王盛被南诏分官，掌管洱海水军。天宝战争中，王家三将大败李宓水军于洱海，致李宓落水溺亡，白族人有感于其忠勇，便建庙于红山世代祭祀。

大理坝子，风花雪月四景，举世闻名，其中以风为首，每至隆冬，寒风凛冽，有摧枯拉朽之势。相传，洱海西岸昔有樵夫渡海溺亡，化为白石，沉入海底。其妻恸之，死而化为望夫云，此云一起，即有猛风数日吹海，必至水开见石，然后云散风息也。古时海东红

---

[1] 叶舒宪：《神话意象》，陕西师范大学出版社，2018，第 140 页。

山上有一座寺庙，寺侧有一块骡形的岩石，一到半夜，石螺若鸣响，洱海中便会起大风。寺僧闻之，便会撞寺钟以戒舟子之行。于是行船之人岁输钱赡僧以为常，因而舟鲜覆者。后来该寺毁于兵火，无人撞钟警人，洱海行舟便经常因人们不知狂风将至，出现船覆人亡的事故。如杨琼在《滇中琐记》中记述：

> 同治甲子冬，邓川江尾村舟子李培，载三十余人沽酒于喜洲，全舟覆没。今冬，海东人舟载九十余人越海，将抵西岸，忽大风折桅，舟为倾侧，水人舟沉，无一生者。[①]

图 3-1 双廊红山本主庙

红山本主同时是双廊、康海、大建塝和岛依塝四村本主，每年农历正月初四至初七为本主圣诞，届时四村白族居民要用花船接本主雕像回村，并由众人抬着依次绕境巡游。农历四月十五日则为红

---

① （清）杨琼：《滇中琐记》，载方国瑜主编《云南史料丛刊》卷11，云南大学出版社，2001，第278页。

山本主会，该会是洱海北岸最重要的庙会，参会的主要是来自喜洲、周城、挖色以及洱源邓川等地的善男信女，许多沿湖的渔船民也会划船前来朝拜祈祷。庙会期间，红山庙前的洱海湖面往往白帆点缀，百舸争流，十分热闹。

得益于政府的支持和宣传，红山本主香火更甚，又因该庙在环海路边，吸引了大量游客，因而里面享祭的本主所具"神职"也在泛化。许多洱源邓川和喜洲地区的人生了重病要来此求安康，那些求子求官的人也来此求顺利，甚至家里新添了一辆车也会来此求平安，而因为洱海渔民的减少，恰恰最该来此祭拜的渔民却寥寥无几。据嵌于正殿内的《景帝宝殿重建碑记》介绍，该祠始建于大理国初期，当然无史可考。但洱海北岸老一辈的白族渔民却认为王家三位将军因其忠勇而被封神，他们管理着洱海中的一切事物，甚至如段赤城一样会化为一条额头上写有"王"字的绿蛇绕海巡游，因而渔民见到水中游蛇便要给红山本主磕头烧香，以示敬重，由此方能得到其佑护，自己才能船稳而渔丰。红山本主庙内几位本主塑像都戴三龙头冕，这是龙王的标志，几尊为便于村民游神搬动而雕刻的较小神像，其中为龙王妻母的则头戴鱼冕，也与海有关。双廊附近，耕地稀少，如今热闹繁华的玉玑岛、南诏风情岛一带在20世纪60年代还布满农田，但即便寸土皆耕，一些家户还是为了生计往东北迁至洱源的炼铁一带，所以如今双廊镇的许多人家还有炼铁的亲戚。彼时，红山本主庙前的湖湾是洱海地区一个大型的船港，里面泊满了上关、双廊、洱源一带打鱼、航运的大小船只，盛期可达千余艘，洱海流域以打造木船闻名的造船世家赵家便在双廊。红山本主保佑的子民多以讨海为生，因而将南诏水将封为海神也无可厚非，但当地莲池会的几位"老斋奶"却告诉我们，红山本主本为天上神仙，观音老爹①打通西洱河，将大理坝子的水排掉大半，却发现无人管理

---

① 传说中，观音化为梵僧开化大理，因而这个男性形象的观音就被称为"观音老爹"，与"观音老爹"相对的"观音老母"则在大理城南观音塘。

洱海，他担心沿岸百姓遭受水患，才叫来红山本主坐镇洱海。《红山本主经》载：

> 南无佛艾海神那/慈南另抬王光景帝……慈南另招本姓王/六诏支持一将官/后来神圣归天位/敕封景帝镇红山……修成正果观音朝/六鹅山①下金身塑/手持宝剑斩妖魔/一堂三代父子宣。②

在红山庙大殿内王盛塑像的右侧便是观音老爹，他慈眉善目，手拄拐杖，身穿袈裟，形象与上阳溪罗刹阁中的观音老爹如出一辙。而观音老爹背后的墙画上正是大理坝子被水淹没的情景。

与红山本主庙南北对峙的水神是南海将军，白族人称其为"南老谷"，即"南边的神"，其庙宇南海将军庙坐落在下关石坪村中心，在修建环湖公路以前，该庙宇同应海庙一样都是邻水而建。据嵌于南海将军庙内撰于 2006 年的《南海将军庙碑记》所载，该庙始建于明代，村贤并拟定今名。庙内祭祀的是囊聪独秀冠众应化景帝——字将军父子。

> 将军父子，山东荔城县人氏，唐李宓将军之部将。唐玄宗天宝十三载（公元七五四），随师征南诏。诏王阁罗凤采"诱敌深入，坚壁清野"之策，诱父子所部驻下关天生桥附近。南诏乡兵之"白衣没命军"，以"羊阵"，夜袭所部，老将军急得面红耳赤，张口无语，小将军率卒奋勇杀"敌"，两月后，唐师因缺粮、染疫，被南诏军民聚歼，将军父子战殁于关外豆糠坡一带。
>
> 因父子生前英勇善战，忠义可嘉，殁后敕封囊聪独秀冠众应化景帝，其地位为高于众神之意。③

---

① 六鹅山为红山后面的一座大山。
② 张明曾、段甲成：《白族民间祭祀经文钞》，云南民族出版社，2004，第 322 页。
③ 下关石坪村《南海将军庙碑记》，笔者田野调查收集（2017）。

南海将军虽非石坪村本主，却为周边各村百姓所祭祀，并被南村、下和等八个村寨共同奉为本主，民间也称"八处庙"。① 在渔业兴盛的年代，南海将军广受洱海南岸渔民信奉，渔民常用生豆腐、生鱼祭祀，其会期是农历八月二十三日。

在宗教祭拜层面将湖泊划区而治的方式，或许是为了避免不同村寨的渔民因渔场之争而引发冲突，也有可能是为了标注和记忆各种鱼类的繁殖习惯和与之相关的物候知识，但洱海被一分为二的说法其实由来已久。明李元阳《西洱河志》载："东岸有分水崖，俨如斧划，渔人谓自崖下分水为两界。南为河，北为海。咸淡不类，河鱼不入海，海鱼不入河，鱼游至此则返。"② 早在明代便有大理当地的渔民以海东山崖作"分水"地标，将洱海划为两份，甚至说南边是海、北边是河，其中水质还分咸淡，鱼儿也是泾渭分明、不越雷池。如今这面分水崖依然矗立于海东玉案山，崖上还建有一座鸡岩寺。该寺是挖色镇重要的水神庙，位于海印村附近，传说始建于元代，以前还有一座鸡岩塔，如今塔已被毁。其中塑有主神鸡岩景帝，他黄袍露齿，危坐正中，一副龙王面貌。一位手握鲤鱼的配神立于大殿左侧，应为鱼神。此外还有一位驯养鱼鹰的神祇，这些都和捕鱼有关。就在 2000 年前，海印一带还是一幅交通闭塞、田少地贫的景象，捕鱼是当地居民最重要的生计方式，因而渔民热衷于供奉龙王、鱼神，以求丰衣足食。

海东分水崖对岸正西便是银桥镇磻溪村，该村就是所谓分水线的西接点。据村民介绍，村内原有一块天然大岩石，号称可平分大理洱海，此石为人们所崇拜，但在 1958 年被毁，后在其基础上建了磻溪村的大黑天神本主庙。③ 我们在田野调查中发现，如今在本主庙

① 参见赵元梁《洱海周边白族渔民生态环境观研究》，硕士学位论文，大理大学，2016。
② （明）李元阳：《西洱海志》，《李元阳集·散文卷》，云南大学出版社，2008，第176页。
③ 大理白族自治州白族文化研究所编《大理丛书·本主篇》（上），云南民族出版社，2004，第33页。

广场入口处，后人重新立了一块高约一米、被打磨得光滑的"分水奇石"（见图 3-2）。石背刻有题记："此石名曰分水石，其延伸得到海东。相传观音大士负来此石欲架磻溪至海东之大桥。分水石是百二山河的分界，也是洱海西岸的中分点，洱海的中分线。古人曾赞誉道：'磻石镇中流平分山河百二，溪泉归大海变成气象万千。'""百二山河"一词经常出现于大理境内的一些题记上，至于"百二山河"为何意，村中心广场珠连阁对面的壁画上有介绍云："'百二山河'是指洱海北端的龙首关（上关）与龙尾关（下关）相距约一百华里，故以'百二山河'。又取意于战国时期'百二秦国'或'百二雄关'之典故，比喻大理襟山带海、关锁南北的险要战略地势。"

图 3-2　银桥镇磻溪村"分水奇石"

"百二山河"源于《史记·汉高祖本纪》中"百二秦关"一说，原比喻山河险固之地，据说明代嘉靖年间四川状元杨升庵被贬谪至保山，途经大理时见此地两关雄踞、山河壮阔，便写下"百二山河"一词。从此"百二山河"成为人们对大理坝子树山镜海地貌的普遍形容，从而也助长了以划分山水来抽象空间的地理认知方式。清《滇南志略》卷二"大理府"一条记载：

> 洪圭山，在点苍山之半，分点苍为两截。自龙首至此，再起分支，耸脉至龙尾。其东支下垂独长，直抵海中，亦分海为两半，曰鹅鼻嘴，亦曰分水涯。南为湖，北为海，海咸湖淡，湖鱼不入海，海鱼亦不入湖，各不相混。[1]

此处提及的洱海分水线及南湖北海的说法可能为作者由当地人处得知，与李元阳文雷同。但是，其中分水线的具体位置却有所出入，在文中洪圭山（即今弘圭山）被认为是点苍山之分割线，它将龙首至龙尾分为两半，而弘圭山东延至洱海中的山体部分则被视为洱海的分水崖，其南为湖，其北为海，实际上该分水崖便是今天喜洲金圭寺村附近的海舌。随着 20 世纪洱海水位的不断下降，海舌原本被湖水淹没的部分也得以成为陆地和滩涂。金圭寺一带因近洱河神祠，又有龙湖内嵌其中，风景优美，历来都是喜洲城及大理附近百姓喜来游玩之名胜。后来原本作为船港的龙湖在"大跃进"时期被填埋为农田和鱼塘，服务于生产。如今龙湖虽然已经人力清挖，退塘还海，却早已被村落包围，与海隔绝。就连在 1939 年由喜洲四大家族之一的董家修建的海心亭也变成了人们口中的"田心亭"，现不对游客开放。

立于海舌之尖，西望云弄、沧浪两峰险峻挺拔，白族村落星布其麓，其中的周城因房多地广，更是显眼。东眺玉玑、卧鹿两岛清

---

[1] 方国瑜主编《云南史料丛刊》卷 13，云南大学出版社，2001，第 77 页。

秀妩媚，洱水倒其影，显得生机勃勃。海舌东西两面都是宽阔的水面，确有分水之感。实际上，洱海状似人耳，东面靠山，高山为岸，湖岸线较明显，而西岸则与广袤的大理坝子相连，水田一线，隐约间似乎湖面扩大了不少。据笔者实地体验，由于观看的位置不同，洱海会呈现不同的形态，观者若在海西（特别是远海岸处）看海，则洱海像河，东西狭窄、南北细长，若站在海东看海，则洱海更像湖，开阔浩渺。因此，虽然游国恩认为古人记录中洱海分水线的提法是"无稽之谈，余弗敢知也"[①]，但若转换多个角度观看，这种提法并非毫无依据，毕竟并非人人都能登高望远，以上帝的视角来对地理空间做视觉的总览。当然，一水分咸淡且鱼不游通的说法肯定是夸张的。

再往前追溯洱海分水线说法的由来，可见于《白古通记》中的记载，"点苍山脚插入洱河，其最深长者，惟城东一支与喜洲一支。南支之神，其形金鱼戴金线；北支之神，其形玉螺。二物见则为祥"[②]。此处洱海也因南北两水神之差异被分为两部分。而所谓"点苍山脚插入洱河，其最深长者"，也就是海西平原延伸至洱海中的两处最东者，我们今天从卫星地图上看，这两处大概也就在喜洲河矣城村洱河神祠和大理城东龙凤村洱水神祠所处的位置。当然李元阳的认知也是受到《白古通记》影响的，他在《西洱海志》一文中便引用了《白古通记》中罗荃法师建寺镇压罗刹余孽的故事。[③] 我们之前提到，《南诏图传》是《白古通记》成书的主要资料来源之一，因而分水线的说法最早的文字记载应出自《南诏图传》，该图传

---

① 游国恩：《说洱海》，载游国恩著，杨政业主编《游国恩大理文史论集》，云南民族出版社，2003，第19~22页。原文载于1942年10月昆明《旅行杂志》第16卷第10期。

② 王叔武辑著《云南古佚书钞》（增订本），云南人民出版社，1996，第58页。

③ 《白古通记》曰："邪龙既为大士所除，其种类尚潜于东山海窟。恶风白浪，时覆舟航。有神僧就东崖创罗荃（荃）寺，厌之，诵经其中。一夜，忽闻大震动声，僧喝之，见百十童子造曰：'师在此坏我们屋宅，吾属不安，请师别迁。'僧厉声曰：'是法住法位，有何不可！'遂失童子所在。明日寺下，漂死蟒百余，自是安流以济。僧随化迁。"参见《李元阳集·散文卷》，云南大学出版社，2008，第176页。

《文字卷》载："二者，河神有金螺、金鱼也。金鱼白头，额上有轮。蒙毒蛇绕之，居之左右，分为二耳也。"可见，在南诏末期便有"分为二耳"的提法。此外，李文中说："八月望夜，河海正中，有珊瑚树出水面，渔人往往见之。世传海龙献宝。"这与《文字卷》"扶桑①影照其中，以种瑞木，遵行五常，乃压耳声也"亦有所相似。而《南诏图传》中关于洱海的记载有转载自已佚的《西洱河记》，该书在南诏时期已有之，所以"分二耳"的提法应更早，似乎早在南诏时人们便有洱分二湖的认知，并且不同的水域已配备不同的水神，即南为金鱼，北为金螺。我们做简单猜测，可能在彼时洱海南端盛产鱼类特别是鲫鱼，而北端则螺蛳的产量较大，因而人们树神以佑生产。

三 "海东""海西"与社会差异

列维-斯特劳斯在研究南美洲的神话时，将简单的记诵作为阐释文化的唯一钥匙。但同样以研究神话和仪式闻名的英国学者杰克·古迪（Jack Goody）却不以为然。他通过对巴格尔神话多样性的研究，认为"神话因为存在多元形态，随着时间发生变化，也能产生不同走向"②。神话显然是文化的一部分，但并不是一把打开所有问题的钥匙。神话来源于特定的历史地质状况，成为形构人类群体宇宙观的重要基础，但除了这种相对结构化的认知模式外，人类群体不同生计方式的形成和变迁也作用于他们的日常生活。

洱海流域实际上分布着多个高原盆地，自北向南有洱源坝子、邓川坝子、大理坝子和凤仪坝子，坝子里面因为有肥沃的土地和充足的灌溉用水，自古以来便聚居了流域内大部分的人口。随着地质变迁和人为的对自然的改造，各坝子中的湖泊逐渐缩小，今天仅剩

---

① 扶桑是中国古代传说中的神木，由两棵相互扶持的大桑树组成。它生长在东方的大海上，是太阳升起的地方，也是连通神界、人间、冥界的大门。《山海经·海外东经》载："汤谷上有扶桑，十日所浴，在黑齿。"

② 〔英〕杰克·古迪：《神话、仪式与口述》，李源译，中国人民大学出版社，2014，第95页。

洱源的茈碧湖、邓川的西湖，以及洱海，而凤仪坝子中原有的湖泊则已完全干涸。洱源坝子孕育了南诏大理文明，也是滇西地区人口密度最高的盆地之一。除了有南北分水线之说外，在现实生活中，东西两岸的白族人为湖水所割，交通不便，也形成了一定的社会及经济文化差异。在前现代社会，洱海东西两岸人们之间的交流十分不便，人员和物资的往来几乎只有轮渡一条路径，且乘船渡海风险极大，若遇肆虐的风浪则每每凶多吉少甚至会葬身鱼腹，因而一个区域的人们和陆上的邻居关系更为密切。在21世纪以前甚至更早的时候，洱海周边的各区域于行政上也由不同的县管理，如海东镇曾由宾川县管理，上关及双廊地区曾是洱源县的辖区。进入新世纪以后，当地政府为了更好地管理和保护洱海才将其沿岸涉及的所有乡镇纳入大理市的管辖范围内。

但在旅游经济未惠及海东地区之前，该区域仅挖色坝和海东镇一带有些许良田，其余多是山地红土梯田，这些梯田只适合种耐旱的玉米和果树。彼时环湖公路尚未贯通，东西两岸的贸易交流多以船为交通工具。每逢大理、喜洲的集市日，东岸的人们便背些核桃、梨、板栗等山货，早早到码头坐船至西岸赶街，出售以后再买些稻米和生活用品。西岸的农民则喜欢乘船去赶海东集和挖色集。洱海东岸除了有便宜的火把梨，还有毛色呈红或黑的"海东猪"，这些猪结实抗病，深受海西农民的喜爱。苍山出产细腻精致的大理石，海东的玉案山则多出优质的花岗岩，以前海西人家要建新房，首先得雇大船至海东采购用来打基础的花岗岩。这些花岗岩还是烧制生石灰的好原料，因而海西的生石灰也须至海东采购。据张奋兴所著《大理海东风物志》所载，在玉案山南端的向阳湾原有两处古渡口：一个是塔村渡，古名叫"塔头渡"；一个便是向阳渡，古名叫"佛头渡"。这两处渡口相去不到1500米，主要航线是横渡洱海西至大理城、马久邑、龙龛，南至下关、凤仪（今满江），北至喜洲、沙坪、上关、挖色。此外，航线还可到洱源长育、双廊、海潮河、江尾，形成以海东为中心的海上交通网络。这两个渡口客流量多则可达每日上千人次，平日也有百十人次。除本地所产水果、土特产品以外，海东商人还发挥自身的地缘优势，以人背、肩挑、马驮等方式从宾川、永胜等地运来花生、红糖、甘蔗、粉丝、棉花、棉布等货物，再通过两个渡口销往下关、海西，远则可达保山地区，返程则从海西、下关运回工业品、日用百货至海东销售。[1] 关于塔村渡与向阳渡，民国《海东志》载，早在明代成化年间便已有村落分布于周边，但因此处"惟山多田少，厥土赤壤，性干、质燥，春宜于豆麦，秋宜于白谷，它项之谷类杂粮一无所宜耳"，由此古人才"于此正不知几经踌躇，栖于高山平坦之处，开垦梨园，以补岁需之不足。所幸者有渡口二，向阳一，塔村一，惟日扬帆鼓棹，直奔妙香国售果，归来尽得免于冻馁"[2]。不难看出，两处渡口给洱海东西两岸的交往和贸易提供了许多便利。

在婚配方面，因为以前海西的经济条件好于海东，所以很少有海西的姑娘愿意嫁到对岸。按照老人们的说法便是海东缺地少水，日子苦，有时候吃米饭，里面还要掺上玉米面。一些海东的女孩子经人介绍倒是有嫁到海西的，因为她们淳朴能干，很受人喜爱。在海东人眼中，对岸的海西人日子好过，见过世面，因而也精于算计，十分狡猾。除经济差异外，洱海东西两岸白族人的口音也有所差异。上关、双廊两镇原为洱源县辖区，其居民的口音也与洱源口音类似，而挖色、海东两镇以前则为宾川县所管，所以其居民口音与宾川类似。因此，海西地区的人往往听不懂洱源剑川一带的白语，但双廊的白族人却可以在剑川话和大理话之间游刃有余。

第二节　捞尸会：官方的祀典建置与本土化的宗教实践

唐樊绰《蛮书》所载唐诏之盟中，异牟寻"谨请西洱河、玷

---

[1] 张奋兴：《大理海东风物志》，云南民族出版社，2006，第24页。
[2] （民国）李文农纂修《海东志》上，民国21年抄本。

（点）苍山神祠监盟"，并将誓文"一本投于西洱河"，这是有文字记载的大理地区最早的官方祭海活动。唐诏之盟是南诏对唐朝的外交活动，谨请西洱河神作证，也是为了向唐表忠心，但也证明了洱海在南诏宗教生活中的重要地位。到了南诏末年，我们从《南诏图传》中依然可见祭祀洱海在南诏历史上的重要意义。《南诏图传·文字卷》载：

> 每年二月十八日，当大圣乞食之日，是奇王见像之时，施麦饭而表丹诚，奉玄彩而彰至敬。当此吉日常乃祭之。更至二十八日，愿立霸王之丕基，乃用牲牢而享祀西耳河。

据李霖灿的研究，每年农历二月二十八日南诏国有奉祀阿嵯耶观音和西洱河的习俗。[①] 我们从《南诏图传·铁柱记》得知，当时洱海地区的统治者是张乐进求，他听闻观音化为梵僧三次乞食于蒙氏的故事，觉得惊奇，便邀约蒙兴宗王逻盛等人一起祭拜铁柱，其间原本立于铁柱上的神鸟突然飞落到兴宗王的肩膀上，于是张乐进求越发惊讶，觉得这是神谕，便主动逊位与贤，将洱海地区的统治权禅让给了逻盛的父亲奇王细奴逻。由此，观音显圣的故事不仅指明了佛教传入大理的原委，也暗示出蒙氏统一洱海地区在宗教上的合法性，故而南诏王室在祭拜观音显圣后十日再祀西洱河，其目的便在于歌颂祖先所取得的"霸王之丕基"。而就原本偏安巍山的蒙氏而言，洱海乃是其治下的核心区域，因而祭拜洱海之神以求得自家统治的稳固和长远便成为必要之举。

南诏以后，随着佛教在洱海地区的兴盛，该区域的水神开始变得丰富，而祭拜水神的行为也逐渐在民间得到推广。如今在洱海流域依然还盛行的祭拜海神活动以耍海会和放生会最有影响力，二者

---

① 李霖灿：《南诏大理国新资料的综合研究》，"中央研究院"民族学研究所，1967，第48、49页。

既有重叠又有区别。耍海会的举办地主要有两处：一处是洱源茈碧湖畔的龙王庙，会期为农历七月二十三日；一处是大理城东龙凤村的洱水神祠，会期为农历八月八日。而放生会则以湾桥镇古生村最为有名，其会期也是农历七月二十三日。实际上龙凤村耍海会的会期原本也为农历七月二十三日，后来却改成了八月八日，至于其中缘由外人多有不知，甚至连民国时撰写段赤城传记的人也颇感迷惑，发出"西洱河滨，有赛龙神之会，盛况与是日同，但不识何故而改为八月八日云"的疑问。

清代以后，由于政权更迭、社会动乱等，大理当地的段赤城官祀活动业已废止，一直未能恢复，但民间的祭祀活动却得以延续至今。明清两代的捞尸会曾盛极一时，每到段赤城诞辰这一天，洱海沿岸尽是祭拜的群众，海西一带的人还热衷于去龙凤村洱水神祠朝圣。我们可以通过翻阅零星的记载，参照今日的状况想象当时祭祀之场景。由于陆路交通不方便，人们大多驾舟徐来。是日一大早，龙凤村就已被笼罩在一片烟雾缭绕之中，外村的信众还未到达，龙凤村耆老们便早已命后辈在段赤城像前置好桌案，摆齐各类牺牲贡品。待日离东山，地方官员和其他村落的士绅已相继到场时，祀典开始。先由司仪念开典词，随后按仪轨分别由当地官员和地方精英献上牺牲，再念诰词，后众人行六跪三叩礼，方可完成。礼毕之后庙堂才得以腾让出来，这时一直围在殿院中的信众开始拥挤着进入殿中给龙王磕头上香。

白族村寨都有信奉的本主，各村本主不尽相同，因而本主的生日也就分散于不同时间。本主佑护一方安宁，其诞辰被村民视为村落的结成纪念日，是村落共同体最为隆重的节日，这天也叫"本主节"，白语称之为"过家"（guoz jia），即"过节"。理论上，"过家"的时间要与该村本主的生日重合，但村民出于农耕、避讳或图求便利等现实原因，也有将"过家"的日期提前或延后的情况。如湾桥镇新溪邑村的本主圣诞是农历十月十三日，但由于气候变化、水利设施建设等原因，稻谷成熟期延后，"过家"刚好在农忙期间。

人们收割水稻心切，又不得不抽出时间来操办节日，十分不便。于是在众人建议下，经当时的村领导和各位家族长集会商量后，便从1980年前后起将"过家"时间改成了现在的农历八月十五日，和中秋节一起过。这几年，水稻成熟期延后，农忙又恰与中秋节重合，于是村民又有了恢复原来本主节时间的提议。

龙凤村老人 YSZ（男，1937 年生）讲，该村"过家"的时间原本是农历八月初八，依据传统，"过家"当天要请亲戚朋友来家做客，意为别村居民代表其各自本主来本村贺寿。但农历七月二十三日的耍海会为整个洱海地区朝拜龙王段赤城的重大盛会，会场就是龙凤村的洱水神祠，当天周边的许多白族群众都要过来耍海朝圣，按老人的说法，"亲戚朋友兴致勃勃地来村里赶会，你不招待他们吃喝，不邀请他们留宿，有失地主之谊。但不久以后八月初八又要'过家'，请来做客的也就是这些人。这样在短时间之内连续两次请客吃饭，不仅劳民伤财，还冲淡了节日的氛围"。于是龙凤村村民经集体商议，便决定将耍海会和"过家"都放在农历八月初八举办，这样也就与其他地方农历七月二十三日的耍海活动错开来，待龙凤村举办耍海会的时候来的人就会更多。而农历七月二十三日，即龙王段赤城生日这天，则改为该村的"洞泾乐队"邀请周边才村、下鸡邑、上鸡邑等村的"洞泾乐队"至洱水神祠弹经，举行村落小群体间的文娱活动。其实，我们在龙凤村田野调查期间与该村的莲池会成员交谈，得知该村本主五老爷的生日是农历五月初五，但由于段赤城在庙中是主神，在传说中，五老爷只是一位协助段赤城歼灭蛇怪的民间义士，因而一切都以段公为大。五月初五这天，人们只是在村寨内部举行小规模的弹经表演，并组织全村人到神祠中聚餐，白语称之为"搭平伙"（da pin huo），借此娱神娱人。

综合各方信息，我们推测龙凤村本主五老爷生日即该村"过家"的时间本应为农历五月初五。祭拜龙王段赤城的节日耍海会或曰捞尸会时间为农历七月二十三日，这一天洱海流域各村普遍会举行"放生节"。而农历八月初八本是张姑太婆的生日，张姑太婆的庙会

图 3 - 3 龙凤村"耍海会"念经的老斋奶

图 3 - 4 龙凤村"耍海会"中龙王的贡品

以才村玉案祠最为热闹，而才村又与龙凤村相依相连，同为一个村委会管辖，所以为免于宗教节日的烦琐，村民便以农历八月初八为主要节日，耍海会也就后移到了该日。对此，薛琳在《新编大理风物志》中也有所提及："此祠有三次庙会，一是农历五月端午节，二是农历七月二十三日龙王诞辰节，三是农历八月初八耍海会。"①

龙凤村耍海盛会举行的时间最晚于清末已由农历七月二十三日改为八月八日，《唐义士赤城段公传》碑载：

> 每岁秋七月二十三日，恭隆段公诞辰，龙、才、凤鸣、凤冈四村绅耆士庶，谈经颂谐，祷于祠。又八月八日，四方士女，云集于此，或缀锦帆荡漾于耿水垂杨之下；或驾扁舟容与于白蘋红蓼之间，鼓乐喧天，歌声震野，而邻县善男信女亦来，此有放生之举，颇极一时之盛，俗呼"捞尸会"，盖纪念段公之高义也。②

由此可知，当时便已将农历七月二十三日改为邀约邻村绅耆士庶在小范围内颂祷段赤城伟绩的活动，而农历八月初八则是一个向大众开放的盛大节日。

段赤城斩蟒的故事在明朝之前便已在洱海流域广泛流传，在民间已有一定的群众基础，但就目前所知却并未被载入明以前的史志，更未将段赤城同洱海龙王相对应。洱海边的龙王祠早已有之，但其中所塑的龙王却几经更替。从宗教治理的角度看，新建的王朝要推行它的统治，除了在军事上用兵威慑、在行政上建衙封官外，还要触及民间的宗教和思想，对其进行有利于自己的教化和管理，即所谓整治祀典。洱海流域，南诏开国伊始，蒙氏便以封神的形式对地方宗教进行控制，王崧本《南诏野史》载："蒙氏平地方，封岳渎，

---

① 薛琳主编《新编大理风物志》，云南人民出版社，1999，第40页。
② 参见龙凤村《唐义士赤城段公传》碑，笔者田野调查整理（2017）。

以神明天子为国步主，封十七贤、五十七山神。"如前所述，南诏初期所封之"西洱河神"为广义的海神，并无实指。到南诏中后期，海神变为金鱼和金螺乃至毒蛇，此后，随着佛教在洱海流域的兴盛，佛教中的龙王逐渐被人奉为水神。然而明军攻破大理以后，紧跟全国的步伐，明政府对洱海地区进行了一场轰轰烈烈的宗教祀典改革，这直接导致了明以前的水神的式微，并为新水神的崛起创造了条件。

明初，社会稍定，对动乱年月痛定思痛的民众开始大规模举行佛教显密法事，借以寻求宗教安慰，这引起了明太祖朱元璋的注意。又鉴于元朝崇奉藏传佛教所留下的社会隐患，明朝廷决定对国家宗教祀典进行厘正。洪武年间，明政府先后颁布了《申明佛教榜册》和《避趋条例》，以管理天下僧侣，"清其事而成其宗"。各处丰杂的地方宗教也须由朝廷清算并改制，为避免百姓以祭祀为由聚集于庙祠起事造反，危及国家安全，因而也要全面"禁淫祠"，以免一些势力强大的民间宗教团体疏于管理。明成祖曰：

> 朕思，天地造化，能生万物而不言，故命人君代理之。前代不察乎此，听民人祀天地，祈祷无所不至。普天之下，民庶繁多。一日之间，祈天者不知其几。渎礼僭分，莫大于斯。古者天子祭天地，诸侯祭山川，大夫士庶各有所宜祭。其民间合祭之神，礼部其定议，颁降违者罪之。于是中书省臣等奏，凡民庶祭先祖，岁除祀灶神，乡村春秋祈土谷之神。凡有灾患，祷于祖。先若乡属邑属郡属之祭，则里社郡县自举之。其僧道建斋设醮，不许章奏上表，投拜青词，亦不许塑画天神地祇，及白莲社明尊教。白云宗巫觋扶鸾，祷圣书符咒水诸术并加禁止。庶几左道不兴，民无惑志。诏从之。①

---

① （明）《明太祖实录》卷48，上海古籍出版社复印于台湾影印本，第958页。

　　所谓"淫祠"就是民间与国家祀礼不合的宗教信仰的总体指称，主要包括三类：一是不属于国家祭祀制度规定的神灵系统；二是民众私自建立和祭祀的、与其社会地位不相称的寺观；三是不在额定制度内建立的寺观。明代国家一直限制寺院的数量，严禁建立或下令拆毁不在额定制度内的寺院。[1] 有明以来，国家对禁毁"淫祠"的政策一直施行不止，大量佛道寺观遭到破坏。自永乐至成化年间，朝廷开始重建和修复宗教祭祀制度，各地捣毁"淫祠"的力度方才减少，在国家主导下，一批新庙宇得以建立，一些新的神灵也逐渐被纳入官方主导的祀典系统。而一系列国家祭典大都以洪武祖制为标准，以儒家祭祀传统为准则。[2]

　　南诏中后期，佛教开始在洱海区域盛行，到了大理国时期更是得到长足发展，并逐渐于本土发展出了"阿吒力"教派。元灭大理国后，将云南地区交由大理国旧主段氏主管代理，加上蒙古人自身也信奉藏传佛教，万法归宗，因而佛教在洱海区域的发展并未受到影响。元郭松年《大理行记》载：

　　　　其俗多尚浮屠法，家无贫富，皆有佛堂；人不以老壮，手不释数珠。凡诸寺宇皆有得道居之。得道者，非师僧之比也。师僧有妻子，然往往读儒书，段氏而上有国家者设科选士，皆出此辈。

　　当时洱海区域几乎到了户户礼佛、人人吃斋的地步，佛教对人们生活的影响可见一斑。明洪武十五年（1382），明境内的民间宗教国家化管理已开始多年。明军攻破大理城后，鉴于其坚固的佛教治国思想对民众的影响，在明成祖朱元璋的示意下，付友德、蓝玉、沐英等明将遂对大理施行了"文化毁灭"政策，"胥元之遗黎而荡

---

[1]　赖永海主编《中国佛教通史》卷12，江苏人民出版社，2010，第575页。
[2]　李媛：《弘治时期国家祀典厘正论》，载赵毅、秦海滢主编《第十二届明史国际学术研讨会论文集》，辽宁师范大学出版社，2009，第105页。

涤之，不以为光复旧物，而以为手破天荒。在官之典籍，在野之简编，全付之一烬"①。

但明政府对待寺庙祠观的态度也并非只破不立。在"抑异教"和"灭淫祠"的同时，明政府"自明洪武初，诏天下，每令百户立一社，为民间祈报之所"，这使一些散落于村寨中的祠庙得以保存。此外，老的神祇或损坏或封存，因而就需要国家设立、改造或承认新的神祇，那些符合儒家仁、义、礼、智、信、忠、孝、悌、节、恕、勇、让等核心思想的地方人、神便有可能通过官方的认证被列入祀典。如立于明永乐七年（1409）的《建峰亭记》碑中所述，赵州（今凤仪镇）人赵康将女嫁予蒙氏兴宗王，得到蒙王的任用。后赵康于五峰山信苴城捡到一"神人所诞"之子，并收为养子。赵死后，"方牧命郡人起庙而旌之"，尊其为土主，因其为南诏"邦之外亲"，又其养子拾于峰顶，故赐号曰"外祖建峰"。民间"传闻山下有洞，洞有 两 泉，康化为虬，□于泉，所出清溪水，给三州人。兹土宜乎耕垦者，诚龙神之润泽欤。每有旱，祈祷之必应"。赵康之庙，"历郑赵杨段元，六代五十二世"，而终毁于明初兵火，但得益于明朝官方对地方祀典的选择性恢复，"爰有判官周善全，切 念兹之神祠，乃本郡之土主也，诚可树焉"，由此赵康之庙宇得以重建，恢复往日的宗教功能，而就连此碑也是"赵州吏目立石"②。

另据原立于大理市挖色镇本主庙的《重修白□堂神庙碑记》③，该庙原是孟州（挖色元代故称孟州）十八堂神庙内之一庙，"至感至灵无有比乎"。后日渐毁废，至明初已逾八百年，其间"维远维久，无一人而饬修"。直到永乐庚子十八年（1420），信奉佛教、"钦崇三宝"的檀越总旗武士赵浓"观阅所废庙之地基，无不悲叹"，于是随即"感发善心，费己资财，纯心竭力，负石抱水，创建

---

① （清）师范：《滇系》第14册，云南丛书本，第33页。
② 段金录、张锡禄主编《大理历代名碑》，云南民族出版社，2000，第99、100页。
③ 段金录、张锡禄主编《大理历代名碑》，云南民族出版社，2000，第147页。

神庙殿宇"。在代表朝廷势力的赵总旗的努力下，该庙方能复兴。到了明宣德六年（1431），是处又有善人小旗，名曰杨禾，因有感于赵公之善举，受庙貌之昭感，于是又自费在庙内塑悉哞迦罗像，并"喜施田亩，以求福祼，愿除罪业之根"。而这块讲述由来的碑正是这位小旗杨禾所立。

明朝政府对大理地方祭祀礼仪的规范化、对民间庙宇的修建，对地方宗教实践的影响颇大，《重建宝林香舍碑记》载：

> 乡里立社之义，所以祀山川社稷之神也。夫山川社稷之神曰山、曰水、曰谷，百物之命在乎土，百族之命在乎谷，百谷之命……（碑残断）。武诏天下，每百户立社之令，乃春秋乡社、里社遗义。郡志称宝林寺者也，创自前明，碣乖洪武间大理卫都指挥周能建……（以下残）神祇及阳南溪，龙神为民间水旱祷祈报赛之所，岁时祭告之坛，名曰宝林香社，又曰龙神祠。[①]

下关宝林寺所立之龙神，是因民间有耕种灌溉之需，又因农业为国家社稷之本，符合上层的统治利益，方才于洪武年间在大理卫都指挥使周能的认可下得以设坛建祠，春秋祭拜。

由此可见，明前期洱海流域的一些庙宇开始崇拜本土龙王，只是其中一些以阿吒力教灌顶僧为主导，另一些则由官方在与蒙段几朝有利害关系的历史人物之上加以敕封。这种明朝廷与地方密教之间有扬有抑、若即若离的关系持续多年，并最终在一些历史人物或神祇由明政府之认证（外化）和地方宗教之本土化（内化）的双重作用下得到调解融合，即这些符合明朝廷政治利益和价值取向的人物或神祇在大理社会被本土的宗教系统适当地吸收，神化或再神化，

---

① 参见宝林寺《重建宝林香社碑记》，笔者田野收集（2017）。又见《中国少数民族社会历史调查材料丛刊》修订委员会、云南省编辑组《白族社会历史调查之二》，民族出版社，2009，第165、166页。

通过将他们编织入宗教传说体系的方式，进而对白族人的宇宙观和族群认同产生影响。这其中以段赤城最为典型。

段赤城为南诏义士，其斩蟒牺牲的壮举为世人所知，且于明朝之前便已被奉为神，建灵塔为其墓。《太和龙关赵氏族谱序》中便载赵氏：

> 世居大理太和龙尾关白蟒寨。蒙时，关中有白蟒吞人为害，适段赤城者义士也，手持利刀舍身入蟒腹，蟒害遂除。居人德之，取赤城葬于灵塔寺，建浮屠镇之，煅蟒骨灰之，遂名曰"白蟒寨"。①

段公不畏妖怪、为民赴死的义勇精神正是儒家所推崇的为人之最高品质，又因其斩杀妖蟒去除了洱海水患，故其义举受到了皇权的承认，这便非常符合士大夫为国尽忠的政治理想，他最终成为崇德报功结构下的龙王，② 由此才于"明清间，均加封号，且列入祀典，春秋享祭不废"③。也难怪会有大理的志士感慨，段赤城"生不获封侯，死则庙食千古，观彼生灵如在。保庇生民，魁载祀典，节经钦奉列朝诏旨，修葺维新，日久而不忘"。因此，"嘉靖四年，姜兵备毁诸神祠，而独修此庙"④。

当然，大理佛教兴盛，段赤城被奉为"洱水之神"，并列入官方祀典，也是儒家义勇思想对佛道修行成仙说法的怀疑。巨蟒吃人的动作，大理白语特称"fv"，有吸食之意。白族地区有一段赤城故事的版本，即大理民间认为老人只要一生虔诚修行，到了耄耋之年，安顿好俗事后便可以到苍山飞身成仙了。段赤城本为羊皮村放羊小

---

① 《太和龙关赵氏族谱》，载杨世钰、赵寅松主编《大理丛书·族谱篇》卷4，云南民族出版社，2009，第2089页。

② 张海超：《白族民间忠义故事的历史人类学研究》，《民族文学研究》2010年第1期。

③ 参见龙凤村《唐义士赤城段公传》碑铭，杨跃雄田野收集（2017）。

④ 尤中校注《僰古通纪浅述校注》，云南人民出版社，1989，第61页。

伙，他在放羊途中便经常遇到赶着去成仙的老人。一日赤城的小羊掉入山沟，他下去寻羊，无意间发现，原来山中栖息着一条血口巨蟒，那些飞走的老人便是被巨蟒吸去吞食了。[①]

此外，嘉靖年间，明朝廷在全国各府州县推行了一套官祀与群祀的仪式正统。"一系列仪式的规范下，大理世族与佛教化龙王地位开始受到另一股外来政治势力与仪式政策的冲击。"[②] 以宝林寺为例，因靠近阳南溪，寺中原本供奉的是阳南溪之龙神，即佛教白难陀龙王。明初，大理卫都指挥使周能奉每百户立社神之令，将龙神祠改设为宝林香社，"为民间水旱祷告之所，岁时祭告之坛"，这使原来的佛教龙王降级为乡里仪式之社神，同时，周能还通过对寺院属性的改制，让当地居民脱离了既有僧团组织的控制。"官府仪式正统的规范，使仪式实践者从僧侣世族的身上，转移到明朝官员及乡村代理人的层面。"[③] 而同样为宝林寺本主保佑的清平村所经历的则刚好相反。该村原有居民以段姓为主，明万历以前，段赤城曾被族人视为"祖先"供奉于段家本主庙内，到了万历年间，"受到外来移居此地的汉族的影响，段氏先祖遂将本主段赤城从清平村移到了宝林寺"[④]。由此，在清平村被整合到乡里社会之时，原本作为祖先神和村落守护神的段赤城也被搬进了乡里仪典之场所，成为清平、宝林、阳平、荷花等村的共同本主，神格与原祀于此的白难陀龙王并列。不难看出，在官方政治权威的关照下，段赤城得以上升为乡里社神乃至洱海水神，对他的祭拜也逐渐由民祀升级为官祀。同时，为了使段赤城洱水神的地位合法化，明清志书也不断地将之塑造成

[①] 大理白族自治州《白族民间故事》编辑组编《白族民间故事》，1982，第 138 ~ 140 页。

[②] 连瑞枝：《神灵、龙王与官祀：以云南大理龙关社会为核心的讨论》，载赵敏、廖迪生编《云贵高原的"坝子社会"历史人类学视野下的西南边疆》，云南大学出版社，2015。

[③] 连瑞枝：《神灵、龙王与官祀：以云南大理龙关社会为核心的讨论》，载赵敏、廖迪生编《云贵高原的"坝子社会"历史人类学视野下的西南边疆》，云南大学出版社，2015。

[④] 大关邑村委会编《大关邑村志》，香港天马图书有限公司，2005，第 82 页。

符合有功于百姓的"义士"形象，来确立其名列官祀的正当性。最终，段赤城成为明清政府宗教整治的受益者。

而针对段赤城的官祀仪轨，在现有文献中并未有详细的记载，只有清咸丰《邓川州志》中有介绍曰："东龙庙在州八里灵源泽畔，每秋七月念（廿）三日礼，书备羊豕品物，请官诣祭，行二跪六叩礼。"① 华生将正统的仪式实践视作保持中国文化整体性结构的主要途径，而他通过对民族志的考察发现有两类正统仪式的普遍存在：一类是婚/丧礼，另一类便是国家权威借以控制地方的标准化的寺庙祭仪。② 龙凤村为"东边海神居住之地"，明初政府推段赤城为洱海龙神，以为己用，遂在原有的唐诏会盟之海神祠边修建此庙，后虽有萧败，但在几轮"神之标准化"的挑选淘汰之后，段赤城终于站稳脚跟，洱水神祠也成为最初的官祀场所。此后，地方政府开始借助官祀的仪式化展演，以"崇神树礼"的名义将象征帝国等级结构的宇宙观植入民众心中。由此，上行下效，各地纷纷在自家村寨修建段赤城的庙宇，或将其神像置于原有的龙王庙中，践行官方的意愿。一些本土神灵于是不得不让位于新兴的神祇，如今海神祠已被洱水神祠取代，金鱼、金螺二神也沦为段赤城的侍神。洱水神祠因而成为整个段赤城信仰体系的仪式中心，即为各地段赤城庙宇的"大庙"（祖庙），而这些分散的庙宇便是它的"小庙"（根庙）。小庙建成要到大庙中"分神"，③ 每到捞尸会，信众还要到洱水神祠朝圣，这使官祀礼仪可以周期性地被公开呈现。而在建洱水神祠以后，由于两坝相隔，洱源地区也逐渐形成了以河头龙王庙为中心的独立朝圣体系，该庙正是前面提到的东龙庙。这种坝子社会的宗教表征十分符合施坚雅（Skinner）的看法，即文化的空间组织是与行政区

---

① （清）侯允钦：《邓川州志》，成文出版社，1968，第65页。
② James L Watson，"Rites or Belief? The Construction of a Unified Culture in Late Imperial China"，in Lowell Dittmer and Samuel S Kim，eds. *in China's Quest for National Identity*，Ithaca：Cornell university Press，1993，pp. 80 - 103.
③ 筹建最晚的古生村龙王庙在1996年塑段赤城像的时候，该村莲池会便组织到洱水神祠进行了分神仪式。

划、经济体系的空间组织紧密联系在一起的。而在宗教实践中，"朝圣作为一个'社会剧场'，在朝圣的过程中，地方的特性和等级化的社会一体性都共同地得到了展示"①。

东龙庙中所祀段赤城为洱源地区的"中央本主"，是洱海上游最大的神，但在官祀中他所享用的牺牲也只是"少牢"（羊和豕），祭者也不行三跪九叩礼。洱海龙王段赤城因地区偏远，又影响有限，未能上达天听，无法像妈祖一样能得到皇帝亲自之敕封，并被冠以"天妃""天后"之号，享太牢大礼，这是可以理解的，因为在明清的地方官祀当中，唯有祭"天帝""社稷"一类的神时才能使用最高规格的礼仪，这直接反映出地方神祇在宗教等级中的地位，龙王也要屈尊于天帝之下。正如弗里德曼所言，皇帝承权于天，而正是"天命"（mandate of heaven）的概念生产并垄断了政治权威，"天的力量超越于各种神和人"，地方神灵只是作为等级秩序中的一部分从属于"天"的权力，而实际上代表"天"的正是中央的皇帝。② 中国东部沿海地区之海神妈祖，其影响之广，非一般地方神祇可以比拟，故中央王权不断对其进行高规格的敕封，甚至封为"天后"，与"天"同级，其目的便是将权力落实至地方社会，对地方社会进行一定的干预和整治。当然，在洱海流域，段赤城虽不能像妈祖一样上达天听，并得到皇帝亲自之敕封，但也不影响其在地方官员心中的地位。

受到明朝廷的打压，大理地区的佛教只能更加遁入民间，寻求所谓的"本土化"。佛教"本土化"的过程，使作为本土龙王的段赤城逐渐取代了源于佛教的难陀、白难陀等龙王。连瑞枝认为，段赤城的龙王形象，是在明朝政府大规模鼓励建置官祀的背景下，通过地方社会佛教仪式的实践，才得以从草根神灵转化为佛教化的地

----

① Steven Sangren, *History and Magical Power in a Chinese Community*, Stanford: Stanford University Press, 1987, p. 87.

② Maurice Freedman, "On the Sociological Study of Chinese Religion", in Arthur Wolf ed. Religion and Ritual in China, Stanford University Press, 1974, p. 40.

方守护神的。明朝政府为了治理地方社会，要求乡村依据国家行政层级的结构来设置仪典规范，进而调节不同人群之间的政治势力，并对社会关系做整合。

而在世俗生活中，周期性的仪式活动是人们宗教信仰的具体实践，也是其实现宗教体验和维系宗教情感的必要条件。耍海会便是白族人展现段赤城海神信仰的仪式，且古代较今天还热闹。明代万历年间谢肇淛撰《滇略》一书，其卷四"俗略"中对捞尸会有过描述，这段描述后来也出现在清代大理赵州人师范所著的《滇系》当中。

> 七月二十三日，西洱河滨有赛龙神之会。至日则百里之中，大小游艇咸集，祷于"洱河神祠"。灯烛星列，椒兰雾横。尸祝既毕，容与波间。郡人无贵贱、贫富、老幼、男女，倾都出游，载酒肴笙歌。扬帆竞渡，不得舟者，列坐水次，藉草酣歌。而酒脯瓜果之肆，沿堤布列，亘十余里。禁鼓发后，踉跄争驱而归，遗簪堕舃，香尘如雾，有类京师高梁桥风景。①

明清时期，农历七月二十三日俨然一个祭祀洱海水神的盛大节日，明李元阳作诗《七月下弦日寺坐》，描写了众人在耍海会竞花船十分热闹的时候，自己却躲在小楼闲憩不问世事的自在状态。

> 七月二十有三日，观音阁前竞花船。
> 沙洲罗绮人争看，客在山楼闭户眠。②

李诗中所提"观音阁"，万历《云南通志》载："罗荃寺，在府洱河东玉案山……寺西有观音阁，宣言结构，下临无地，山环吞海，

---

① 方国瑜主编，徐文德等纂录校订《云南史料丛刊》卷6，云南大学出版社，2000，第697、698页。
② 施立卓选注《历代白族作家丛书·李元阳卷》，民族出版社，2006，第272页

澄然如镜，又名天镜阁。"① 由此可见，农历七月二十三日之耍海会当时不仅仅只限于洱海西岸，也存在于东岸。明清时期，耍海会应该是整个洱海流域普遍流行的一种民间节日，其举行地点当然也不限于洱海神祠。只是由于历史的流变，其中一些地方的会期形式已经有所不同，如李元阳诗中提及的"竞花船"如今已演变为海东地区火把节时重要的龙舟竞技活动。②

此外，王康国在《（光绪）赵州志稿》中称洱海有"珠海阁会：每年七月廿三日，各村泛舟竞渡为会，名曰：捞尸会"。③ 天境阁（1996年重建）、珠海阁皆位列洱海四大名阁，珠海阁原址在洱海南岸下关息龙山上，靠近石坪村应海庙，古为赵州（今凤仪地区）所辖，今已圮废。而四大名阁中的浩然阁原址便在龙凤村洱水神祠前，古人参加耍海盛会，登阁眺海是游乐项目之一。另外一名阁是位于洱海北岸江尾地区罗时江入口的水月阁，即位于今天上关下沙坪村本主庙（清官庙）内，该阁与珠海阁南北对峙，雄踞两关。据说水月阁初建于唐，毁于明嘉靖年间，原址处建有一龙王庙，该庙也是下沙坪村的本主庙，而庙中所塑龙王就是段赤城。有人误以为该庙供奉的是南诏清平官郑回，故称为清平庙，实际上下沙坪村有两个并列本主——上村为清平官郑回，下村为龙王段赤城，而清官庙内并未供奉郑回。每年农历八月十五日至二十一日，人们要在龙王庙前举办渔潭会，这是大理地区规模仅次于三月街的盛会，也是滇西地区较大型的商业贸易集会。传统上，渔潭会开始之前人们都要先到龙王庙内给龙王磕头上香，而以前渔潭会也被称为捞尸会，只是

---

① 方国瑜著，林超民编《方国瑜文集》（第2辑），云南教育出版社，2001，第582页。

② 云南省编辑组编《白族社会历史调查》（三），民族出版社，2009，第153页。

③ 见（清）王康国纂《（光绪）赵州志稿》，载马存兆编《大理凤仪古碑文集》，香港科技大学华南研究中心，2013，第354页；笔者转载自廖迪生《中心与边缘：大理洱海渔民与白族地方文化》，载赵敏、廖迪生主编《云贵高原的"坝子社会"历史人类学视野下的西南边疆》，云南大学出版社，2015，第49页。

因为"其名不雅，乃易其名为鱼塘会"①。由此看来，捞尸会传统在洱海沿岸十分盛行，甚至人们所建四大名阁便是应景于此会。

明清时期，捞尸会应该是整个洱海流域普遍流行的一种民间节日，其举行地点当然也不限于龙凤村洱海神祠。只是由于历史的流变，各地的会期和形式已不再统一，如李元阳诗中提及的"竞花船"如今已演变为海东地区火把节时重要的龙舟竞技活动。而应海庙已不再举行捞尸会。

据笔者考证，如今之捞尸会实际上是明代以后在佛教放生节的基础上构建而成，官方为管理地方社会，以敕封段赤城为水神并为其举办祭拜节会的形式于民间实现自己的权力。而再往前追溯，放生节大略便与农历七月十五日佛教称之为"盂兰盆节"、道教称之为"中元节"有关。佛教故事讲，佛陀弟子目连见其母堕落饿鬼道中，食物入口，即化为烈焰，饥苦太甚。目连无法解救母厄，于是求教于佛，为其母说盂兰盆经，并于农历七月十五日做盂兰盆会以救其母。盂兰盆节是佛教中国化的产物，而其形成和产生的广泛影响与《盂兰盆经》的传播关系密切。《盂兰盆经》全文如下：

> 闻如是，一时佛在舍卫国，祇树给孤独园，大目犍连始得六通，欲度父母，报乳哺之恩。即以道眼，观视世间。见其亡母，生饿鬼中，不见饮食，皮骨连立。目连悲哀，即以钵盛饭，往饷其母。母得钵饭，便以左手障钵，右手搏食。食未入口，化成火炭，遂不得食。目连大叫，悲号涕泣，驰还白佛，具陈如此。
>
> 佛言："汝母罪根深结，非汝一人力所奈何。汝虽孝顺，声动天地、天神、地祇、邪魔外道、道士、四天王神，亦不能奈何。当须十方众僧威神之力，乃得解脱。吾今当说救济之法，

---

① 罗养儒著，李春龙整理《纪我们所知集：云南掌故全本》，云南人民出版社，2015，第 310 页。

令一切难，皆离忧苦。"

佛告目连："十方众僧，七月十五日，僧自恣时，当为七世父母，及现在父母，厄难中者，具饭百味五果，汲灌盆器，香油锭烛，床敷卧具，尽世甘美，以着盆中，供养十方大德众僧。当此之日，一切圣众，或在山间禅定，或得四道果，或在树下经行，或六通自在，教化声闻缘觉，或十地菩萨大人，权现比丘，在大众中，皆同一心，受钵和罗饭，具清净戒，圣众之道，其德汪洋。其有供养此等自恣僧者，现世父母、六亲眷属，得出三涂之苦，应时解脱，衣食自然。若父母现在者，福乐白年；若七世父母生天，自在化生，入天华光。"

时，佛敕十方众僧，皆先为施主家咒愿；愿七世父母，行禅定意，然后受食。初受食时，先安在佛前，塔寺中佛前，众僧咒愿竟，便自受食。

时，目连比丘及大菩萨众，皆大欢喜。目连悲啼泣声释然除灭。

时，目连母，即于是日，得脱一劫饿鬼之苦。

目连复白佛言："弟子所生母，得蒙三宝功德之力，众僧威神之力故。若未来世，一切佛弟子，亦应奉盂兰盆，救度现在父母，乃至七世父母，为可尔否？"

佛言："大善！快问。我们正欲说，汝今复问。善男子！若比丘比丘尼、国王太子、大臣宰相、三公百官、万民庶人、行慈孝者，皆应先为所生现在父母、过去七世父母。于七月十五日，佛欢喜日，僧自恣日，以百味饭食，安盂兰盆中，施十方自恣僧，愿使现在父母，寿命百年无病，无一切苦恼之患，乃至七世父母，离饿鬼苦，生人天中，福乐无极。是佛弟子修孝顺者，应念念中，常忆父母，乃至七世父母。年年七月十五日，常以孝慈，忆所生父母，为作盂兰盆，施佛及僧，以报父母长养慈爱之恩。若一切佛弟子，应当奉持是法。"

时，目连比丘、四辈弟子，欢喜奉行。

《盂兰盆经》糅合了中土孝道思想和道教荐拔的观念，该经大力宣扬的孝道思想主要为中国传统文化，且与中国人历来重视的祭祖文化密切融合，其中目连救母的故事在中国民间还与《地藏菩萨本愿经》中地藏菩萨前世救母的故事合二为一。在中国最初举行盂兰盆会的是梁武帝，大同四年（538），他在同泰寺举办"盂兰盆斋"，此后，这个仪式遂在民间普遍流传。《盂兰盆经》中强调对僧伽的供养饮食，要借僧众的力量才能救赎祖先的亡灵出离地狱。这一说法也能在早期道教"饭贤"的仪式之中找到文化源头。而所谓"饭贤"便记载于前文为证洱海水神之道教痕迹而引《三国志·张鲁传》注引之《典略》，该文记载东汉末三国时期就有设厨饭贤、治病祛疾、自隐罪过之说，即"作三通，其一上之天，着山上，其一埋之地，其一沉之水，谓之三官手书"。盂兰盆节在中国影响深远，然而印度本土并没有盂兰盆节的风俗，属南传佛教范围的泰国、斯里兰卡等国也没有此等风俗。因此，盂兰盆节是佛教与中国传统祖先崇拜及道教文化相互整合的结果，有人甚至认为《盂兰盆经》是中土人士的伪作。①

道教将每年一月、七月、十月之第十五日分称上元、中元、下元，上元是天官赐福日，中元为地官赦罪日，下元为水官解厄日，所以会在中元时普度孤魂野鬼。上元节是人间的元宵节，人们张灯结彩庆元宵。中元由上元而来，人们认为，中元节是鬼节，也应该张灯，为鬼庆祝节日。不过，人鬼有别，所以，中元张灯和上元张灯不一样。人为阳，鬼为阴；陆为阳，水为阴。水下神秘昏黑，使人想到传说中的幽冥地狱，鬼魂就在那里沉沦。所以，上元张灯是在陆地，中元张灯是在水里（见图3-5）。按传统的说法，水灯是为了给那些冤死鬼引路的。灯灭了，水灯也就完成了把冤魂引过奈何桥的任务。中元节当日，店铺也都关门，把街道让给鬼。街道

---

① 范军：《盂兰盆节的宗教源流》，《华侨大学学报》（哲学社会科学版）2006年第3期。

的正中，每过百步就要摆一张香案，香案上供着新鲜瓜果和一种"鬼包子"，桌后有道士唱人们都听不懂的祭鬼歌，这种仪式叫"施歌儿"。

图 3 – 5　大理剑川中元节放的水灯（又称为"荷灯"）

《盂兰盆经》很巧妙地将佛教的"自恣日"和中土的"中元节"安排在同一天——农历七月十五日。这样就使"中元"救拔亡魂成为佛、道二教共有的信仰。到了明清两代，由于盂兰盆节的佛教色彩日渐淡化，七月十五日逐渐成为民众贸易游乐的欢乐节日。依托寺院形成的庙会成为重要的贸易市场，普通民众尤其是久居闺阁的妇女也借助节日前往寺院进香、祈福的机会外出游玩、享乐。明末张岱《陶庵梦忆》的《西湖七月半》中对此有非常精彩的描写。

西湖七月半，一无可看，止可看看七月半之人。看七月半之人，以五类看之。其一，楼船箫鼓，峨冠盛筵，灯火优傒，声光相乱，名为看月而实不见月者，看之。其一，亦船亦楼，

名娃闺秀，携及童娈，笑啼杂之，环坐露台，左右盼望，身在
月下而实不看月者，看之。其一，亦船亦声歌，名妓闲僧，浅
斟低唱，弱管轻丝，竹肉相发，亦在月下，亦看月，而欲人看
其看月者，看之。其一，不舟不车，不衫不帻，酒醉饭饱，呼
群三五，跻入人丛，昭庆、断桥，嘄呼嘈杂，装假醉，唱无腔
曲，月亦看，看月者亦看，不看月者亦看，而实无一看者，看
之。其一，小船轻幌，净几暖炉，茶铛旋煮，素瓷静递，好友
佳人，邀月同坐，或匿影树下，或逃嚣里湖，看月而人不见其
看月之态，亦不作意看月者，看之。①

清代潘荣陛在《帝京岁时纪胜》中对盂兰盆节则有更为详细的
描述。

中原祭扫，犹胜清明。绿树阴浓，青禾畅茂，蝉鸣鸟语，
兴助人游。庵观寺院，设盂兰会，传为目连僧救母日也。街巷
搭苫高台、鬼王棚座，看演经文，施放焰口，以祭孤魂。锦纸
扎糊法船，长至七八十尺者，临池焚化。点燃河灯，谓以慈航
普渡（度）。如清明仪，异请都城隍像出巡，祭厉鬼。闻世宗
朝，曾召戒衲木陈玉林居万岁殿。每岁中元建盂兰盆道场，十
三日至十五日放河灯，使小内监持荷叶燃烛其中，罗列两岸，
以数千计。又用琉璃作荷花灯数千盏，随波上下。中流驾龙舟，
奏梵乐，作禅诵，自瀛台南过金鳌玉蛛桥，绕万岁山至五龙亭
而回。河汉微凉，秋蟾正洁，至今传为胜事。都中小儿亦于是
夕执长柄荷叶，燃烛于内，青光荧荧，如磷火燃。又以青蒿缚
香烬数百，燃为星星灯。镂瓜皮，掏莲子，俱可为灯，各具一质。
结伴呼群，遂游于天街经坛灯月之下，名门灯会，更尽乃归。②

① （明）张岱：《陶庵梦忆》，上海古籍出版社，1982，第62、63页。
② （清）潘荣陛等：《帝京岁时纪盛·燕京岁时记·人海记·京都风俗志》第76册，
北京古籍出版社，1981，第27、28页。

　　对比以上对盂兰盆节之描述，不难看出洱海之耍海会已淡化了佛教"目连救母"故事，转以本土之英雄故事替代，白族祭祖时常称的"三代始祖，四代近祖"（sal deit doufbalf, xi dei xilngv），便有类于《盂兰盆经》"木莲救母"故事中提到的"七世父母"，而"度魂"仪式也与福建等地的"普度"仪式相似，只是后者更侧重的是对"众生"的超度。

　　但会期仪式间的一些活动却得以保留，如乘船游玩、流放河灯、燃化纸船等，这些都有佛、道二教的文化痕迹。其实中元节在洱海流域也是一个十分重要的节日，人们于农历七月初一将祖先从阴间迎接回家，每日恭敬祭拜，半月之后再以隆重的"烧包"仪式送祖先回到阴间。

　　至于为何白族人会将中元节（大理民间俗称为"烧包节"，农历七月十三日"烧新包"①，七月十四日"烧老包"）、放生会（农历七月二十三日）、捞尸会（农历八月初八）分为三日举办，我们认为其都有灵活应对宗教信仰和世俗生活之关系的初衷。传统上，中元节一般要过七天，其中又有新亡人和老亡人之分，三年内死的称新亡人，死亡超过三年的称老亡人。新、老亡人回来的时间并不相同，新亡人先回，老亡人后回，因而在白族社区"烧新包"要早一天于"烧老包"。南诏义士段赤城牺牲以后，人们为纪念与缅怀其事迹，或于中元节借祭祖之意对其祭拜，该日为贯彻佛教放生救命的教义，信众也会将一些小鱼及泥鳅于洱海中放生。到了明代，段赤城被封为水神之后，其神圣地位在民众心中与日俱增，为了凸显段赤城纪念日的神圣性与功能性，人们遂将海神的祭日从中元节中分离出来，于是在中元节之后的农历七月二十三日设放生节，并于此日祭拜洱海水神段赤城。由此，中元节成为家庭内部的专门祭祀自

———————

　　①　给新亡人（刚过去的一年内去世的人）烧的包，被称为"烧新包"。"新包""老包"是区分给新亡人、老亡人的，"包"其实都是一样的，如同一个信封，内放卷起来的金色、银色的纸钱（被视为阴间的亡人用的钱），在"包"外还要贴用金银纸做成的"金子""银子"。

家祖先的"私人"节日，而放生会则成为广大信众专门祭祀公共神——海神段赤城的公共节日，原本在中元节中要举行的娱乐活动也一并被让渡后移到了该日。当然，节日或者仪式因举办时间的差异，其主题会各有侧重，但其中人们的仪式活动和祈祷内容却无法做到泾渭分明，一些祭祖、祭鬼、祈福、请愿等之类的宗教活动在许多场合都会出现。

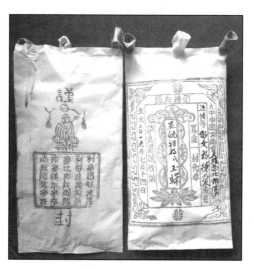

图3－6 白族烧包节用的"包"（背面、正面）

传统上，捞尸会的会期就是农历七月二十三日，后各地依具体情况有所调整，如龙凤村洱水神祠在清末民初将会期调整为农历八月初八，以便与白族原始农神张姑太婆的会期一起庆祝。如今洱海周围依然保留放生节的传统，古生村于农历七月二十三日在龙王庙举办的放生节，其盛况便不输龙凤村洱水神祠的捞尸会。这天也是该村的本主节，人们除了要做客访友、拜神念经，还要放生小鱼和泥鳅，古生村白语称"Gouz herl"，就有放生的意思。

竞花船耍海戏水，给了那些不住在海边的人入海游玩、亲近洱海的机会，但娱乐只是耍海会的世俗表象，其真正目的在于"捞尸"和"度魂"。所谓"捞尸"，有两种说法：其一是因为段赤城杀死巨蟒后葬身蟒腹，人们象征性地将其从洱海中打捞起来，以表达对英雄之死的惋惜，并展现自己欲救其于苦海的意念；其二是打捞于南诏之初投湖自尽的白洁夫人（也称为"柏节夫人"）。"火烧松明楼"的故事在洱海流域几乎妇孺皆知，它被认为是白族火把节的起源。其讲的是在洱海流域"六诏争雄"时期，南诏王皮逻阁为统一整个洱海流域，设下毒计。他命人搭建了一座松明楼，并在祭祖大典这天邀约各诏国王齐聚楼中饮酒。待众人醉倒，他就点燃松明楼，将其他国王全部烧死，后大举进攻别国城池，以统一六诏，这其中也包括白洁夫人的丈夫——邓赕诏国王。

相传，火烧松明楼后，白洁夫人召集部族对抗皮逻阁，最终战败被俘。皮逻阁见其美丽忠贞，欲霸占为妻。白洁夫人见大势已去，便假意顺从，但她要求为亡夫守孝百日，并到洱海中祭奠其亡魂后方能与皮逻阁成亲。农历七月二十三日，众人共赴洱海，白洁夫人身着素纸孝衣，蒙王疑惑，问起原因，她只道是为了祭奠完后方便焚化。不料，船行至海心，白洁夫人突然掏出藏在纸衣中的剪刀行刺皮逻阁，未果，之后便纵身一跃，跳入水中。蒙王急忙用手去抓，只是纸衣一抓就破，遇水便化，只能看着白洁夫人沉没于洱海万顷波涛之中。他心有不甘，便命令手下驾起上百条船，在洱海中到处打捞。洱海沿岸白族人民见此情景，有感于白洁夫人的节烈，便也自发在茫茫海水中打捞。最终，白洁夫人的尸体没有被找到，但农历七月二十三日划花船捞尸的传统却在洱海流域保存下来。①

相比于段赤城的义勇，白洁夫人的忠贞也让人十分钦佩，其守护的城池被称为"德源城"。明清时期，政府同样有感于她的高尚情操，即所谓"节"，多次对其封号。供奉她的寺庙遍布洱海流域，大理古城北门便有"柏节祠"（见图3-7）。白族民间则称其为"白洁圣母"或"白洁圣妃"。邓川西湖畔也有一座"柏节祠"，农历七月二十三日的西湖耍海会，其所捞之尸便明确就是白洁夫人。而在海

---

① 故事内容可参见大理白族治州《白族民间故事》编辑组编《白族民间故事》，云南人民出版社，1982，第141~145页；张文勋主编《白族文学史》，云南人民出版社，1959，第82页。

东地区的传说中，白洁夫人坚贞不屈的精神感动了洱海龙王，她毅然赴死以后，就被龙王救到金梭岛龙王宫殿当中了，所以人们百般寻找也捞不到她的尸体。[①]

图 3 - 7　大理古城北门村的柏节祠

实际上，在我们实地调查的十多个海神庙中，皆没有提及白洁夫人的故事，也并未将与"耍海"类似的宗教活动与其相关联，只是在有些史料和旅游宣传书籍上对此有过介绍。而一些村内的乡绅耆老因通文识字，自然也知道白洁夫人殉情之事，所以在大理市境内的水神庙宇中也偶尔会有老年男性提起此事，而莲池会中的"老斋奶"甚至连段赤城的故事都全然不知，更何况白洁夫人。我们分析，如今白洁夫人的贞洁故事还是以其发源地洱源邓川地区为主。今人所提捞尸会划船是为打捞白洁夫人一事，大约是在明清两代白洁故事兴起之后才有，这与纪念段赤城的缘由大同小异，而这两则传说自然也是在中元节划船耍海活动上的地方性附会，使一个普遍

---

① 张奋兴：《大理海东风物志》，云南民族出版社，2006，第253页。

性的宗教娱乐活动有了地方性的出处和特色。

当然，在民间宗教实践层面，捞尸会所捞之尸不论是段赤城还是白洁夫人，都未能脱离官方祀典对儒家道德传扬的初衷。地区性的传说人物，经由明清官方及本地的士大夫阶层对其表述内核进行甄别和修改，给予一个高规格的封赐，再将其放置回民间传说中，进而最终塑造成拥有儒家"普遍价值"的地方神祇，官方对地方历史人物"神格"的有意提升，是希望通过宗教崇拜的方式对民众进行思想教化，以便于管理和控制。

20 世纪 80 代中期，洱海水位下降，海西一带裸露出大片沙滩。龙凤村农民在湖岸挖鱼塘、捞海草时，时常能捡拾到明代卫所官印，这批官印的发现地就在洱水神祠附近。后来大理市文管所从农民手中收集回官印 28 方，据印文识别，这批官印涉及滇西各卫所的建制，并有编号，时间最早为洪武十六年，最晚为嘉靖四年。官印类别丰富，有"大理卫指挥使司历司之印""大理卫右千户所百户印""洱海卫右千户所百户印""赵州僧正司记"等。其中僧正司为明洪武时所设立的专门管理僧尼等相关事务的州属政府机构，明中央置僧录司，各直省府属则置僧纲司。印章所属的滇西各卫所所在地，距发现地龙凤村一带多在 60 公里以外，其中澜沧、永昌两卫则远距 200 多公里。龙凤村洱水神祠早在南诏时期便是大理地区重要的水神祭祀场所，且历代沿袭，祭典甚隆。这批官印的发现或与祀典有关。

至于这批官印的沉海时间，时任大理市文管所官员的杨益清认为，"从它的年款都是明代所铸看，在明代是不可能被沉入海底的。只有在明、清易代之际，明代官员因迫于政治原因，借祀水神之典、抛入水中，是可以理解的"①。我们则认为，这些官印的沉底原因或许是明后期的某次政府统一的对过往年号官印的销毁行为，至于为何要抛印于洱水神祠前之水域，一为避免他人拾得，一为借机祭祀

① 杨益清：《云南大理发现一批明代官印》，载杨世钰、赵寅松主编《大理丛书·考古文物篇》卷 7，云南民族出版社，2009，第 3499、4500 页。

水神，以求得保佑。当然，不论这些官印是明代官员主动抛入水中以祭水神，还是明政府将洱水神祠列为销弃作废官印的特定场所，都直接证明了洱海水神和地方政府之间微妙的关系。在水神庙前销弃官印是一种极具象征意味的行为，而"含糊的象征在仪式中的最终作用和在诗歌与神话中的一样，都是为了丰富内涵或是要人们注意到存在的其他层次"[①]，此时的明代地方官僚结构和大理的市民社会已经有了一个很好的交融，至少通过对水神的敕封，朝廷对地方社会进行了很好的整合。

捞尸会也好，放生会也罢，在洱海流域，农历七月二十三日这天承载了多重的宗教意义。倘若我们细究，就不难发现，强调"捞尸"主题的仪式场域更多地为官方的政治力量干预和塑造，捞尸的行为象征，以及其背后的传说故事大多反映出"大传统"框架下的儒家道德旨趣，所以这些故事也大多被村落中熟读儒学经典的乡绅耆老记忆和传扬。我们在江风寺、宝林寺、龙凤村、河矣城村等地遇到各村老人协会的老年男性，许多都对"小黄龙大战大黑龙"或"段赤城斩蟒"的故事如数家珍，他们对龙王崇拜的宗教过程不甚关心，甚至以"封建迷信"呼之，却十分强调这些故事背后白族英雄的高尚德行。而女信徒和"老斋奶"们则更加看重龙王对她们现世生活的助佑，她们中许多人并不识字，完整的宗教传说和仪式经文也只被莲池会中的"经母"所掌握，但她们却对赴会朝拜尽心尽力。"放生"是一种便于操作又极具佛教因果业报理论象征意义的宗教仪式，因而在佛教传入大理地区以后，也被笃信佛教的白族先民整合入祭海仪式之中，成为耍海会或放生会仪轨中的高潮部分。在古生村放生会现场，临近放生仪式时，该村莲池会的老人先是在龙王庙殿前院内集体围坐念经，所围圈中除了摆放各种贡品香火外，最显眼的便是一艘用竹篾和薄纸扎制的彩色小船，船上不仅载有给阴间

---

① 〔英〕玛丽·道格拉斯：《纯净与危险》，黄建波等译，民族出版社，2008，第50页。

祖先享用的用金银纸折裁而成的金银元宝和各色纸衣，上面还装有一面用竹竿做成桅杆且以纸为材料的帆，帆上还写有"一帆风顺"四字。流放花船的时候，老妈妈们在一群人的簇拥之下站成两列，一人（通常是"经母"）立于中间，手捧花船，轻推入洱海中，随后再提桶放生，将桶中的泥鳅一并倒入水中，最后放鞭炮谢神，于此才算放生会的高潮。其余人则要手敲木鱼，口中诵念《放生经》：今日发愿来放生/河水浑浊海水清/所放之物精气盛/定能获新生；送你一盆白莲花/诵你一段观音经/莫闯水中捕鱼网/转世到来生。听"老斋奶"讲，以前也有诵念《七月经》的，我们从张明曾、段甲成等人所收集的原文中截取一段：公泥鳅、母泥鳅/为因前世你有功/我们把你超生去/把你放在清水沟/摇头甩尾游回去/摇摇摆摆在海中。[1] 而除了农历七月二十三日或农历八月初八等特殊节日，在平常，若白族人家中遭遇不幸或生活不顺，待去找过巫觋"看香火"或算命后，巫觋便有可能建议他们到龙王庙祭拜，并放生一斤泥鳅，以行善积德，并求得龙王的原谅或保佑。因此，如我们所见，在龙凤村洱水神祠或古生村龙王庙平日里偶尔也会有人携香烛和泥鳅前来祭拜，农历每月的初一、十五也有前来放生祈福者。

　　"度魂"是捞尸会不易为人发现的另一功能。所谓"度魂"，即人们对逝者的魂魄进行超度，使其置于合理的位置。而"彼岸""轮回"等概念，明显是佛教信仰的内容。在洱海流域，多个供奉段赤城的庙宇皆有"度魂"的仪式形态。在龙凤村洱水神祠参加捞尸会的人们要靠近海边生火做饭，待饭菜做好后先要准备鱼肉牺牲、茶酒果饼到段赤城像前磕头祭拜，然后各取食物中的一小部分，再配上茶酒各一杯，面海朝东摆放，最后再将剩下的香烛、黄纸、金银纸于祭品旁焚化，这些东西就是为逝者准备的。在古生村放生会现场，人们除了要将各种祭祀食物置于海边，还要准备一封寄给

---

① 参见张明曾、段甲成编著《白族民间祭祀经文钞》，云南民族出版社，2004，第299页。

"三代祖先"的黄表，落款是某某村莲池会信士某家（姓氏）户主某某。与黄表一起焚化的还有一架竹条扎制的小楼梯和一盏荷花灯，小竹梯象征连通阴阳两界的通道，祖先可以借此回到人间，荷花灯则用来引渡祖先的灵魂（见图3-8）。

图3-8　古生村放生会中使用的黄表和小竹梯

莲池会的"老斋奶"则以村为单位各自占据一块地方，摆好祭品香炉，虔诚地边敲木鱼边诵经祷告。我们询问她们为谁念经，一些人回答为龙王念经，一些则说是为洱海中的逝者念经。在某种意义上，洱海被白族人理解为逝者灵魂的归属地，逝者的灵魂只有进入洱海才能被引渡去往阴间。当然，所谓逝者也包括死于水中的段赤城和白洁夫人。因此，人们不仅要朝洱海献祭和念经，还要放流莲花灯对灵魂进行引渡。如今出于保护洱海的需求，政府限制了洱水神祠划花船和放流莲花灯的活动，但在以前放流连花灯却是人们参加耍海会的主要目的。如师范在《滇系》中描述道："灯烛星列，椒兰雾横。尸祝既毕，容与波间。""尸祝"即古代祭祀时对神主掌祝的人，也可指对尸读祈福祥之辞，并为鬼神传话。[①] 人们在对逝者读完祷词之后，便将星星点点的莲花灯放流入洱海的微波中，借这些明灯引渡亡魂出苦海，正像《盂兰盆经》中所谓的"当为七世父母，及现在父母，厄难中者，具饭百味五果，汲灌盆器，香油锭烛，床敷卧具，尽世甘美，以着盆中，供养十方大德众僧"。

　　1936～1938 年在大理做田野调查的澳洲人类学家费子智（C. P. Fitzgerald）描述，龙凤村洱水神祠曾毁于 1925 年的大理大地震，只留有寺庙大殿和亭子[②]，可能神像也遭地震损毁，"庙里未供奉任何神像，取而代之的是供坛上一块漆过的牌位，上书龙王，祭坛后有一幅壁画，上画一条腾云驾雾张牙舞爪的龙"。彼时洱海水位尚未退却，如今这座龙王庙被建在一座人工小岛上，小岛则由一座石板桥与岸连通。每到"游花船"（Yo Huor Yeh）即耍海会的日子，岛上的亭子里都会挤满忙着放生小鱼和泥鳅的信徒，他们想通过挽救临死的生命的形式来积攒功德。[③] 放生的行为符合佛教戒杀救命的教义，奇怪的是他们除了放生以外，还要往水中抛撒谷子。我们当然可以将抛撒谷物的举动解释为农民在向掌管降雨和水利的龙王交换粮食，即以几把稻谷作为祭拜龙王的"牺牲"来求得来年的大丰收，正如费子智将放生解释为渔民为了取悦龙王和洱海里的各方神仙，"这样他们会愿意保佑渔夫，在一年的其他时间里捕鱼而非放鱼"[④]。但是，如果我们从白族祖先和鬼神崇拜的角度去看，向水中抛撒谷

---

① 叶大兵、乌丙安主编《中国风俗辞典》，上海辞书出版社，1990，第 247 页。

② 该亭子也叫临水亭、丰乐亭，即前文所述之"浩然阁"，（明）李中溪《浩然阁记》载，该亭始建于明嘉靖九年（1530），1984 年因年久失修全部倒毁。

③〔澳〕C. P. 费茨杰拉德（C. P. Fitzgerald）：《五华楼：关于云南大理民家的研究》，刘晓峰、汪晖译，民族出版社，2006，第 103 页。

④〔澳〕C. P. 费茨杰拉德（C. P. Fitzgerald）：《五华楼：关于云南大理民家的研究》，刘晓峰、汪晖译，民族出版社，2006，第 104 页。

物明显有"祭鬼"之意。在耍海会和放生会现场，我们还见到了同其他祭品摆放在一起的晒干的玉米粒、蚕豆粒和小麦粒。有时还要在这些谷粒周围用面粉或玉米粉画一个圆圈，人为地形成一个结界，以区隔各家之鬼魂。白族葬礼中逝者出殡以后，有时候要在棺材经过的"生死路"旁摆放红香、黄纸，并堆放一小撮稻谷、蚕豆或玉米，以安抚逝者之灵魂。村寨中若接连发生各种灾祸，人们便会认为是一些流窜入境的孤魂野鬼在作祟，此时便要举行驱鬼或打醮的仪式，而在此类仪式中，人们往往会在街角准备一些冷水稀饭，并用麦秆作筷子，供鬼魂们食用。冷水稀饭便是酬鬼之食物，以请求其饱腹后尽快离开。

此外，我们在田野调查中了解到，以前人们往洱海中放莲花灯的时候，要捧着点燃的灯走过石桥后才能将其放入水中，石桥便象征了道教中的"奈河桥"，而捧灯过桥同样隐喻了超度灵魂。如今大理古城北门以西靠近三塔倒影公园的东岳宫（其后为地藏王殿）前还修有一座小型的双拱石桥，该桥用青砖砌成，并无实用功能，其下还有一个深不及半米的小水池以模拟河水（见图3-9）。费子智同样也提到了东岳宫，说人们用小瓷碗做成莲花灯，并设法让点燃的灯钻过桥孔，漂到水池对岸，"如果成功的话，表明死去的灵魂将从地狱里逃出"[1]。今天这座桥边依然堆放着大量弃用的瓷碗。

洱源茈碧湖的耍海会也是在农历七月二十三日举行，当地人称之为"龙王会"或"海灯会"。流放海灯是该会的重要内容，海灯由周边村寨中的老人制作，先用浸过香油的彩纸折成灯形，并在底部涂上松香和细沙，目的是防水和增加稳定度，再以香油为燃料，以棉条作灯芯。夜幕降临以后，放灯的群众先要去罢山段赤城庙里祭龙王，然后才三五成群缓缓划船到湖里点燃莲花灯，小心翼翼地放入水中。如前所述，洱海流域的白族在农历七月十五日有过中元

① 〔澳〕C. P. 费茨杰拉德（C. P. Fitzgerald）：《五华楼：关于云南大理民家的研究》，刘晓峰、汪晖译，民族出版社，2006，第101页。

图 3 - 9　大理古城东岳宫前的"奈河桥"

节的传统，白语称之为"烧包节"。祖先的灵魂在农历七月初一被子孙们由阴间接引回家中，这半月里每餐饭前，子孙们都要先毕恭毕敬地将饭菜端至祖龛前，先请祖先享用，遇到赶集日还要多给祖先烧冥币和金银纸，以供其花销，到中元节那天就要将其送回阴间。所谓的"包"，就是子孙献祭给祖先的纸折金银。洱海上游青索村的海灯节的举办时间是农历七月十五日，是夜，上关地区的数千名白族居民齐聚青索村天衢桥，共同放流上万盏海灯，年内新添小孩或有老人去世的家庭则要请人做一艘稍大些的纸花船流放入罗时江和弥苴河中，以求得新生者健康、离世者安息。① 而所有莲花灯都要在天衢桥上游放入河中，以使其能穿桥而过。其实，多地都有中元节流放花灯的习俗，但青索村海灯节的独特之处在于，这些花灯在被投放入河流前必须先到天衢桥旁的小黄龙庙内祭拜黄龙神，祈求龙

① 在古生村放生节的高潮，该村莲池会也会在众人的簇拥下，在一片念经声中放流一只课桌大小的纸扎小船，上面载满纸折的金银元宝和各色纸衣。

王的保佑，也就是要经历一个神圣化的过程。然而黄龙神并非该村的本主。投放莲花灯时，莲池会的老人整齐地在殿内念经，其他人忙着给灯添香油，年轻人则热衷于在桥上放鞭炮，以驱赶不愿离开的孤魂野鬼。老人们说每一盏莲花灯代表一位祖先，因而投放的灯越多，引渡的先人也就越多。而龙王生活于水中，管理河流和洱海，能通行于阴阳两界，这些先人自然会受到其引领，回到他们应在之处。

此外，我们在河矣城村的八姆庙里也看到大量用瓷碗贴上彩纸做成的莲花灯，这些莲花灯实际上不能漂浮于水中（也不被允许），只是作为象征物被杂乱地堆放于一间庙房的两侧。而该庙房的里面摆放的正是河矣城村的集体祖龛，上书"各姓氏三代祖先宗亲之灵位"，两侧则写有一副对联，即"祖宗积德流芳远，后代子孙孝为先"，看来这些象征性的莲花灯就是用来引渡祖先灵魂的。八姆庙傍水而建，其中便有多处龙王塑像，而这些瓷碗在中元节的时候是摆放在水边可以做油灯点燃的，待完成了它们的仪式使命后就被堆放到祖龛所在的房间内，而且不可以重复利用。八姆庙是一座汇聚了各种神灵塑像的庙宇，我们粗略看下来，大小相加大概有上百个神像，而庙的入口处也建有一座"奈河桥"和一个较深一点的水池。

龙凤村捞尸会也有放生的活动，所谓"邻县善男信女亦来，此有放生之举，颇极一时之盛"，只是如今放生的人没有以前多了。据说段赤城/白洁夫人落水以后，洱海中的泥鳅不忍其尸首沉底，便成群结队地将其往水面上拱，以便沿湖白族群众能找到他们。人们有感于泥鳅的这种灵性和善良，便于每年七月二十三日在龙王庙前放生泥鳅。这与古生村泥鳅救经书的故事主旨大略相同。

在白族人的空间观中，湖泊为坝子中心，人死以后灵魂要到湖泊中去，只有经此才能回归阴间，因而人们要燃放莲花灯引渡灵魂。青索村放流入江中的河灯，其终点便是洱海。中元节晚上，人们烧完祭品以后也要将灰烬倒入流经村寨的河中，让其流入洱海。捞尸会是白族人对段赤城/白洁夫人不凡事迹的集体化仪式性再展演，作为官方祀典的一部分，除了祈求清吉平安、风调雨顺外，还承担了对英雄人物义勇忠贞品格的宣扬功能。另外，捞尸会同样为安放白族人的祖先和鬼神崇拜情结创造了一个与其生存空间相对应的仪式空间。

第三节　私生子：白族文化中的感生神话与"九隆文本"

神话中的私生子现象或可称为感生子现象，在中国古代历史文化中多有所见。私生子与感生子的区别在于前者还处于一种"当下"的社会道德谱系判断之中，是一种个体在社会经纬中的出格状态，与社会本身是对立的。而感生子则通过神话对出生事实的掩盖和篡改，使出生现象和出生者超越于社会主体之上，是一种"神圣化"的抬升行为，因为其不被社会缠绕，所以也不需要背负道德的负面判断，甚至因为感生子与鬼神相关，所以其天生便被认为具备了某种统治世人的合法性，如古哲墨子所言："鬼神之明智于圣人，犹聪耳明目之与聋瞽也。"① 而感生神话中，吞食某物至孕者居多。如夏朝的创建者大禹，便是因其母进食了薏苡之后感而诞之。薏苡是东亚地区最古老的农作物之一，姒姓氏族便由此得名。商代由子姓氏族创立，子姓氏族的祖先被称为"契"，传说契的母亲吞食了一只黑色的鸟所生之卵而怀孕，进而生下了契。而周朝姬姓氏族的祖先"弃"或"后稷"，被称为上帝的直系后裔。其母姜嫄因踩到上帝脚印的拇指而怀孕，后稷出生之后先被丢弃在狭巷之旁、平林之中、寒冰之上，却屡屡得到牛羊、樵夫和鸟群的庇护。② 姬姓始祖的感生故事与龙凤村段赤城的故事还有几分相似，想必是该村耆老在构思这个版本时杂糅了自己读过的一些经典故事中的元素，毕竟该故事

① 《墨子·耕柱》。
② 参见〔美〕张光直《艺术、神话与祭祀》，刘静、乌鲁木加甫译，北京出版社，2017，第2、4、6页。

的记述源头是《诗经·大雅·生民》。

绿桃村处子未婚先孕生下段赤城，依正常的道德标准判断，该孩子便是私生子。私生子之所以被社会轻视，主要原因是其父母之间的关系并未以婚礼的方式获得社会的仪式化认定，或者是父母一方（主要是父一方）对自己的亲生子女不予承认，导致其在社会关系和历史序列中有一定程度的缺席，因而这种"不合法的"婚姻孕育出的后代也不被社会所接受，除非他/她可以通过某个超自然的事件与神产生联系，进而向世人证明自己之所以出生不凡是因为具备了某些神性。

白族感生神话众多，但其原初的文本便是"九隆神话"。该神话是南诏蒙氏的祖源神话，之后也被大理段氏所借用。"九隆神话"最初或见于东汉杨终所著《哀牢传》，但《哀牢传》于隋以前便已佚失，目前所知最早记载该神话的是东晋常璩所撰的《华阳国志》。其文云：

> 永昌郡，古哀牢国。哀牢，山名也。其先有一妇人，名曰沙壹，依哀牢山下居，以捕鱼自给。忽于水中触有一沈木，遂感而有娠。度十月，产子男十人。后沈木化为龙出，谓沙壹曰："若为我生子，今在乎？"而九子惊走。惟一小子不能去，陪龙坐，龙就而舐之。沙壹与言语，以龙与陪坐，因名曰元隆，犹汉言陪坐也。沙壹将元隆居龙山下。元隆长大，才武。后九兄曰："元隆能与龙言，而黠有智，天所贵也。"共推以为王。时哀牢山下复有一夫一妇，产十女，元隆兄弟妻之。由是始有人民……元隆死，世世相继，分置小王，往往邑居，散在溪谷。绝域荒外，山川阻深，生民以来，未尝通中国也。南中昆明祖之，故诸葛亮为其国谱也。①

---

① （晋）常璩撰，刘琳校注《华阳国志校注》，巴蜀书社，1984，第424页。

到了南北朝时期，刘宋范晔撰《后汉书》对"九隆神话"做了一些修改，哀牢由山名变为族名，"沙壶"变为"沙壹"，而沙壹第十子被称为"九隆"。

> 哀牢夷者，其先有妇人名沙壹，居于牢山。尝捕鱼水中，触沉木若有感，因怀妊，十月，产子男十人。后沉木化为龙，出水上。沙壹忽闻龙语曰："若为我生子，今悉何在？"九子见龙惊走，独小子不能去，背龙而坐，龙因舐之。其母鸟语，谓背为九，谓坐为隆，因名子曰九隆。及后长大，诸兄以九隆能为父所舐而黠，遂共推以为王。后牢山下有一夫一妇，复生十女子，九隆兄弟皆娶以为妻，后渐相滋长。种人皆刻画其身，象龙文，衣皆著尾。[1]

后汉应劭所著的《风俗通义》，内容与此一样。唐代的史籍中也有"沙壶"的记载，如樊绰在《云南志》卷三中说："（蒙逻盛）开元初卒。其子盛逻皮立，朝廷授特进、台登郡王，知沙壶州刺史。"又"贞元中（异牟寻）献书于剑南节度使韦皋，自言本永昌沙壶之源也"[2]。这是"九隆神话"与洱海地区有联系之最早记载。此外，载于《南诏野史》（胡蔚本）"按语"的《师摩矣锁龙》神话也有相关记载，该故事云："妃本渔家女，喜浴；后常泛舟西洱河，屏人潜浴于水，感金龙交而生世隆。"

而立于明景泰元年（1450）的《三灵庙碑记》则介绍了大理段氏由来的感生神话。碑文记载，三灵庙内祀有三神，称为"三灵"。一灵为吐蕃之酋长，一灵为唐之大将，一灵为蒙诏神武王偏妃之子。蒙妃生子时，因所生无物便以死猴假装亡婴，埋于太和城道旁。不日，埋尸的地方长出了一棵芦苇，有一头母牛吃了这棵芦苇似有孕，

---

① 《后汉书》卷86《南蛮西南夷列传·哀牢》。
② （唐）樊绰著，向达撰《蛮书校注》，中华书局，1962，第55页。

众人遂杀牛剖腹，得到一位披甲执剑的将军，此人便是南诏神武王偏妃之子。而后三灵一起出征洱海地区未胜，殒命于喜洲赤佛堂前。他们死后托梦给耆老，希望能立庙祀享。庙宇建成以后，三灵果然能保一方丰饶。异牟寻为南诏王的时候便分别追封他们为"元祖重光鼎祚皇帝""圣德兴邦皇帝""镇子福景灵帝"。再后来，在庙旁居住的一老者因膝下无子，便向神求子，于是其院墙边种的李树便结出一个大李子，李子坠地后生出一女子，名叫白姐阿妹。白姐阿妹长大后嫁给了蒙清平官段宝隆为妻。一日，她在霞移溪中沐浴，触及一段浮木感而有孕，这段木头便是三灵化身的龙。由此便生出了段思平和段思胄，段思平长大以后成为大理国开国之君。①

该段碑文中一共有三个感生故事且都一脉相承。南诏偏妃借牛腹生王子，庙旁耆老借李树生白姐阿妹，白姐阿妹又触木生段思平、段思胄，最终想要说明的是大理段氏由来的神圣性，并借以应天命而生的血统合法性来证明君权神授的政治合法性。当然，洱海流域各小国先是被兴起于巍山的南诏统一，后南诏、大理两朝皆因巧妙游移于吐蕃和中原两大势力之间而得以自保续存，因而立吐蕃酋长、唐之大将、蒙诏王子三灵为国君之祖也是其"灵活政治"的表现。而白姐阿妹触木感生的故事明显是沙壹母故事的翻版，白姐被类比为沙壹母。

《白古通记》中对以上故事也有简单记载，但主要突出的是杨干贞逼迫段思平，致使其揭竿为王的结果，实际上也是在证明段思平建立大理国的神话合法性和现实紧迫性。

> 梅树结李，渐大如瓜。忽一夜，李坠，有娃啼声。邻夫妇起而视之，见一女子。彼因无嗣，乃收而育之。既长，乡人求配，不许。忽有三灵白帝与之偶，生思平、思良（笔者按：也作"思胄"）。及长，无依无倚，惟甘贫度日，不敢妄为。岂料

---

① 段金录、张锡禄主编《大理历代名碑》，云南民族出版社，2000，第234页。

大杨明信其谣言，以自取绝灭。此莫之为而为者，天也。[①]

洱海流域的中央本主段宗榜，被大理段氏认为是段思平的先祖，他曾任南诏国的清平官，并受命于国王劝丰祐，率兵打败了入侵缅甸的狮子国（今斯里兰卡）部队。而流传于宜良汤池一带的段宗榜故事，说段宗榜生来无父，其母羞于见人，就将婴孩藏在谷糠堆中，不料婴孩不死，还长大成人，成为一代名将。[②] 段宗榜也是感神而生。

感生神化使原本迷雾重重的私生子来源有了一种合理化的解释，即私生子的生命由神和人共同缔造，他们既可以如人一样生活于世、繁衍后代，同时又获得了某种神的超自然力量。而人神之间的转化须穿越生死。简言之，对人而言，神是不苟活于世间的，他们本领非凡、永恒存在。但是，作为人的基本条件便是以生命的形式存活，有生存就有死亡，而所谓的永恒实际上是一种"非生命"的状态，即某种意义上的死亡。由此，若他们想以人的形式存在就要拥有生命，而若想回归神界就必须接受死亡。"'死'是一种获得'永恒'转换的途径。'人—死—神'的仪式性表述几乎具有世界性价值。"[③] 以段赤城为例，他由龙与绿桃村处子感孕而生，虽然以凡人的身份生活，却注定有所成就，而后他因斩蟒牺牲，便又回到了"非生命"的状态，变成神，其英勇事迹则成为他的通过仪式，这便是人类学研究中的"阈限"。许多后人将祖先的出生杜撰成各种感生神话，其目的便是借祖先"神"的身份来提高和彰显自己在现实生活中的社会地位，或对自己的既得权力做一个合理化的追认。

洱海流域白族的民族认同问题一直为学者所热衷，但基于政治

---

① 王叔武辑著《云南古佚书钞》（增订本），云南人民出版社，1996，第70页。

② 大理白族自治州白族文化研究所编《大理丛书·本主篇》下，云南民族出版社，2004，第584页。

③ 参见彭兆荣《神话叙事中的"历史真实"——人类学神话理论述评》，《民族研究》2003年第5期。

及文化诉求的差异，民族认同总是处于一个流变的过程当中。不同时代的人对"我们族"的认定各有所异，即便是在同一个历史时期，不同群体也会出现完全相悖的民族认同。以历史上白族群体"汉族祖源叙述"的例子看，早至隋朝及唐初，洱海流域的"西洱河蛮"虽然"各据山川，不相统属"，但已有"赵、王、董、杨、李"等"汉姓"名家，他们不仅会识文断字，懂得阴阳历数，还"自云其先本汉人"①。大理国时期，有高氏、段氏等白族大姓将其祖先追述为"天水郡""陇西郡""渤海郡"等中原地区。到了元代，大理国为蒙古所灭，一些中原人开始进入洱海流域，他们惊奇于当地土著"白人"竟全民拜佛，且其风俗"虽不能尽善尽美，其规模、服色、动作、云为，略本于汉"②。明初，随着中央王权对大理氏族势力的打压，官方对地方祀典制度的厘正，以及大规模屯兵屯田运动的开展，一些白族大姓开始将祖源追溯为"柳树弯弯滑石板，南京应天府"，以"冒籍江南"的方式拉近与上层统治者之间的距离。所谓"既奏迁富民以实滇，于是滇之土著皆曰：'我们来自江南，我们来自南京。'"③这种情况到了清代乃至民国都屡见不鲜，民国时期，许烺光在喜洲田野调查，所接触的喜洲人虽然说的是民家话（白语），却自称自己的祖先是由中原迁来的汉人。

当然，"认祖归汉"并非洱海流域白族人唯一的祖源叙述方式，"佛教祖源叙述"（即印度阿育王传说）和"九隆祖源叙述"在白族历史上也占据重要地位。这些多元的祖源叙述在历史中相互交织，看似彼此矛盾，却又能"统一并存"，体现了白族文化的包容性和生命力。④

---

① （唐）梁建方：《西洱河风土记》，载张昌山主编《云南文化读本》，云南人民出版社，2014，第 198 页。

② （元）郭松年：《大理行记》，载王叔武编《大理行记校注·云南志略辑校》，云南民族出版社，1986，第 12 页。

③ （清）师范：《滇系》第 14 册，云南丛书本，第 33 页。

④ 李东红：《乡人说事：凤羽白族村的人类学研究》，知识产权出版社，2012，第 267、268 页。

大理及元两朝，阿吒力教在洱海流域盛况空前，朝野上下普遍信教，教内阿吒力（即"灌顶僧"）拥有很高的地位，因而当时有诸多敬仰和依附阿吒力者，甚至不惜将祖源伪撰为与阿吒力有关，以此自恃为名家。到了明朝前期，类似情况依然普遍存在，洱海地区许多大姓家族都在其墓志中宣称先祖为南诏时期的阿吒力。除了溯祖为南诏教权人物以外，明朝中期这些名家大姓开始自称为南诏"九隆族之裔"。《后汉书·哀牢传》中沙壹母所生十子娶了哀牢山下的十女，组成十个小家庭，后"世世相继"，这十个小家庭所繁衍的后代就是"九隆族"。"九隆族"各有姓氏，《南诏野史》将九隆兄弟的后裔立为十姓，即杨、段、董、洪、施、何、张、王、李、赵。这些姓氏正是引领白族历史文化发展的名家大姓。当然所谓"九隆九姓"或"九隆十姓"，其具体所指亦不确定，其中所包含的姓氏并不固定，但都是洱海流域的大姓。以下摘录一些各名家大姓有"九隆"认同的墓志铭，辅以论证。[1]

　　杨姓：成化九年《处士杨公墓志铭》载："公，杨氏，讳寿，其先九隆族之裔，世处五峰。"成化十九年《故善人杨公墓志铭》载："公讳永，字有年，姓杨氏。九隆族之裔，代不乏贤，世居弘圭之市户。"

　　董姓：景泰元年杨森撰《处士董公墓志铭》载："公讳光，字志远，姓董氏，九隆族之裔，世居大理之喜睑。"李元阳撰《董君凤伯墓志铭》载："君讳难，字西羽，号凤伯山人。其先系出九隆，世居太和。"

　　张姓：弘治十年《故喜郡善士张公墓志铭》载："公讳禄，姓张氏，乃九隆族之裔。"景泰八年《故善人张公墓志铭》载："公讳福，姓张氏，九隆族之裔，世居大理太和之喜睑。"

---

① 云南省编辑组编《白族社会历史调查》（四），民族出版社，2009，第214、211、191、249、199、206、233、213页。

段姓：成化十三年《故善人里长段公墓铭》载："五峰弘
圭赤土江里长段公，乃是名家九隆之旺族。"

李姓：天顺六年《李公墓志铭》载："公讳坚，字文中，
李其姓，九隆族之裔也。世处海东行化乡之茄邑，本支蔓延，
代不乏贤。"

尹姓：成化二十年国子生丁酉科乡贡进士、五峰杨政撰
《故善士尹公墓志铭》载："公讳山，字允中，世居大理喜睑，
九隆族之裔，代不乏贤。"

时至今日，有些新建的白族民居照壁上还题写着"九隆后裔"，
以彰显祖先风范，如图3-10所示。

图3-10　白族民居照壁上题写的"九隆后裔"

"九隆神话"除了演变为皇室和名家大姓的祖先来源神话外，在
大理民间也演变为同水神有关的"九龙"神话。李元阳《古松歌》
中有诗句："点苍天辟十九峰，一峰一溪住一龙。"① 《重修佛图塔

---

① 余嘉华选注《历代白族作家丛书·李元阳卷》，民族出版社，2006，第22页。

记》亦载："苍山有十八峰（笔者按：应为十九峰），峰皆有溪，溪皆有龙。禹未治时妖龙为害，泛滥无时。故各峰各麓，皆建寺造塔以镇之。盖以龙之性畏塔，而以此胜彼，使不得以放恣也。"① 在田野调查中我们发现，洱海流域多有"九龙"和"九十九条龙"的提法，其中的"龙"有的指龙王，也有的指各河流水域中栖息的自然之龙。古生村农历七月二十三日的放生会中，"老斋奶"们念的经文中便有"九十九龙压苍山，凤眼洞，龙眼洞，玉洱石，朝南修，北至土，修庆修，紫金土，佛来修，龙那王，海那会，诸佛之菩萨"②。明代玉笛山人《淮城夜语》中的"洱海神祠"故事记载：

> 大士游于点苍，卖龙三日而无买主。一日化缘于渔家，渔家有子名赵罗利，留以食。士曰："吾本观世音，知尔心善，为庶民春夏缺水，特从东海求得干龙一百，送滨州一条，余九十九，汝看需水之地放之，即可成龙。"罗利领之，次日，辞母放枯鳝于十八溪、海东十二溪，去三十九，余六十条，一日打鱼洱河，煮鱼为食。其妻戏以一鳝混于釜鱼，罗利食之，周身奇痒，搔而如细鳞。妻急抛五十九枯鳝于海，急归岸，而夫首生龙角，化黄龙入水。净饭王③知，谥为"洱海河神"。至此，苍洱得龙九十九，罗利为洱海龙君，管群龙。④

该故事中，观音不忍苍洱之间干旱为害，见渔民罗利心善便送龙予他，罗利放众龙于溪流湖泊，却因误食一条干龙化为龙形，遂

---

① 参见《重修佛图塔记》，笔者田野调查期间于下关阳平村摘抄整理（2017 年 8 月）。又见段金录、张锡禄主编《大理历代名碑》，云南民族出版社，2000，第 379 页。

② 何显耀：《洱海边的千年古村——古生》，大理市中共湾桥镇委员会、湾桥镇人民政府编委会编写，2010，内部资料。

③ 净饭王是古印度迦毗罗卫国的国王，即佛陀的父亲。

④ （明）玉笛山人：《淮城夜语》，载大理州文联编《大理古佚书钞》，云南人民出版社，2002，第 271 页。

被佛教神王封为"洱海河神"，管理群龙。在另一则"水神祠"故事中，段赤城被化名为阿虎，洱海则"泽因地湿，为蟒族盘踞"，蟒王粗三围，长六十步。这些蟒蛇不时爬到岸上，以人畜为食。阿虎见蟒蛇为害乡里，先"取毒箭九十九，飞叉一，与群蟒恶斗三天三夜，除蟒九十九条"，后又"背绑四飞刀"，与蟒王同归于尽。[①]

与段赤城斩蟒故事类似，大理地区还有另一位斩蟒英雄，即喜洲周城村的本主杜朝选。流传于喜洲一带的故事讲，杜朝选是一位武艺高强的猎人，原籍丽江永胜。有一次他来大理坝子打猎，一对好心的渔民夫妇用船将他从海东渡至海西，他为了感谢他们的恩情，便用撑船用的竹竿在桃园村附近的水域插出了几口泉眼，这便是后来的弓鱼洞。杜朝选到了云弄峰麓的周城村，听说此处山上住着一条血口巨蟒，吞食人畜，为害乡里，还可以化为人形、说人话。每年的农历三月三日村里都要送一对童男童女供它食用，否则它就下山大开杀戒。杜朝选决定为民除害，便背负钢刀利刃入山灭蟒，经过数回合的恶战以后，蟒蛇终被杜朝选斩杀。他还救下了两位被蟒蛇从周城村掳去的年轻少女，少女见其勇敢善良，为答谢他的救民之恩便嫁与他为妻，周城村的百姓也奉他为本主。

周城一带原有许多泉眼和水潭，著名的旅游胜地蝴蝶泉便是其中之一，村民耕田灌溉全依仗这些泉水，该地人士杨光烈在1920年的《蝴蝶泉记》中叙述："水自石腹中涌出，可供灌溉之用。地极清幽，绝无尘垢，迎面置田一顷……虽占南北两溪之水，不能应栽插之期，仁和之人民，所赖以生以养者，惟斯泉也。"[②] 但是，灭蟒的本主却并未被奉为水神。实际上，周城村附近的许多龙潭原本都有龙王，并在临潭处建有龙王庙，如蝴蝶泉龙潭西侧便曾建有龙王庙，出水的龙王被村民称为"小黄龙"。而关于他的传说讲的是小黄龙协助金鸡大仙赶走母猪龙保一方安宁的故事，其中融合了小黄龙、

---

① （明）李浩：《三迤随笔》，载大理州文联编《大理古佚书钞》，云南人民出版社，2002，第271、167、168页。

② 杨文映：《上关村志》，内部资料，2006，第471页。

金鸡、母猪龙等多个白族人喜闻乐见的神话元素，其中的小黄龙便有出水、降雨和禳灾的功能。[1] 许烺光曾在他的名著《祖荫下：中国乡村的亲属、人格与社会流动》中对周城村的求雨仪式进行描述："1943 年春天，严重的干旱威胁着喜洲，人们便从龙神庙内将龙神爷的塑像一直抬到镇北面山顶上的一个泉旁边。龙神像的前面另有一尊布扎的'旱龙'，后面是一尊用柳条编织的'水龙'。人们将这三条'龙'留在泉边过两天两夜。然后，人们又将龙神爷的像抬回神庙内。"[2]

蝴蝶泉龙王"小黄龙"身上有洱海龙王段赤城的影子，只是因为周城村不靠海，所以这位龙王变成了区域性的龙王。其会期是农历四月十五日，为求龙王降水润田，周边百姓大多会附会朝拜，而这个求雨的"龙王会"如今变成了人们踏青娱乐的"蝴蝶会"，甚至成为大理的"情人节"，打上了浪漫的标签。

白族人认为大理各处皆有龙栖息，龙可生水，要加以控制，以免其危害世间，因而就需要一个管龙之神。段赤城为洱海龙王，神通广大，但依然需要听从其生母即"龙母"的教诲，"龙母"便被人们视为"管龙之神"，管理着苍洱之间的"九十九条龙"，并被奉为"九龙圣母"，受人们的祭拜。

河矣城村洱河神祠之所以能成为绕三灵重要一站的"仙都"，关键原因便是其中塑有"九龙圣母"。洱河神祠中的"九龙圣母"头戴龙冕，手捧仙桃，稳坐莲台，身后的白墙上还绘有九条腾云之龙。得益于段赤城的英勇事迹，母因子贵，"九龙圣母"被推上神坛，在大理民间地位高贵。女性的生育能力往往被视为由自然所赐，就像大地生长万物一样，因而女性神被看作能与自然沟通的神祇。白族农村中的地域性女性神"老太"（或称"地母老太"）便被认为是管

---

① 李菲菲：《隐蔽的龙王：大理蝴蝶泉的地方意义与景观叠写》，《湖北民族学院学报》（哲学社会科学版）2018 年第 3 期。

② 许烺光：《祖荫下：中国乡村的亲属、人格与社会流动》，王芃等译，台湾南天书局，2001，第 20、21 页。

理村寨里自然事物和游魂精灵的神祇，而这些是作为"正面神"的本主所不愿涉及的，人们在举办结婚、出生、落成等仪式时，在拜完本主以后也要去"老太"所在的地方祭拜，以求得"老太"的佑护。而这位"老太"便大约等同于汉地的"社神"或"土地神"，《说文解字》中载："社者，土地之神，能生五谷。"而"坛，祭场也"。故所谓设坛，就是人们供奉和祭拜社神，即土地神之场所。但这二者又不完全重合，因为白族地区有自己的土地神，而汉地社神的性别并未明确为女性。

民女龙母被推崇为"九龙圣母"，首先得益于人们在农业耕作中对水利的祈求，其次是对儒家思想的接受和本土化。英雄母亲被封神，展现出女性的伟大和不凡，正如孟母三迁、岳母刺字等典故，正是因为有了母亲的孕育和培养，其子才能在关键时刻做出壮举，取得成就。因而最热衷于颂扬"九龙圣母"功德的恰恰就是莲池会的"老斋奶"，在洱海流域的本地女神中只有白洁夫人能比德于"九龙圣母"。洱海流域供奉段赤城的庙宇中，常有"龙母"的塑像傍其左右，但供奉"九龙圣母"的庙宇却不多，我们目前所见到的有河矣城村洱河神祠、红山本主庙（见图3-11）和上阳溪罗刹阁下的山神庙。

上阳溪山神庙位于阳溪上游，内塑龙王、"九龙圣母"、山神，奇怪的是"九龙圣母"居中为主神，龙王和山神则各坐两侧为配神，"九龙圣母"头戴九龙冕，手捧仙桃（桃现已丢失），神像尺寸还比其余两位大一些（见图3-12）。上阳溪村莲池会的老人介绍，"九龙圣母"是阳溪的管理者，同时也管理着大理境内的九十九条河，这些河都有各自的龙王，因而"九龙圣母"也管理着九十九条龙。绿桃村的老人们也将本村本主"龙母"视作桃溪的管理者，但他们并未将龙母神化为"九龙圣母"，在绿桃村龙母祠中段赤城被塑为一位穿龙袍的少年，他头戴金色龙冕，左手执风雨牌，右手握佩剑，自信地站在云浪台上，守护在龙母前面，龙母则端坐龙椅，头戴桃状金冠，神情自若。神话中，段赤城所化小黄龙打败大黑龙以后，

图 3 – 11　双廊红山本主庙中的"龙母"

图 3 – 12　上阳溪山神庙中的"九龙圣母"

由龙凤村登陆，准备回到该村以西的绿桃村家中，却因天色渐亮，自己又十分困顿，索性就住在了龙凤村，遂被奉为海神且并列为龙凤村之本主。而农历七月二十三日既是段赤城的生日，也是绿桃村的"本主节"，有人说这天是他们母子相见的日子。

清末喜洲文人赵冠三所著《龙湖文录》中便将今天河矣城村的洱河神祠称为龙母祠，[①] 由此而知当时"九龙圣母"的地位甚至要高于龙王段赤城。结合以莲池会为首的大理民间宗教组织对河矣城村"仙都"地位的建构背景，这种可能性也并非没有。然而在我们的田野调查中，河矣城村的耆老对洱河神祠中仅塑"九龙圣母"而不塑"九龙之父"却表示非议，他们认为，毕竟段赤城及其生母本为三塔寺（崇圣寺）绿桃村人，何以能成为河矣城本主。另外，河矣城村后面的龙湖传说有龙栖息，应该就是使段赤城之母感孕的霞移溪之龙神，照此看来，"九龙之父"才应该是该村本主或者至少是"大本主"。由此，河矣城村的人们将沙壹母的故事几乎原封不动地附会到段赤城的出生故事上来，以此使本主段赤城和"九隆神话"挂上钩。河矣城村洱河神祠版段赤城故事（画于大殿内并配有文字说明）内容如下。

（1）很久以前，有一位美丽善良的姑娘在喜洲龙湖边洗衣裳。她对面飘（笔者按：应为"漂"）来一截木头触了她一下，然后，一颗宝珠投进了她手中，这样她就离开湖边，回到了家；（2）时间几个月过去了，这位美丽如花的姑娘感到身子有些不适。后来知道怀孕了。一个人独自靠在树上思前想后，自己解释不了的难题该如何是好。后来她决定生下这个孩子；（3）不料，她生下了九个孩子。而且这些小孩一下地就会走路打闹。他们的妈趁天气清朗带着这些孩子出来玩爽（笔者按：应为"耍"）。这时东海龙王出现在这位妇女前面。他说："你辛苦

---

① （清）赵冠三：《龙湖文录》，内部资料，第 308～311 页。

了，这些孩子的来历是由我引起，我是他们的父亲。这么多孩子带给你的困难，你是无法承受的，不如我们把他们带走。"孩子的母亲依依不舍，但也是无可奈何。大龙子到八龙子也答应东海龙王的请求，跟随他们的父亲——东海龙王。唯独第九龙子舍不得他母亲，不愿离去。传说（是后来段赤城本主的化身）封为"大圣妙感玄机洱河灵帝"。九龙子的母亲封为"九龙圣母"；（4）八个龙子跳进喜洲龙湖里，转身化成一条条小龙，跟随东海龙王回东海去了。①

① 该图画和文字落款为"公元二〇一五年十二月二日，乙未年，占魁画"。实际上，在大理地区，此类以历史和流行传说为底版，再结合村落实际由想象编撰而成的神话故事并不少见，其中最有名的便是我们2017年7月在上阳溪罗刹阁所见的该村耆老对观音开化大理故事的再讲述版本，现抄录如下。需要说明的是，画师在标注画片序号的时候有漏标和顺序颠倒的情况，为方便阅读，我们已在以上文本中做调整和补充。（一）传说在唐朝贞观年间有罗刹父子定居在大理莲花峰和五台峰之间作恶，专刳人眼，食人肉，为害一方。（二）上阳溪村有个铁匠叫张进的先生只得忍气吞声和罗刹父子交上了朋友。（三）西方佛祖得知此事，特派观音大士化身观音老者，前来收复罗刹父子。后在此建极乐寺、戮魔寺。（四）观音得知阿育王之后的张进与罗刹父子交好，化作布衣长者请张进与其引见。（五）通过张进先生的引见，罗刹迎接了西来的老者。西来的老者举止文雅，谈吐不凡，颇有仙风道骨。话说投机，老者提出：借贵处一方宝地可乎？（六）罗刹父子问道："要多大的一块地？"老者说："要的不多，只要我们身上的袈裟一披，黄狗跳三跳就足矣。"（七）罗刹父子哈哈大笑说："太少、太少，多要点去。"观音老者说："不少、不少，我们还要你立个文约，怕你事后反悔！"而且请了太和的白王郭罗风（阁罗凤）做见证。张进先生来执笔。罗刹父子已默认。（八）观音老者施起了法，袈裟一披就覆盖了大理，接着黄狗从苍山跳到了海东，跳到下关、上关就跳完了大理坝子。（九）这样就没有了罗刹父子的立足之地，罗刹父子勃然大怒，甩掉了砚台和文约道："你让我们父子居何处！"（十）文约随风飘入洱海，洱海"石骡马"望见，将文约驮于背上，让世人做个见证，如今字迹还依稀可见。（十一）老者说："我们在莲花峰下给你父子建玉宇楼阁，还请你们去吃饭呢！"（十二）罗刹父子在大吃大喝之时，观音老者又一次施起了法，取来了大石头，用张进打的铁链绑了罗刹父子镇于塔坡之下。如今"观音后门"还可见。还用稻草绳提来了两个大石头，一半是盐石，一半是碱石，把大门堵上了。（十三）可惜张进所打的一百扣铁链，没有打足一扣，这样罗刹父子把舌头伸得老长老长。张进先生大怒，便烧红了一根铁棒烙了罗刹的舌头，这样罗刹父子就听话多了。（十四）后来人们为了敬仰为民除害的观音大士，在这巨石上建造了"罗刹阁"，阁内塑有观音大士的金身。

洱河神祠版段赤城故事就是哀牢沙壹母故事和绿桃村"龙母"故事的杂糅版本，仅将上述故事中的绿桃换成了"宝珠"，龙神换成了"东海龙王"① 而已。因此，在村民看来，段赤城即"九隆"，而"九隆圣母"便是沙壹母。赵玉中在其田野调查过程中，也曾被河矣城的村民告知，村后"龙湖"原称"九龙池"，是传说中沙壹母的居所。而洱河神祠中"九龙圣母"的塑像即沙壹母，因为沙壹母能感生九子，所以村民常于其神像前求子求孙。②

洱海西岸的人们将段赤城附会为龙神幺儿，直接道明其作为龙王的合法性。洱源地区的段赤城神话却不同于大理坝子，在洱源的神话版本中，段赤城并非一个二十出头的少年，他早已娶妻成家，甚至还生育了许多子女。至于段赤城的出生倒也稀松平常，只说他是一个"秉性忠勇豪侠"的鹤庆铁匠③，在洱海发生蟒害以后"毅然揭榜"，身缚七十二把利刃，率其九子奔赴蟒洞斩蟒，后段公与蟒俱亡。"非常之人作非常之事，立非常之功，唐代故荣封赤城为大理八属龙王。白族人民为纪念这位英雄人物特建庙于洱海源头。"④ 段赤城为民斩蟒牺牲，被封为大理"八属龙王"，管理洱海流域，因而在洱海源头建庙以供人们祭拜。在洱源坝子中，段赤城龙王是最大的神，也是该区域的中央本主，而所谓"八属"则是因为他的子女都被敕封在各地当本主或龙王，这些地方间接地为他所管，若子女的封地缺雨少水还要求他出手帮忙。

龙凤村耍海会期间，我们曾见到许多从巍山、祥云、弥渡等县远道而来的信众，他们都会在庙前请人写表。写表的师傅里面有一

---

① 在《南诏野史》中有南诏王劝龙晟将段赤城封为"东海龙王"的说法，我们在龙凤村耍海会期间，见到洱水神祠大殿前的"钵井"旁贴有"四海龙王井水之位"的纸条。

② 赵玉中：《祖先历史的变奏：大理洱海地区一个村落的身份操演》，云南大学出版社，2014，第200页。

③ 梨园村的老人则告诉我们段赤城为一个官营村的渔民，官营就在茈碧湖龙王庙附近。

④ 摘录自茈碧湖龙王庙《重修洱河龙王庙功德碑序》，笔者田野收集整理（2017）。

位来自新溪邑村，与我们相识，我们便坐在他旁边同一些外县的信众进行了交流，因而得知他们中许多人每年都会如期前来参加耍海会，因为大理这边的龙王"很灵验"、权力很大，一些邻居还托他们代写表、奉献功德钱。龙凤村老人 YSZ 告诉我们，段赤城号称"七县龙王"或"九县龙王"，管辖范围很广，远不止洱海流域。弥渡、祥云等地虽然坝子空旷，但干旱缺水，所以从前多有农民前来求雨。现在，龙王的功能扩大了，他们有什么病痛灾害都会来求龙王保佑。得益于大理古城在云南历史上的政治文化中心地位，洱水神祠中的段赤城龙王将其神力延展到了更远的地方。然而于此，他是一位"未婚神"，唯一与之有联系的只有"龙母"，这种"有母无子"的情况使他只能以分身的形式来担任各地龙王。与之相较，洱源地区的"斩蟒龙王"因出生鹤庆，并没有"食桃""触木"等感生背景，他"有子无母"，甚至在许多人的记忆中被称为"段老三""段老二"，是段赤城的兄弟，并非段赤城本尊。但有一点较为统一，即龙王所生子女都与"九"有关，如有人认为"茈碧河头龙王段老二，是民间传说中浪穹龙王，洱源中央本主。他是段赤城的三兄弟，有九子一女，都被敕封在各地当本主或龙王"①。洱源地区乃至县外许多村寨的本主都被认为是茈碧湖龙王的子女（见表 3 - 1）。

表 3 - 1　浪穹龙王世系表

	子女	封号	祀奉村庄
浪穹龙王段老三	长子	王懿白子景帝	永华乡各村本主
	二子	爨子景帝	乔后玉清河本主
	三子	白子爱民景帝	茈碧大庄水系本主
	四子	黄龙景帝	大小果水系本主
	五子	罗浮景帝	茨菜哨平水系本主
	六子	护国佑民景帝	横水河系本主

① 白庚胜总主编《中国民间故事全书：云南·洱源卷》，知识产权出版社，2013，第 63 页。

	子女	封号	祀奉村庄
浪穹龙王段 老三	七子	清子景帝	力头等村本主
	八子	护国佑民景帝	海口等村本主
	九子	九神神王	汉登等村本主
	长女	龙姑奶奶	祥云云南驿龙王
	二女	白王姑老太	力头村一带龙女
	三女	龙姑老太	漏邑等村龙王娘娘

资料来源：杨政业：《白族本主文化》，云南人民出版社，1994，第 19 页。

洱源各村的龙王神话中，其生子数目总为"九"，明显受到"九隆神话"的影响，段赤城在这个区域的神话中不再是沙壹母第十子，即"九隆"，而是"九隆之父"，其子便是"九龙"。此外，将此碧湖龙王段赤城奉为洱源"中央本主"，并敕封其子女为各村本主的做法也类似于洱海地区奉段宗榜为中央本主、"五百神王"的形式。洱源坝子与大理坝子相隔几十里，两者为群山所阻，各自的本主也相对独立，所以就形成了相应的神灵体系和最高神。

在另一些神话版本中，段赤城被同样有名的段思平后人取代，斩蟒故事的主角变成了段思平的后人。如洱源龙王神话乔后版本：

> 龙王庙内祀二老爷即煩子景帝，乔后镇本主，会期农历正月二十三日、七月二十三日。相传本主龙王，乃六诏时段氏总管司平（笔者按：即"思平"）之裔，以平复逆龙，父子九人举家殉难，皆封为龙王。乔后本主龙王是龙王的二儿子，曾与沙坪河黑龙争乔后地盘而取胜，成为乔后的本主，人们称之为二老爷，生平恶鱼，不知者，误以鱼敬献，辄遭恶风暴雨，雷轰电掣之虞。①

---

① 见国家民委《民族问题五种丛书》编委会编《中国民族问题资料·档案集成》第 5 辑《中国少数民族社会历史调查资料丛刊》第 84 卷《〈民族问题五种丛书〉及其档案汇编》（中央民族大学出版社，2005，第 640 页）；又见云南省编译组编《白族社会文化调查二》，民族出版社，2009，第 174 页。

白族学者李一夫于 20 世纪 50 年代收集的材料中，则直接将段思平称为九龙神、龙王。

> 相传他有九子九孙，古时蛟龙为害，人民受苦，官府出赏治水患，段氏九子九孙族属很多，但又很穷，所以去应募。大家在身上扎上利刀，一个跟一个跳下去同龙王搏斗。段思平进了龙口，翻身刺死了蛟龙。现在茨充村姓段的最多。[①]

郑筱筠、赵伯乐等人认为，段赤城以一位民间英雄的身份被奉为龙本主的重要原因正是由于白族龙文化中原始的水神观念的作用。当佛教龙文化传入后，段赤城除蟒故事在原有基础上又做了一些补充，它吸取了佛教龙文化中龙王与眷属的家庭观念，合情合理地为段赤城这位洱河龙王增加了一位妻子，建立了龙宫，使段赤城龙王崇拜更富于温馨的家庭观，充满了人情味。[②] 此种提法有一些道理，但据我们田野调查得知，仅有喜洲以北的段赤城庙宇才塑有段赤城的子女，并流传其家庭合力屠龙的故事。而其他段赤城庙宇，仅塑段赤城为未婚青年或虽已成亲却并无子嗣。如前所述，在传统的"洱源文化区"，段赤城在某种程度上充当了"中央本主"的角色，所以这些区域水神及其家眷在民间信仰体系中形成了一个有一定逻辑的关系网，其影响力甚至高于海西地区水神的影响力。

"九隆文本"在西南许多少数民族的文化中都留有痕迹，这似乎也符合《华阳国志·南中志》所谓"龙生夷"的说法。龙被认为是华夏的祖源图腾，《史记·高祖本纪》开始就有这么一段神话记载："其先刘媪尝息大泽之陂，梦与神遇。是时雷电晦暝，太公往视，则见蛟龙于其上。已而有身，遂产高祖。""九隆圣母"之感生故事便与汉高祖刘邦之生母与金龙交合故事如出一辙，且不论是后人托言

---

① 李一夫：《白族的本主及神话传说》，载李家瑞等编著《大理白族自治州历史文物调查资料》，云南人民出版社，1958，第 81 页。

② 郑筱筠、赵伯乐、牛军：《佛教与白族龙文化》，《思想战线》2001 年第 2 期。

诸葛亮所为，以此攀附中原，"九隆文本"在白族的宗教实践中扮演了关键角色。以段赤城之龙王身份的确立为例，他被"九隆神话"中的各种元素所萦绕，感生、义勇、化龙、封神、控水，在不同的故事版本中段赤城皆有由"九隆文本"而始的作为龙王的属性，甚至因为其在治理水系中的主要地位，而成为区域性的最高神祇。虽然历史上广受各种势力的影响，但作为诞生于洱海流域的"本土神"，段赤城已经根植入白族人的精神世界中，成为其历史心性和自我表达的一部分。

第四章　水神的地方建构与
白族的历史心性

　　对白族人"民族性"的研究始于20世纪初人类学界"马林洛夫斯基革命"之后，两位曾直接于马氏门下学习，并受到过其思想影响的人类学家先后来到大理对"民家人"做了专业的人类学研究。由前文所提的澳大利亚人费子智撰写完成，于1941年出版的《五华楼：关于云南大理民家的研究》①一书直接将民家人称为"部落民"，因其独特的语言和生活习惯而将其视为一个独立的"少数民族"，他将自己的著作取名为《五华楼：关于云南大理民家的研究》也是为了突出这一点，因为五华楼是南诏大理文化的象征。1948年，迁居美国的许烺光（Francis L. K. Hsu）出版了《祖荫下：中国乡村的亲属、人格与社会流动》（*Under the Ancestors' Shadow*：*Kinship*，*Personality*，*and Social Mobility in China*）②一书，他在书中将大理民家人称为"典型的汉人"。不可否认，费氏研究的空间范围要远广于许氏，他所谓的民家人是指整个大理坝子，包括海东海西不同区域的人，甚至还包括其他县区的白族人，他还在书中对比了不同地区白族人之口音差异，这些人占据了当时白族人中的大部分，而且多

---

① 〔澳〕C. P. 费茨杰拉德：《五华楼：关于云南大理民家的研究》，刘晓峰、汪晖译，民族出版社，2006。

② 许烺光：《祖荫下：中国乡村的亲属、人格与社会流动》，王芃等译，台湾南天书局，2001。

是农民和渔民。与此相对，由于工作需要，许氏的田野点仅仅局限于喜洲一地，喜洲当时是大理乃至滇西地区重要的商业重镇，其历史悠久、文化发达，其中更有严家、董家等以经营马帮和商贸发家的大家族，这些名门望族经济雄厚，又尚儒重教，除语言通用白语外，其习俗和中原汉族相比也是有过之而无不及，因此，许氏将其分类为汉人也有一定道理。但他在没有调查过除喜洲以外的民家人前，便武断地将大理之民家归为汉族，的确有些不妥，难怪英国人类学家利奇（Edmund Leach）等人会对他以偏概全的研究做出批评。

20世纪50年代，伴随国家民族识别的风潮，白族被识别为一个少数民族，还于1956年成立了大理白族自治州。彼时在国内汉族和各少数民族一家亲的政治氛围下，随着国家对民族工作的深入，电影《五朵金花》被搬上银幕，这是白族在被外面的其他人认同为"白族"的最重要的一次"公开露面"，从此，大理白族的形象便在国内普遍建构起来。但是，在大理内部的白族人看来，自己除了地处偏远一点、经济落后一点之外，与汉族其实区别不大。直到20世纪80年代的改革开放以后，随着国家一些优惠少数民族政策的陆续推行，白族的自我认同才逐渐加强起来。当然，与此同时，一些处境边缘的白族支系却因为得不到如同周边其他少数民族一样的优惠政策而否认和排斥自己的白族身份，如怒江地区的勒墨人（自称"巴尼"，即"白人"的意思）。而其他一些早已脱离白族主体的群体，在既不会白语又没有继承多少白族文化的情况下却主动站出来自称白族，如湖南桑植地区的白族甚至远及东北的"站人"后代。[①]美国学者那培思（Beth Notar）长期在大理做田野调查，对大理白族的族群认同做过深入的研究，他认为新时期大理白族的民族认同建构受到外在的文学影视作品和旅游文化形象的建构的影响，是别人先通过《天龙八部》、风花雪月等大理文化符号的再生产影响了大理

---

① 杨跃雄：《历史、利益与群体认同——对东北站人白族身份问题的民族学考察》，《理论观察》2014年第5期。

以外的人对大理的想象，进而又影响了大理白族对自我形象的建构。[①] 其实，大理白族民族性的建构并不是最近一百年的事，当然也没有局限于对他人所造符号的应激反应，白族的民族性建构一直有一条历史的暗线，这点我们可以通过段赤城信仰中白族人的双重心性表达看出来。

第一节　龙（蛇）冤的流变：白族龙王崇拜的世界史背景

从地理空间和历史时段的横纵两个维度去看，在世界范围内，水神信仰的例子和民间实践可谓俯拾皆是，且看似不同的文明，其内部的水神崇拜样态却有着千丝万缕的联系。遗憾的是，我们在研究宗教问题，特别是民族宗教问题时，却时常刻意地去放大地方宗教社会的独特性，而忽略了其宏大的"世界背景"，正如沃尔夫（Eric Wolf）所言："虽然人类学一度关注文化特质是如何传遍世界的，却也将它的对象划分成彼此分立的个案：每个社会都有自身独特的文化，它们被想象成一个整合的、封闭的系统，与其他同样封闭的系统相对立。"[②] 自人类文明诞生以来，促使世界一体化的努力从未停止，而这种通过经济贸易和军事征服带动宗教文化传播的一体化过程也在潜移默化地促进族群之间的文化交融。由此，若我们仔细观察便会发现，某些文化元素既可以是社区宗教景观中与整体自洽的一个部分，同时也可以被抽离出来与其他遥远社区中相应的文化元素做对比，如此，我们便会看到它们之间有诸多相似之处。在以龙象征水神的研究中，当我们着眼于深受佛教影响的南亚、东南亚地区时，则不难发现各地的龙王崇拜都有一个共同之处，即多

---

① 那培思、赵玉中、蒋晓军：《对云南大理白族的表述与自我表述的再思考》，《西南民族大学学报》（人文社科版）2008 年第 8 期。

② 〔美〕埃里克·沃尔夫：《欧洲与没有历史的人民》，赵丙祥等译，上海人民出版社，2006，第 8 页。

以龙冕为神像的外显特征。

当然，神像头上塑有蛇头或龙头并非水神的专利，在洱海流域，一些功能强大的"非水神"本主也常被人们以蛇冕冠之，一是为显本主之神圣，二是为了体现本主与水的关系。如双廊镇青山村的本主神像头上便雕刻有五个绿色的龙头，然而该村本主却为大黑天神。一般意义上，大黑天神被认为与瘟疫和火灾有关，湾桥一带多流传大黑天神吞瘟丹牺牲自我勇救百姓的故事。而传统上，大黑天神作为观音的忿怒相，多以单首六臂，额间开天眼，鬓根束髑髅，两眉上翘，竖目圆睁，羌髯丰颐，二金刚牙上出的狰狞面目出现。青山村位于洱海东岸，靠海而居，自古居民多以捕鱼为生，因而便需要一位识水性的本主佑护，在这里，大黑天神较之湾桥一带的神像便多出了这几个龙头。立于青山村本主庙内的《重修本主大门记》（2004）中记载了一则故事，说是在1956年，该村村民杨采阳、杨国彬二人负责撑船，与党团员五人被派往喜洲卖梨，回船途中忽遭暴风雨袭击，加之惊涛骇浪，小船欲将沉没之际，本主却化身神蛇出现于船舱内，幸有杨采阳曾见识过，忙谓众曰："众等勿惊，我们主来也，必有救焉！"于是众人转惊为喜，当即虔心祷告，霎时风浪立止，众人脱险生还。[①] 翌日至庙内奉祀还愿，人人喜笑颜开，皆感本主之德。故曰：本主之灵，无日不在于青山之境，无日不在天下。在这里，本主化为神蛇，使其所保佑的遇险的村民意识到其能救命于海难，蛇是水神或具备控水能力的本主的具象表征。在世界范围内的许多文明中，蛇都与水相联系，但在佛教的嬗变和传播历史中，

---

① 游走往来于洱海两端的白族人之所以对海中风浪异常畏惧，是因为洱海风浪因下关风的推助十分可怕，架势不输于真正的大海，这也是洱海之所以被称为"海"的原因之一。历史上，受害于汹涌的风浪葬身鱼腹者屡见不鲜，这种畏惧自然加深了对神的依赖。如民国10年（1921），海东塔村渡口有船下水试航，载客110余名，免费横渡洱海，途中遇到大风翻沉，除船主及船匠兄弟二人获救外，其余全部淹死。又如，民国21年（1932）12月13日，海东文笔渡口载客70名由海西大理小衣庄起航回文笔，准备登岸时撞上"九子母"暗礁，船沉，淹死42人，船废。参见大理市洱海保护管理局编《洱海管理志》，云南省大理州新闻出版局内部资料，第6页。

蛇的这种象征显得更有据可考。

　　白族水神信仰体系的形成深受佛教的影响，佛教在自身形成的过程中又吸收了许多古印度教的文化元素，佛教中控水的龙王便明显有印度教蛇神"那伽"的影子。[①] "在印度，那伽被视为自然精灵，是水井、泉眼、河流的保护神，同时还与雨水及财富联系在一起。佛教中，那伽的形象则由蛇化身为龙。"[②] 佛经中有记载，佛陀弟子目连请示佛陀，于须弥山化形降服难陀、优波难陀（即"白难陀"）二龙王，并促使其化作人形与其共赴舍卫城听佛讲经。[③] 这便是后起的佛教对印度教原本神祇收编的暗喻。

　　东南亚许多国家也有蛇神那伽传说故事的流传，如柬埔寨便传说在该国著名的洞里萨湖湖底住着一位七头蛇神——那伽，有一天，蛇神的女儿要嫁给印度王子，于是他便大嘴一张，把所有的湖水吸干，转瞬间，变出了一大块肥沃的土地，以此作为女儿的嫁妆，从此人民可以在此耕作繁衍。据说，因为有那伽蛇神驻守的缘故，洞里萨湖有了旱季、雨季之分，所以才会呈现出不同的美丽景色。在柬埔寨，七头蛇神被视为柬埔寨国家起源的神圣象征和王国兴盛的保护者，在许多古代的遗址和现代的庙宇中都有七头蛇神的雕饰和

-----

①　世界文明中的龙主要有三个流源，分别是印度、西欧和中国。印度文明中的龙来源于那伽，那伽最初便是指"巨大的蛇"；西欧的龙神话大约源自古代的近东。在几乎所有的印欧神话里，龙一直是站在英雄神对立面的怪物，其基本形态就是"巨大的蛇"。例如，吉尔伽美什杀死了胡姆巴巴，因陀罗杀死了弗栗多，宙斯杀死了堤丰，赫拉克勒斯杀死了勒拿的许德拉，托儿杀死了尘世巨蟒。在这些神话中，龙大都保留着巨蛇的特征。事实上，英语中 Dragon（西方标准的龙）一词借自法语 dragon，而法语又来自拉丁语 draco，再往前追溯便是希腊词源 δράκων（drákōn），如前所述，就是巨蛇。因此在近代之前，Dragon 还是现实中大蛇的指称。而中国古代的龙，闻一多也认为其实就是一种大蛇（参见潜明兹《闻一多对龙考证的贡献与意义》，《云南社会科学》1987 年第 1 期）。因此，在段赤城神话流传的两个主要故事版本中，段赤城作为英雄人物或者是海神所击败的是大黑龙或者是巨蟒其实都是一样的，因为大龙和巨蟒实际上就是同一个东西。

②　〔英〕布鲁斯·米特福等：《符号与象征》，周继岚译，生活·读书·新知三联书店，2014，第 75 页。

③　（晋）瞿昙僧伽提婆译《增壹阿含经》卷 28《听法品》，《大正藏》第 2 册，第 703 页 c。

建筑形式。泰国和老挝两国的王室认为他们是哀牢夷"九隆"族的后裔，而"九隆"便是那伽或龙，他们相信其祖先由云南南迁而来，这也是20世纪泰国学者力证南诏为泰民族所建之国家的原因之一。当然这种提法早已被中国学者证明是无稽之谈。① 东南亚多国的龙舟比赛也是为了感谢那伽送来雨水，并以娱神的方式祈求来年粮食丰收，龙舟的船头往往被雕刻成漂亮高昂的那伽龙头的形状，船两侧以龙鳞纹装饰，船尾高高翘起，并雕刻成龙尾的形状。至于佛像的样式，有趣的是，泰国、柬埔寨等国家在10世纪以前便有龙头佛像流行，且其造型与《张胜温画卷》中的龙王像如出一辙，皆是佛头上有七条或九条龙（蛇）探头并环，有些君主借用宗教力量整合国家政治，以实现自己的权力，所以这类佛像还被赋予了国王的象征。②

东南亚的佛教由印度传入，因而11世纪曾经兴盛于印度南部的曷萨拉王朝，便在当时营建的庙宇中多处雕刻人身蛇尾，头部各伸出七个蛇头，作交媾状的那伽夫妇。在印度传说里，同父异母的金翅鸟和那伽处于敌对关系，那伽受到压制，而金翅鸟却以龙为食，龙的生命时刻处于金翅鸟的威胁之下。但随着佛教理论的发展，龙从佛陀那里得到了护佑自己的方法，佛陀给了那伽一缕袈裟，从而使龙子免于被食，并且佛陀将金翅鸟和龙列为护法神。因此，佛教成了龙的庇护所，护持佛教能让龙完好地生存下去。而在这种庇护关系中，佛成了最高意义上的存在，金翅鸟受到掣肘，龙获得了相对的安全，但其实质上还是受到金翅鸟的威胁。

一切宗教文化之间的关系都在一定程度上反映了当时的族群关系。实际上，那伽（Naga）在梵语中指代的是居住于印度边缘地区非雅利安人种的部落民族，这些部族散居于现今印度的阿萨姆邦，以及中南半岛西北部，即人类学讲的"左米亚"（Zomia）地区中的

① 沈静芳：《泰人建立南诏国说质疑》，《东南亚》1989年第2期。
② 潘岳、何玉艳：《东南亚那伽信仰特点研究》，《广西民族大学学报》（哲学社会科学版）2011年第5期。

部分区域。因为这些边缘部族崇拜龙蛇，由此，有人认为："佛经中的龙王，可能指的是以龙为图腾的土著部族的首领。"① 进而，这些龙王才既有人的姿态和行为，又具备凡人所不能具备的超自然力量，这是部落首领吸收了图腾动物性状之后的结果。

　　洱海流域那些头戴蛇冕的佛陀、水神或本主，正是印度教那伽经由佛教对白族水神形象和文化的影响，如李霖灿对《张胜温画卷》中白难陀龙王像的评价是"龙王有五头蛇之蛇冕，碧海中又有鸡头蛇头二侍神等"，而对莎竭海龙王的评价是"龙王出九头蛇冕，亦是一幅印度风极重的图画"②。因此，从那伽（印度教）—佛教（龙王）—戴龙（蛇）冕的水神（本主）的具象痕迹，我们至今依然可以从白族的水神信仰体系中看到古代宗教传播和文化流变的线索。以最常被如今的白族精英试图建构为民族"图腾"的"神鸟"来看，白族的原始宗教中便似乎有对"金鸡"的崇拜。杨宪典在20世纪80年代的调研中了解到，中华人民共和国成立前，在宾川地区，乡人尹宗棠曾创立过一个"捕怪教"（也名"孔子教"）。尹宗棠作为教主给教徒们传授邪法私药，命他们专门捕捉蛇类。门徒们即组成捕蛇队，手提红布口袋，三五成群地到房前屋后、园角菜园里空手捉蛇，待捉满一袋，便拿到大香炉里焚化。而这样做的原因是，大理地区自古蛇多蟒繁，对人畜危害极大，要尽量消灭，段赤城和杜朝选斩蟒的传说就是最好的说明。③

　　传说中与金鸡相斗的也是一条堵河水发洪灾的黑龙，金鸡对抗黑龙的目的便是制服水患。有些地区的白族将金鸡比作唤醒太阳的神鸟，认为没有了金鸡的召唤太阳就不会升起，光明将不再回来，这种类比与中国古代的金乌传说十分相似，甚至白族的金鸡也有某

---

① 王青：《海洋文化影响下的中国神话与小说》，昆仑出版社，2011，第132页。
② 李霖灿：《南诏大理国新资料的综合研究》，"中央研究院"民族学研究所，1967，第27页。
③ 参见云南省民间文学集成办公室编《白族神话传说集成》，中国民间文艺出版社，1968，第116页。

些凤凰的特征，它神秘、美丽、高贵。佛教自晚唐传入苍洱后，金鸡开始与其中的迦楼罗（大鹏金翅鸟）形象合二为一。佛教中的龙被认为是可以翻江倒海引起水灾的凶兽，而迦楼罗恰是以龙为食，可以平息水患，这便十分符合白族先民治水控水的迫切需求，于是金翅鸟如同在南亚、东南亚地区的遭遇一样，逐渐被白族先民广泛崇拜，白族人认为的"龙性敬塔畏鹏"并非原创，而是受到佛教的影响。《滇略》中说南诏劝丰祐时期所建崇圣寺三塔，"中者高三十丈，外方内空，其二差小，如铸金为金翅鹏立其上，以厌龙也"。王昶在《金石萃编》的《跋》中也提到"三塔铸金为顶，顶有金鹏，世传龙性敬塔畏鹏，大理旧为龙泽，故以此镇之"。如今从千寻塔中寻出的大鹏金翅鸟原物已被云南省博物馆保存，并作为该馆的镇馆之宝，而在崇圣寺前面则塑有一座巨大的金翅鸟铜像（见图4-1），作为"永镇山川"的神鸟。

**图4-1　矗立于大理崇圣寺三塔前面的
巨型大鹏金翅鸟塑像**

明以降，本土英雄段赤城被国家和民间上下两股力量封塑为新的主位水神，一方面预示着佛教在大理的式微，宗教力量要被现实政治所羁绊；另一方面，段赤城也继承和吸收了诸多佛教水神的元素，被抬高成新的神佛，一些庙宇中的段赤城塑像是以头戴蛇（龙）冕的形态被塑造的，如古生村龙王庙、下沙坪村清官庙、青索村小黄龙庙，而头戴蛇（龙）冕正是佛教龙王的典型特征。由此，通过对神话的再创造，属于白族人自己的宇宙观和世界史才得以开篇。而在这个宇宙观中，与段赤城斩蟒（迦楼罗食龙）故事相对应的正是观音老爹伏罗刹的故事，也即佛教中观音救人于罗刹鬼国的故事，后者也在世界诸多文化中留有痕迹。

北魏般若流支所译《正法念处经》卷七十《身念处品之七》提及郁单越周边诸国时，讲到了罗刹国的故事。

> 过赤海后，有一大洲，名罗刹女国，纵广二千由旬。有罗刹女，名曰长发，住在此洲，啖食火烧香花及肉，一念能行二千由旬。常求人便，心常忆念。是罗刹洲，骸骨血肉，狼籍臭秽，充满其洲。①

这个食人罗刹所居的罗刹国，在佛经中被多次提及。《妙法莲华经》卷七《观世音菩萨普门品》云：“入于大海，假使黑风吹其船舫，飘堕罗刹鬼国。”慧琳《一切经音义》卷七云：“罗刹娑……乃暴恶鬼名也。男即极丑，女即甚姝美，并皆食啖于人。别有罗刹女国，居海岛之中。”据《根本说一切有部毗奈耶》《入王宫门学处第八十二之四》《大唐西域记》等经书文献中“僧伽罗国”条所载，罗刹女国即后来的狮子国，即锡兰岛（又称楞伽岛）。楞伽岛为罗刹鬼国的说法在古老的印度史诗《罗摩耶那》中就已经出现。按照此部史诗的记载，罗摩为救回其妃私多，攻陷楞伽岛，杀罗刹鬼王逻

① 《大正藏》，第17册，第415页b。

伐挈。①

历史上，罗刹国故事是斯里兰卡僧伽罗族的创世神话，罗刹为梵文 Rākṣasa 的音译，在印度古代宗教和神话中，罗刹是经常出现的妖魔之一。罗刹的形象最早见于印度最古老的诗集《梨俱吠陀本集》，在诗史《摩诃婆罗多》中也出现过"罗刹吃人"的情节。② 唐代玄奘所著《大唐西域记·僧伽罗国》中载，僧伽罗随一伙商人入大海采宝，中途遭遇风浪，漂泊至罗刹国，多年不能归，便与罗刹女结婚生子，后偶然识破罗刹女食人嗜血的本性，幸得佛祖帮助，靠马王（观音所化）庇佑得以安全返乡。然而罗刹女穷追不舍，至其国其父处，国君见罗刹女貌美姿绝便将其占有，却终被罗刹女所食。于是僧伽罗被推为新国君，僧伽罗国就此成立。③

实际上，僧伽罗族并非斯里兰卡的原生民族，僧伽罗人的祖先是印度北部的雅利安人或操雅利安语的其他民族。大约在公元前1000 年，僧伽罗人的祖先开始移居至斯里兰卡岛，并逐渐取代了斯里兰卡原有的雅卡人和那伽人的优势地位。此时，作为脆弱的他者的雅卡人和那伽人开始被僧伽罗人妖魔化，并最终成为他们神话中的"魔鬼"，而那伽族崇拜蛇的习俗也被强势的僧伽罗人吸收和延续，成为其文化的一部分。在我们看来，这个创世故事似乎便是《白古通记》中观音化为梵僧降服罗刹，打通天生桥泄洱海水，后人经由白鹤引路再次进入苍洱得以繁衍生活的神话的原型框架。

第二节　分水与游神：白族水利
社会的运行逻辑

"水利社会"的说法最早由美籍犹太人卡尔·魏特夫（Karl

---

① 王青：《海洋文化影响下的中国神话与小说》，昆仑出版社，2011，第 296 页。
② 司聘：《释典中"罗刹国"对僧伽罗创世神话的影响》，《青海社会科学》2015 年第 6 期。
③ （唐）玄奘：《大唐西域记》，中华书局，2012。

A. Wittfogel）提出，他在对中国文明的起源及其特质进行研究后，认为组织大规模水利建设的需要是这个东方国家过渡形成某种政治专制制度的传统。当然，在后来的研究中有些学者也将"治水社会"加入"水利社会"的形成过程中，以此削弱其原本强烈的意识形态色彩，并引入整体性的社会历史研究，进而提升只重视纯粹技术层面的水利史研究的意义旨趣。虽然李祖德等人对魏特夫近乎环境决定论的论断提出了异议，[①] 但我们也不得不承认魏氏的一些观点也有一定的根据，如他提出的"历史条件相同时，重大的自然差别可能导致决定性的制度差别"，这一点在我们的田野调查过程中也是有所体现的。水在农业社会中至关重要，一切水神的塑造和敕封，以及围绕其开展的一系列仪式活动，无不与对水的社会化或文化化控制有关。水不论作为国家攫取权力的工具，还是社区之间争夺的资源，其象征意义都是这一切得以发生的前提与根本。如果水没有在一个文化中获得象征意义，那它在这个文化中就是不存在的，也就更谈不上治水、分水了。[②]

　　白族社会结构的形成根源于其稻作农业的生计传统，在石器时代白族先民已掌握成熟的稻作技术。蜀汉时，洱海地区已发展到"土地有稻田、畜牧"，稻作规模得到扩大。大理大展屯东汉墓中出土的陶质水田模型，呈圆盘状，半边为水田，半边为蓄水的塘坝，说明东汉时白族先民已挖筑了雨蓄旱灌的水利设施。到了南诏时期，白族先民在苍山修筑了"高河"水利工程，以灌溉海西坝区的万顷良田，同时还垦治高山梯田，充分利用了土地和地形，同时还在大理坝区修筑了"横梁道"，以使大理城东南郊区田园得到灌溉后流入洱海，古称"锦浪江"。为了减弱洪水，白族先民还创建了邓川坝区的罗时江分洪工程。而《南诏图传》中则绘有当时较为先进的"二牛三夫""二牛抬杠"等牛耕技术。至元明清时，大理出现了"地

①　参见李祖德、陈启能编著《评〈魏特夫的东方专制主义〉》，中国社会科学出版社，1997。

②　张亚辉：《人类学中的水研究——读几本书》，《西北民族研究》2006年第3期。

龙"水利工程，即将蓄水的鱼鳞坑相互连接起来以备干旱时灌溉。李元阳《云南通志》记载，在明代大理府就有穿城三渠、御患堤、水缺、麻黄涧、城北渠堤等32座水利工程，同时农民还使用筒车提水、水车车水技术。[1] 明代大理湾桥下阳溪隐士杨黼先生被当地人称为"半仙"，在文学、宗教、历史等方面都有很高的造诣，他观苍洱美景有感而发写成汉字代白音的《词记山花：咏苍洱境》，还总结了苍山十八溪洪水暴发的规律，归纳了"冲上莫冲下，冲南莫冲北"的口诀。

水利技术越发达越能凸显"水利社会"的成熟程度，而"水利社会"的特征之一便是以控水之权力划分来规范不同社会群体之行为，由此在各权力网点的基础上衍生出对应的宗教结构，即所谓的水神体系。当然，这个体系中的水神不一定就是段赤城一类的专职水神，也可以是代表所保佑百姓利益的各村本主，但若涉及分水，这些水神代表的人员空间必须是有一定边界的，边界代表有限的利益范围，以及利益诉求实现的可能性，否则这套体系就失去了意义。

因此，在大理的水神信仰体系中，求水和分水往往要祭拜不同的神。如祭拜山神庙中的龙王便有祈求风调雨顺之意，这类被白族人视为"小龙王"的水神具有一定的公共性，虽然于苍洱之间分布较多，但多是出于白族家庭一年必须要祭拜一次山神老爷的缘由。有些山神庙不为某个村寨所特有，许多村寨传统上共同前往某个固定的山神庙祭拜，即便该山神庙是其临近村寨出资修建的。另外，在农历七月二十三日和八月八日的要海会或"张姑太婆"生日这两天所求"张姑太婆"也有这个意思，即此时的龙王段赤城作为洱海水神的地位被凸显出来，而作为某村本主的职责则要隐藏，因为各村都来求雨，其布雨的能力便不能为所佑村寨独享。但不同于向山神庙中的龙王爷求雨，前往龙凤村或古生村的参会队伍皆以各村莲池会为主，即便是家庭独自去一般也要依附于莲池会，所以莲池会

① 孙运来主编《中国民族》（三），吉林文史出版社，2014，第100页。

实际上代表了所在村寨的宗教利益。如果龙王会期该村不来朝拜，龙王便有可能不给予他们雨水和溪水，所以他们前来便有分水之意，在莲池会的"老斋奶"看来，在这一类场合中，她们代表的是全村的福祉，神圣且重要。

除外显的求水庙会外，一些民族节日中也有求雨的隐喻。大理盛大的民间宗教节日"绕三灵"，其最主要的仪式场地之一便是河矣城村的洱水祠。"绕三灵"的举行时间为农历四月二十三日至二十五日，在修建"水龙"抽取洱海水回灌农田之前，农历四月中旬正是大理坝子春耕栽秧的关键时期，由于水少田多，再加上每年春耕时期的降水随气候变化而不稳定，人们便需要诉诸神灵，祈求丰饶的灌溉用水。除龙王外，"中央本主""五百神王"段宗榜也被认为有很高的降雨能力，因为他统领诸神，龙王也不得不给他面子。关于"绕三灵"的传说是，白族祖先原本居住在苍山上，那时候大理坝子还是一片汪洋，人们只能在山坡上开垦梯田。遇到风调雨顺、粮食丰收的年景，人们认为是拜神明所赐，所以就会砍一根树枝模拟神树，大家就围着神树成群结队地唱歌跳舞，以娱神娱人。后来，天生桥洞被打开，洱海水位逐渐下降，人们才得以搬迁到坝子上来居住。可是有一年，天气异样，快到端午节了，依然没有下雨的迹象，连洱海都已干涸大半，眼看庄稼因无水灌溉不能耕种了，大家十分着急。一位老人提议，以前白族的先民住在山上，经常砍下树枝作神树，以唱歌跳舞的方式祈求雨水，大家不妨一试。于是，大家便在庆洞村的苍山山麓连续载歌载舞，如此，老天似乎受到感召，不久以后果然下起了倾盆大雨，于是"绕三灵"的仪式便一直流传至今。后来人们修建神都的时候就将神庙修建在了庆洞村。

从这个故事中不难看出，作为"神王"的段宗榜位居苍山，而农民所求灌溉之水便源于苍山，后再流进平坝，到苍山脚下娱神求雨有一种至水源地求水的象征。而"绕三灵"几天，到庆洞村祭拜段宗榜的白族人也要在神庙旁生火做饭，并适度地贡献一些功德钱，以求得段宗榜大殿内的一块红布，白族话叫"红道"（horldao）。这便完成一次世俗与神圣之间的礼物交换，红布被视为人们祈神活动的物质凭证，这个凭证所代表的便是神对家庭和个人的保佑。在古代，各村信众还要将各自供于庙内的木雕本主神像抬至神都，模拟诸神至朝廷向段宗榜朝拜的场景。"文革"时期，许多木制雕塑大都被焚毁，后来重塑的神像多为固定的泥土像，不便搬运，此项活动也就消失了。实际上，不论是农民到"神都"求雨，还是各本主至"朝廷"朝拜都有分水的意象，"水利社会"是一个高度结构化的社会层级体系，唯有一定的管理中心和分配制度才能保证用水秩序的有序和社会关系的稳定。

"绕三灵"又称为"绕桑林"，游国恩先生认为这是一种古代巫教的遗留仪式。"桑林是祷祀之所，又男女于此会合之所。盖古人认为天久亢旱不雨，乃由男女失时。亢阳为患，故合男女之目的在于求雨。"此外，"治水旱天灾（淫雨则河水泛滥），均以男女相合为有效办法，意谓可以调和阴阳也"①。白族"绕三灵"还有一种隐晦叫法，即"风流会"。世传，民间若有婚后因丈夫不育而无子嗣之妇人，则可借助参加"绕三灵"的机会趁机与情人野合，以借种生子。另一种说法是，一些本来交好的有情人因迫于世俗压力或缘分太浅，终不能成眷属，但心中暗自放不下旧好，便借此日相见，促膝而谈，一解相思之苦。实际上，"绕三灵"的原意便是"游神"和"求雨"，而今则演变为一个集祭祀、贸易、游玩于一体的大型庙会。

段宗榜除了是庆洞村的"神王"以外，也是上阳溪村的本主。大理民间一直流传着一个故事，段宗榜远征缅甸，帮助其国王赶走了来自狮子国（斯里兰卡）的入侵者，并从缅甸求得佛骨舍利凯旋，诏王为表彰其丰功伟绩便将他封为护国大将军，统领大理境内的各村本主，并赐庙堂于庆洞村，就等着他前去受封任命。不料段宗榜的胞弟得知此事，心生嫉妒，便提前一天急匆匆地跑到庆洞村，谎称自己是段宗榜，替兄走马上任，夺得了"神王"之位。据说，这

---

① 游国恩：《游国恩文史丛谈》，商务印书馆，2016，第229页。

位伪将军因为走得急忙，竟在上阳溪村和朝阳村之间的山谷里撞开了一块岩壁，而今这个缺口还在原处。而真正的"神王"段宗榜丢了官位只能委身留在了上阳溪村任其本主。实际上，据我们调查，庆洞村和上阳溪村的本主都是段宗榜，所谓胞弟夺爵的传说，除了影射世俗生活中的兄弟矛盾，无外乎为了凸显自家本主的正统性和更高的神力罢了。因此，同为段宗榜本人，上阳溪的本主同样拥有不俗的降雨本领，位于洱海沿岸的马久邑村据说因为本村中没有可以降雨的本主，所以每年水稻生长期要向上阳溪村"借本主"施雨，时间是农历五月初五到六月初六，为期大约一个月。每年接送段宗榜的过程其实就是一个游神的过程，连同其沿途经过的新溪邑、南庄等村都附沾其恩德，据说每年农历六月初六段宗榜回家的日子这两个村子都会下雨。各村信士有说自家本主是清平景帝段宗榜的义弟，所以段宗榜每年便借去马久邑任职期间顺道来访，如新溪邑村的本主为曾经跟随段宗榜远征缅甸的段宗平，段宗榜每年去马久邑时都要将自家钥匙寄存在段宗平处，待到农历六月初六回上阳溪时再来取回。纵观这个"游神"的过程，其实其内核还是一个求雨的民间仪式。上阳溪村位居河流上游，村中所祀之神又是大理地区的"神王"，所以即便几个村庄不存于同一条河之东西，但在象征意义上依然是下游的村庄向上游的村庄"借水"的过程。[1]

　　"绕三灵"节日的另外一个仪式场域是河矣城村的洱水神祠，其中所祀神灵是龙王段赤城及"九龙圣母"，这两位地方神祇都具有布雨控水的本领，因而"绕三灵"原初意义就应为民国喜洲儒士赵冠三所谓的祈求雨水的活动，雨水并非"坝子外部的力量——山林之神给予的"[2]，而是被居于其中的龙王所赐。根据徐嘉瑞在 20 世纪

---

[1] 新溪邑村老人还有一种说法，说是阳溪原本的入水口便在今天新溪邑村所在的位置，只是后来因河水改道，才移至如今的位置，所以实际上两个村寨本是上下游的关系。

[2] 梁永佳：《地域的等级：一个大理村镇的仪式与文化》，社会科学文献出版社，2005，第 211 页。

40 年代的记录，当时大理盆地的一些村庄，还在"绕三灵"的仪式中，组织队伍将本村的木制本主神像抬至"神都"朝见神王段宗榜，① 其目的便是分水。河矣城村的洱水祠被称为"仙都"，"绕三灵"期间除庆洞村段宗榜的"神都"外，此处最为热闹。在一系列娱人娱神的仪式活动中，至少于求雨方面，段赤城被视为拥有与最高神祇相同的神力，因而要享有同等规格的礼待。现实中，"绕三灵"活动中所酬谢的神明本来便十分多元，这也符合白族人包容的宗教心态和本主信仰多教合流的特点，如清末对"绕三灵"时间的记录是，"会凡四日，甲日在郡城古城隍庙，乙日经三塔寺至圣源寺，丙日河矣城，丁日马九邑"②，一个"绕三灵"活动便游历了道教之冥王、佛教之佛祖、洱海龙王以及中央本主，这些都是大理地区重要的神祇，都有降水的神力。

稻作定居农业是一种劳动密集型的生计方式，为了保证水稻产量的稳定就要有一套可靠的水利系统做支撑，因而围绕水利系统就会出现争夺和分配有限资源的权力体系，为了社会的续存，人们不得不通过各种规约制度协调好彼此之间的利益关系。大理坝区，明以降，明政府开始实施大规模的屯兵屯田政策"以实西南"，并在云南各坝区以卫所为单位划治，如此便导致洱海流域的人口出现大规模的增长。人多则田密，田密则水缺，水缺则群争，明清两代军家和民家常因争夺灌溉用水而发生激烈械斗，政府纠缠于其中，多以刻碑立法的形式来公开确认各家用水规则以便合理分水，如《洪武宣德年间大理府卫关里十八溪共三十五处军民分定水例碑文》就相对系统和完善地记录了当时洱海流域军、民对各条河流用水的分配。

　　　　大理卫指挥使司，为屯军事，据左千户等所管屯□百户严

---

① 参见梁永佳《地域的等级：一个大理村镇的仪式与文化》，社会科学文献出版社，2005，第 152 页。

② （清）杨琼：《滇中琐记》，载方国瑜主编《云南史料丛刊》卷 11，云南大学出版社，2001，第 302 页。

斌等手本，呈：该取勘到各屯原有河沟涧塘去处，俱系洪武年间军民分定各该放水则例，呈禀行司、大理府照依原分军民水例日期、分数，依例轮流灌田栽插便益，庶免临期争夺。开呈得此，今照得即日农忙在迳，各执碑（牌）面，将所呈原分水例于上，逐一明白开写。如遇栽秧之时，照旧分水灌田，毋容争夺。今置坎字号牌面开发，委官收掌，军民务在遵守。所委官员，至期会同有司，委官亲议。各屯军民相参田处，常川点闸，毋致失误农时。敢有互相争夺水例者，就便踏勘看问明白，将犯人严枷痛治，毋致偏循，取罪不便！须至牌者。坎字互号一面关里三十五处，如：

一处，古城涧水，军秧田四分，前所三分，右所一分，后所二分，民一分。

一处，五里桥涧水，军后所五分，民五分。

一处，江心庄涧水，军后所五分，民五分。

一处，塔桥涧水，军左所四分，民二分。

一处，古城外摩用涧水，军右所三分，左所一分，民四分。

一处，上阳溪涧水，军左所五分，民五分。

一处，作揖铺涧水，军左所四分，民六分。[1]

明代这种军、民按比例分流溪水以灌溉农田的制度一直得以延续。到了清代，由于河流年久积淤，滋生水患，当地政府又组织农民"按田出夫"，对河流进行疏浚，以达到防洪灌溉的效果。在"水利社会"中，地方官府作为农民之间的利益协调人起到了很大的积极作用，而究其原因，这种因水而生的村寨之间的纷争缺少一个可以凌驾于村寨之上的仪式性或制度性的地方权威，民间内部很难有一个更高级别的社会力量使利益双方都能服膺，即便是有些地方

---

① 参见《洪武宣德年间大理府卫关里十八溪共三十五处军民分定水例碑文》，载段金录、张锡禄主编《大理历代名碑》，云南民族出版社，2000，第127～129页。

联合成立的"管水委员会"，其实也是经由官方授权的。在朱晓阳看来，官府的用水裁决，"透露出帝制时代的纠纷解决具有一种实用主义、栖居或方便性取向的特征"①。在官民划制的洱海流域，这种官方权力染指的水利制度更为必要，毕竟军家与民家的社会和文化融合是一个长时间的过程，而军家作为某种意义上的"移民"，拥有政治上的优越性，因此，官府的分水制度实际上对当地的民家是更有利的，至少在法规层面上，他们与军家拥有了相等的用水权力，而为了维护这种平权之下的社会稳定，官府自然也会尽力遵守承诺。但与此同时，地方社会对权威力量的过度依赖，也大大促进了中央集权制的形成。也就是说，"农民从自己的日常活动中体验的水利，在互往和互动中与国家的水利图景和观念相融合"②。

> 明正德间，通判喻河处置有方，用能成功，乾隆九年，议准疏浚大理府洱海淤沙，以除榆郡水患，嗣后责令地方官就近督修，按田出夫，五年大修一次，仍令该道不时稽察，毋致复淤。城南有十里沟、鹤桥沟，二水最大，宜一年一浚，乃可免患。城北又有四里沟、塔桥沟、上阳沟，湾桥、喜洲沟、峨沟、周城沟，自北门至周城凡六十余里之田，尽赖七沟灌溉，然暴涨横流，所经易淤，而峨崀周城为甚，当时加浚治。③

分定水例碑在国家立法和社会规约层面缓减了人们分水的矛盾，但实际上这样的规约并不能彻底解决大理坝区农业的水利问题，直到民国时期，农业的旱涝之害依然存在，对水利的争夺所引发之械斗在所难免。喜洲名宿赵冠三自幼生活在大理坝区，对大理农业缺

---

① 朱晓阳：《小村故事：地志与家园（2003～2009）》，北京大学出版社，2011，第50页。
② 朱晓阳：《小村故事：地志与家园（2003～2009）》，北京大学出版社，2011，第80页。
③ 方国瑜主编《云南史料丛刊》卷13，云南大学出版社，2001，第79页。

水之事甚为了解，以下是他在《龙湖文录》中所描写的民国时期大理的缺水情况和他所总结出来的原因。

　　至于水利，滨海田亩，则以田高海低，海水不能引上。山麓及中部田亩，虽有十八溪，然至夏历二月后，则溪水干涸，不惟春苗无以灌溉，即芒种夏至间，天如不雨，秧苗亦且枯槁。山麓一带田亩，旱栽插者，因系砾土或砂土，渗透性大，晨方水满，午即水涸。其中部田亩，未栽插者，纵可照城规分水，但因河渠皆砂石，其吸收力极大，水引入河渠内，即为砂石所吸收，而渗透地下。故水流至半途而已竭，不能引到田中，以资灌溉，所以需水最要之时，反而缺水。甚或时至大暑，栽插尚未完毕，各村争水互殴，命案之多以此。迨夏历七月、八月，则住住（往往）大雨滂沱，山洪暴发，挟砂石而下，水势迅急，防御不及常多冲没。若雨量太大，则海水上涨，滨海田亩，亦被水淹，故大理虽有洱海及十八溪，水利似便，而按其实际，水利少而水患多。①

　　中华人民共和国成立以前，海西地区引苍山水灌溉农田，在居民之间按古例是"上满下流"，即上游的田灌满之后再放水给下边的田，因此，近山麓的村寨较之下的村寨栽秧要更早。民国时期，一直由区、镇公所总管水利事业，各村每年按期放水时都要请求区、镇公所批准，区、镇公所有时借此勒索。上下各村，为了抢季节，也有少数人会雇请一些"流氓无赖"在夜间偷偷挖开别家的水渠，把水灌到雇主田里，因水利关系重大，各村在每年放水时都要委派2至3人组成"水班"，作用是为各户公平放水。而村民则按田亩数出管水费，这些费用除了开支水班的灯油费、夜宵费和工资外，其余归入集体账户。即便如此，由于季节限制，各村为了抢早栽秧，在

---

① 赵冠三：《龙湖文录》，内部资料，第129、130页。

水利问题上的争斗依然很激烈，有时候竟酿成群众性的械斗。如抗战时期，喜洲晨登村用水期已满，尚不放水，致使江渡村无水可用，于是两村发生纠纷，继而扩大为集体械斗，双方聚邀数百人，后致四五位村民死伤。结果在当时的官府衙门打了几年官司，双方还被以各种借口敲诈勒索，最终弄得民穷财尽，两败俱伤。[1]

费子智在大理田野调查时也注意到了季风对洱海水位的影响，据他观察，在20世纪30年代，洱海水在干季和雨季尾声落差可达2米，在干燥的春天，洱海水位较附近农田要低1~2米，如此，田主便不能使用洱海水来灌溉，但此时自苍山上顺流而下的溪水也早已被沿途农田吸食殆尽。所以，雨季若来得较晚，沿湖一带的农田要在山脚下的农田栽秧三周以后才能栽秧。但若雨水泛滥的年份，这些农田则要面临被上涨的洱海水浸淹的风险。费子智同样注意到，"由于龙尾关狭窄的出水口，海水不能够及时排出，海水会淹没平坦如底的西岸"[2]。故而虽然洱海附近的土地看似较山脚一带的土地肥沃，但囿于灌溉和排水的问题，实际上要承担更多的气候风险，这也从侧面解释了为什么山脚沿海一带的居民在传统的社会等级结构中会略低于平坝上的居民。而直到20世纪下半叶，随着西洱河河床的挖深，以及海西一带一系列使用洱海水回流灌溉的水利系统的修建，沿湖一带的耕地才保证了旱涝保收。

在现实中的水利要求无法得到完满的解决时，人们意识到根本原因在于雨水过少，从功能主义的角度来看，人们便容易将矛盾投射到宗教层面。赵玉中也通过对民间文献和地方传说的总结，认为在大理洱海地区的"本主崇拜社区"之间，存在明显的对灌溉用水的竞争与合作关系。[3]喜洲附近的众神代表各自所佑，聚于九坛神庙

---

① 参见朱家桢、刘敏江、邹汝为等《大理县喜洲白族社会经济调查报告》，载云南省编辑组编《白族社会历史调查》（一），民族出版社，第28页。

② 〔澳〕C. P. 费茨杰拉德：《五华楼：关于云南大理民家的研究》，刘晓峰等译，民族出版社，2006，第9页。

③ 赵玉中：《祖先历史的变奏：大理洱海地区一个村落的身份操演》，云南大学出版社，2014，第84页。

商讨求雨降水之事，实际上便是白族村民在宗教层面对地方政府祈雨分水仪式的模仿。九位本主分属不同的村庄，这些村庄又位于不同的"上下路"。传说中百姓被干旱所苦，他们向各自本主求情，不是让他们及时布云行雨，因为在这里几位本主都没有降雨的能力，他们在段宗榜的号召下相聚于九坛神庙，目的是一起去向龙王求雨。九位本主一齐去了龙王庙见到了龙王，说明了来意，龙王见到如此阵势只能勉强"借雨"。随后龙王领着众本主走到龙泉源头，让大家各自用装水工具去取水，众本主装满水后，回到苍山溪涧，把水放进洞口，让其变成一股股长流水，汩汩地流向坝子。但是，本主们来时想得不够周全，背了个篮子来装水，一路往回走，一路掉落，到了溪涧只剩下几小股细流，满足不了当地人们的需用。唯独上阳溪村本主做事细心，带着个土瓶来装水，回到洞口放下，瓶中之水变成一股大泉水，于是上阳溪村的人们便有了用不完的溪水。后来，其他几位本主常常因与上阳溪本主争水，闹了不少纠纷。大理喜洲地区传说，有一次，三灵景帝和洱河景帝为了分水而争吵，召集兵马，摆开阵势，刀光剑影地大战了一番。打到最后，三灵景帝跨上战马，飞奔过去一刀割下洱河景帝的右耳，疼得洱河景帝直咬牙。洱河景帝反身一叉，叉掉了三灵景帝左脚脚后跟，双方才开始退兵，停止了恶战。中央本主看着两位本主经常为此械斗，便出面劝说调解。一天夜里，他把九位本主叫来喜洲本主庙，为他们调解纠纷，谁知两位本主各执一端，互不饶让，一直吵到鸡鸣。这时公鸡"喔喔"叫了，九位本主都回不去了，只好一同在喜洲本主庙里，做起喜洲的本主来，所以人们就把他们叫作九坛神。[1]

分水一直是"水利社会"的核心主题，洱海流域水神乃至本主体系的建立和结构都有分水的影子，河头龙王段赤城在洱源地区是最大的神祇，他和他的子女因斩蟒牺牲，人们将他们皆祀为水神供

---

[1] 白庚胜总主编，施珍华、何显耀卷主编《中国民间故事全书：云南·大理卷》，知识产权出版社，2005，第 201、202 页。

奉，以祈求一方风调雨顺，进而在建立一个水神信仰体系的同时，其实也在宗教层面建构了一个"分水"的体系。在该地区的传说中，河头龙王有一个姑娘，巡检司下山口的大黑龙王曾来求亲，姑娘不愿意，后来就嫁给了云南驿龙王。云南驿地方很穷，庄稼不好，因而此地的龙王也很穷。每年农历正月二十三日与七月二十三日，河头老龙王做会，这位龙女姑娘就回家做客，向龙王哭诉自己的穷苦。所以每当这两天，茈碧湖附近总是恶风暴雨，就是出于这个缘故。后来，老龙王可怜她，就多分给她一股水。这股水可以灌溉她领辖的所有土地。从此，云南驿地方五谷丰登，人们都感激她，所以她庙里的香火常年不绝。洱源人每路过云南驿的时候，都要给她磕头。倘若衣服破烂了，只要把它放在庙里，第二天去取，就会补得好好的；倘若缺少旅费，只要如实地写一张条子，焚化在香炉里，第二天，就可以在香炉里扒出一些银子。① 在这个故事中，云南驿（即祥云县）之所以很穷是因为缺水，庄稼长不好，所以水量充沛的茈碧湖河头龙通过嫁女儿的方式，将水分配至此处，这其中有求情的缘故，而龙女不愿嫁给下山口大黑龙王，偏要嫁给祥云，也影射出神的仁慈和分水的公平性。

洱海以东的人们因有水域相隔不与海西的居民共享一套水利灌溉系统，海东镇的灌溉用水主要来自老太箐。据海东一带的传说，海东地区本是燥烈少雨、土地贫瘠的穷困之地，古时候，有一老妇人手执拐杖路经此地，又饥又渴，便向田里正在耕种的农夫祈食，农夫自己虽然也缺水少粮，却欣然救济了这位老妇人。老妇人被他的诚恳善良所感动，便抬起拐杖指向玉案山脚的一处凹地，刹那间凹地涌出了活水，并变成了一湾龙潭。农夫大为震惊，转身便要感谢老妇人，可惜她早已飞身不见，只留下水边石头上"金湫龙水"四字，道明自己本是金湫龙王。这位龙王后来被封为"大圣慈云普

---

① 罗杨总主编《中国民间故事丛书：云南大理·洱源卷》，知识产权出版社，2016，第95页。

照润金轮圣母"，海东的人则称其为老太，而这座"金湫龙水"就是老太龙潭。

与海西的情况类似，海东老太龙潭也有自己的取水规则，在20世纪50年代农业合作化之前，海东十村农民在大春水稻插秧时都要沿守老太龙潭的水规，据说这个水规始于清乾隆年间，已延续两百多年。水规大致如下：

> 立夏前5天是名庄村蓄水期，将老太水放于名庄村户下甸路上路下的田里；立夏后5天由表素村、和曲村、波许村蓄水于各村村前甸坝中；5天后老太潭南北两沟旁的老太箐、磨房箐、沿桥箐、表素村开始栽插沟下梯田；小满节5天为武曲、文曲、和曲三村人栽秧用水；小满节开始5天为塔村第一次用水；中间5天为江上村、向阳佛头甲两村人用水，后5天第二次轮回塔村用水，夏至节15天未向阳中节下节村用水。[①]

海东地区本有两块分水石碑，但因年代久远，或已被销毁，或已不能辨其字。有意思的是，相传两百多年前，海东十村的人还曾因用水纠纷对簿公堂，此事经当时的大理县魏姓县令调解后，将小满节15天的用水权判给了文武和三曲村，原因是老太金轮圣母是他们的本主。

张奋兴先生介绍，海东称水规为"水判"，各村轮到分水的当天上午统一规定为"挖散水"，各村都可以去挖水保苗，但一旦过了中午12时后，只允许轮到分水权的村子挖水用水，若其他村庄有违背规定者，要罚一对大肥猪供别人宰杀享用。因为轮到分水的首日要疏通河道、引导水流，所以这天全村每户最少要出一个劳动力，并且自带锄头、簸箕、伙食、炊具罗锅等到老太庙水潭做饭吃，做好饭菜先祭拜老太后才就餐，吃完饭大家沿着水沟将别村的水沟水口

---

① 张奋兴：《大理海东风物志》，云南民族出版社，2006，第320页。

全部堵塞，将老太水直接引到自己村田坝里，再由水倌将水从上而下放入一家一户田中。

围绕分水，也衍生出了与海东水神"老太"有关的宗教活动，其中的三个会期以在时间上穿插不同的农业生产环节的方式维系着海东农业社会的平稳运行，这三个会期分别是作为起点和终点的"老太巡游仪式"、"老太寿诞"以及"谢泽会"。其中老太巡游的举行时间为正月，此时正是农闲时节，巡游的老太像预示将雨水和福气带到所到之村。老太巡游仪式结束后便到了水稻撒种的时间，接着是农历三月十三日的老太寿诞，人们为老太过生日便是要保证随后的插秧活动有充足的水源。插秧结束要举办谢泽会以感谢老太的慷慨，接着便举办"朝南斗保苗会"以确保秧苗能茁壮成长，随后在水稻抽穗时为其举办"谷生日"，待田野一片金黄，稻谷成熟时就可以收割了。"朝北斗会"结束后开始进入小春耕种期，农民在秋末冬初种下蚕豆和小麦，到了正月，老太巡游仪式又要开始了。[①] 这样一个精密有序的仪式圈将与老太水源相关的人们圈在其中，形成了一种有趣的农业耕作共同体。

若我们把视角再往外推移，其实在除大理坝子以外的一些白族定居农业聚居区也有类似的围绕分水而形成的"水利社会"和农业生产共同体。如在鹤庆甸北，有一种由来已久的在春节期间不同村寨轮流"请春客"的习俗，一般从农历正月初二开始，到正月十九结束，每一天都由一个固定的村庄办理请春客，总共十八个村寨，号称"十八村宴"，形成一个过年期间轮流请客的村际联盟。这其实与大理海东的"老太巡游"有所类似，即这十八个村寨在地理位置上都分布在一些龙潭旁边，并且靠水吃水，而这些龙潭由水道相互连在一起，因而实际上这些村寨便分布在同一条水脉上，过年迎神送神主要接的都是几个大龙潭的龙王神。所以大年初一第一个请神

---

① 李菲菲：《水神信仰下的干旱认知研究——基于大理海东的个案分析》，《青海民族研究》2016 年第 3 期。

的就是最南边的河头村，请的神是河头村自家龙潭边上的白龙王老爷。河头有水源地之意，十八大村的水脉便由此处源起。①

回到洱海龙王段赤城，在日常的宗教实践中，除服务于农耕生产的灌溉用水外，信众之于龙王也存在一些实际的分水行为。如在龙凤村洱水神祠举行的耍海会期间，人们除了要烧香磕头，还要准备鲫鱼、鸡蛋、猪肉、鸡肉等美食犒劳龙王，时间赶紧者在家做好午饭熟食以后，祭拜了诸神便可即刻享用。而许多人还是选择带上锅碗瓢盆及各种菜品到水神庙附近生火做饭，并将带来的公鸡在庙前宰杀，血染地面，以此作为祭神的牺牲，这种宴飨水神的方式显得更为庄重。众人拜完龙王、献了功德后，都要带一瓶"钵井"中的水回去。"钵井"是一口神井，传说建庙时便有。龙凤村还专门安排一人蹲在"钵井"旁打水，但由于井口狭小，只能用一个大号的可乐瓶往上提水，出水量有限，因而一人最多分得一瓶水。我们田野所见，那些没有带水瓶的信众还要专门到村里的小超市买来矿泉水，然后将其中的水倒掉，再用来装"钵井"中的水，可谓奢侈。许多人打了水以后要先在庙内痛饮一瓶，再给家人捎带一瓶，意为共享神恩。

"钵井"香台边嵌有一块大理石碑，据上面刻的《重修钵井序》，古人初建洱河神祠时，其所用木料皆为龙王由"钵井"从海底送出，神祠建成后，井内尚留有一根木料于其中。民国时期地震将井填埋以后，村民于1987年对其进行重修挖掘，已见到那段传说中的腐木，但"及修掘至八九尺，忽有一石板，中有孔，撬而闻扎扎响声，恐有异形，急掩之，聊修仍与前形"②。这类神迹，我们在洱源茈碧湖附近也有所听闻，说是人们之前欲将段赤城的龙王庙修建于梨园村，可是过了一夜，原本用来建庙的木料却不翼而飞，苦寻之下才在如今神庙所在的罢山山头上找到了这些木料，人们以为

① 马腾岳：《物、宗教仪式与集体记忆：大理鹤庆白族迎神绕境仪式与祭祀圈认同》，《西北民族研究》2016年第2期。
② 参见龙凤村《钵井铭》《重修钵井序》，笔者田野收集（2017）。

这是神意，便索性建庙于此。"钵井"之水回味甘甜，传说又与龙宫相通，信众便视之为"圣水"，认为其有免病祛灾之效。这类"圣水"与鸡足山华首门中流出的，据说是达摩祖师赠予前来求药的印度国王的医眼泉水其实是一类，都是自然资源的神圣化体现，这虽然与"水利社会"中的分水体系有所不同，却也从侧面体现出龙王对"水"的把控实际上既可灌溉农田也可灌溉心田。

第三节　水神的地方化：白族族性的构建过程

洱海流域的水神世界因受到不同历史时期文化传播、朝代更替和宗教兴衰等背景的影响，历经了一系列的嬗变过程。若以现有史料记载之先后为依据，结合田野调查所得，厘清其逻辑关系后取影响范围之广大者，大致可以将洱海水神分为道教水神之水官，巫教水神之赤蛇、金鱼、金螺，佛教水神之白难陀、莎竭海等龙王，本土水神龙王段赤城四类。洱海水神的流变过程实际上就是大理地区与其周围世界遭遇以后相互交流和影响的过程，洱海水神受到不同外来文化的影响，呈现出一定的流动性。而历史上相对弱小的南诏大理政权长期夹立于汉、藏两大力量之间，为求续存，其不仅要在外交上巧妙斡旋，还将这种"国家关系"由作为文化承载物的宗教信仰加以投射，以求得与他者的某些类同。从我们整理的洱海水神的流变顺序来看，即先从巫教水神之赤蛇、金鱼、金螺，到道教水神之水官，再到佛教水神之白难陀、莎竭海等龙王，最后形成本土水神龙王段赤城，洱海水神由原始水神到外来水神，再回归到本土本族水神的过程，实际上便是白族族性逐渐形成的过程。

德国著名哲学家谢林（Schelling）曾经说："一个民族，只有当它能从自己的神话上判断自身为民族时，才能称其为民族。民族神话产生的时期，当然不可能是在民族已经出现之后，也不可能是在民族尚未形成，还是人类大集体之中不为人所知的成分的时候；民族神话的产生必须是在民族形成之前的过渡阶段，也就是快要独立和形成之际。"① 涂尔干认为："凡是在统治权力树立起权威的地方，它的首要职能就是为信仰、传统和集体行为赢得尊重，换句话说，就是为了保护共同意识去防范任何内部的或外来的敌人。"② 而汉斯·莫尔（Hans Mol）则将宗教与身份认同关联在一起，说明人们如何通过宗教信仰将自己的身份神圣化。

元代张道宗在《记古滇说集》中讲述，在古哀牢山有一人名叫蒙迦独，其妻名叫沙一（壹），蒙迦独以捕鱼为生，最终却溺亡于水中且死不见尸。有一天，妻子沙一正在河边伤心哭泣时，远处漂来一块浮木，她捞起浮木，并以之为座，不料就此怀孕。后来沙一生下了十个男孩，浮木便化成龙来认亲，九个儿子见到真龙都吓跑了，唯独小儿子背对着龙坐着，龙就舔了他的背，于是给小儿子取名九隆（习龙乐）。后来九隆在众人的拥护之下成为国王，他就是南诏蒙氏的第一代国王细奴逻。这是白族最早的祖源追述神话，这个神话也被诸多氏羌民族视为自己的祖源神话。但严格来看，这只能算蒙氏的祖源神话，而且据我们分析，"九隆神话"的祖源认同应该在蒙氏入主洱海地区之前便已形成，后来再随着南诏王朝的建立才逐渐在大理地区流传和转变。

以《南诏图传·洱海图》中的巫教水神所呈现出来的结构样式来看，要讨论其与白族文化之间的关系问题，首先得厘清南诏国时期的民族构成，从而明确当今的白族文化是否为南诏国时期文化的延续或至少受其影响。一些学者多因南诏为巍山蒙氏所建之国，南诏王室之父子连名制与如今一些彝族群体的父子连名制类似，又说古哀牢九隆神话是彝族先民文化等，而推断出南诏文化是彝族先民文化，而白族文化则较晚出现于南诏文化之后等结论，并认为《南

① 〔德〕谢林：《神话哲学引论》，转引自〔英〕麦克斯·缪勒《宗教学导论》，陈观胜、李培茱译，上海人民出版社，1989，第62页。
② 〔法〕涂尔干：《社会分工论》，渠东译，生活·读书·新知三联书店，2000，第47页。

诏图传》与今天的白族文化关系不大。其实，南诏的民族族属问题并非只有"白""彝"两种争论，单就南诏王室的族属问题来说，除了上述提到的两者，还有"泰族说"和"彝、白先民共同立南诏政权说"等。其中"泰族说"早已被证明是无稽之谈。"彝、白先民共同立南诏政权说"在学界影响较大，美国人查尔斯·巴库思认为"南诏的基本居民主要是由白蛮和乌蛮组成的"，而南诏国的主要统治者为乌蛮，到了南诏末期，由于白蛮贵族势力的兴起，终于推翻了南诏王朝，建立了大理国。① 查尔斯·巴库思的观点有一定的代表性，但他用现代国家民族识别以后"清晰化"的民族分类体系来对千年前的南诏民族构成做假设，未免有些先入为主。大理学者何叔涛则认为南诏国与大理国为同一民族统治是"毋庸置疑的"，他把这个民族称为"南诏—大理民族"，而今天的彝族和白族作为"次生形态或再次生形态的民族"是由前"南诏—大理民族"这个原生形态的民族演变而来的。② 也就是说，今天的彝族和白族分别继承了"南诏—大理民族"的某些特点。

方国瑜从民族史的角度入手，指出"前人对白蛮和乌蛮不同地域，不同社会生活的史料，往往不加以区别，以地区相近，把史料错杂在一起"。他认为滇东地区的"乌、白蛮"与洱海地区的"乌、白蛮"并不相同，前者都是"爨蛮"，都是彝族，而后者既非"爨蛮"又非彝族。两地对"乌蛮""白蛮"的称呼，只是以"白"标示进步、以"乌"标示落后而已。他进而认为南诏并非彝族所建，南诏史也不是彝族历史，而南诏时期洱海流域的居民应为白族，白族是以"白蛮"为主体融合其他民族而成的。③ 我们觉得初期建于巍山的南诏国，或许其文化多为彝族先民文化，但统一六诏以后的

① 〔美〕查尔斯·巴库思、林超民：《南诏国的民族》，《民族译丛》1984 年第 1 期。
② 何叔涛：《南诏大理时期的民族共同体与兼收并蓄的白族文化》，《云南民族学院学报》（哲学社会科学版）2003 年第 2 期。
③ 方国瑜：《有关南诏史史料的几个问题》，载赵寅松主编《白族研究百年》（四），民族出版社，2008，第 98～121 页。

南诏国，因与不同地区的民族群体发生交流，其中各种文化是一个相互濡化和流变的过程，正如方国瑜所说的"民族融合是极寻常的事情"，很难说清南诏统一后的文化还能原封不动地保留之前的文化形态，更不能因其王室是父子连名制而以偏概全地认为南诏是彝族先民的国度。六诏之中，洱海北面是河蛮人（白族先民）的浪穹诏（今洱源）、邓赕诏（今洱源邓川）、施浪诏（今洱源三营），洱海东面是磨些人（纳西族先民）的越析诏（今宾川），他们的文化同样也是南诏文化必不可少的一部分，且若按当时所占人口和面积来看，白族先民应为主流。

《蛮书》中记载，在唐贞元年间，南诏蒙氏曾"献书于剑南节度使韦皋，自言本永昌沙壶之源也"[1]。此处"沙壶"亦作"沙一""沙壹"，也就是传说中的哀牢国九隆之母。这则神话最早可追溯到《后汉书·南蛮西南夷列传·哀牢》和东晋常璩所撰《华阳国志》上所记的"九隆神话"。在与唐朝交往的过程中，南诏借此故事为祖源，也说明蒙氏先祖或许早有此认同。历史上，任何政权的建立都会极力构建一套君权神授的开国神话，以凸显自身的合法性，细奴逻之父溺水化龙，现实中没有龙，便以看似奇妙的蛇代之，并且每年进行祭祀，以使这种合法性在仪式中得到周期性的维护，进而生发出南诏的神圣感和优越感，因而南诏祭水、祭蛇都是祖先崇拜。蒙氏统一洱海六诏以后，这种崇蛇祭祖的原始祖先崇拜得到延续，并被移植到了洱海地区，《南诏图传·洱海图》中所绘双蛇已十分写实。而在六诏统一之前，洱海流域已有大量定居的水稻耕作民和渔民，他们出于最优觅食原则和原始崇拜的心理，将金鱼和金螺奉为洱海水神，后又将蒙氏所信奉的蛇意象加入其中，形成《南诏图传·洱海图》之双蛇绕金鱼和金螺的景象。当然，即便我们能证明蒙氏的龙（蛇）崇拜对洱海水神的形成有所影响，也不能否认之前提及的稻作民族本身对蛇的崇拜，或许巫教水神的最终形态是二者

---

[1]　（唐）樊绰著，向达撰《蛮书校注》卷3，中华书局，1962，第68页。

合力的结果。

但有意思的是，我们知道《南诏图传》为《白古通记》成书的主要编纂依据，但是，《白古通记》作者却在描述"西洱河神"时只提金鱼和金螺，故意略去了"双蛇交尾"的场景，其目的似乎是隐去自己祖先对蛇的崇拜，并彰显自己"九隆（龙）族"的身份。这恰恰从反面证明了蛇在南诏、大理国时期的积极地位，因为既然大理和汉地都认为蛇为"怪物"，自然也不必为避汉之忌讳而将其隐去。实际上，大理被明军攻陷以后，几乎所有的古籍典册都被傅、蓝、沐三位将军下令烧毁，明政府对大理实施了文化灭绝政策。本地文化精英对比中原汉文化之后，认为大理地区的崇蛇传统未免显得怪异和"原始"，故而避开蛇的形象而直接提到自己的"龙"出身，这就暗示出自己族源上不比汉族低贱，因而如今国破为臣，自然也不应受到统治者残酷的压迫，这是对明代统治者过激的民族统治政策的一种反抗。[1]

观音显圣助蒙氏建国本为佛教传入大理的一系列故事，与河神信仰和蛇崇拜关系不大。我们从《南诏图传·铁柱记》得知，当时洱海地区的统治者张乐进求，听闻观音化为梵僧三次乞食于蒙氏的故事，觉得惊奇，便邀约蒙兴宗王逻盛等人一起祭拜铁柱，其间原本立于铁柱上的神鸟突然飞落到兴宗王的肩膀上，于是张乐进求越发惊讶，觉得这是神谕，便主动逊位与贤，将洱海地区的统治权禅让给了逻盛的父亲奇王细奴逻。由此，观音显圣的故事不仅指明了佛教传入大理的原委，也暗示出蒙氏统一洱海地区在宗教上的合法性，故而南诏王室在祭拜观音显圣后十日再祀西洱河，其目的便在于歌颂祖先所取得的"霸王之丕基"，而就原本偏安巍山的蒙氏而言，洱海乃是其治下的核心区域，所以祖先应居于其中，祭祀洱海也就是在祭祀祖先。因此，《南诏图传》中提到的祖先崇拜的意象与

---

[1]　侯冲：《白族心史——〈白古通记〉研究》，云南人民出版社，2011，第1、2、68页。

佛教在大理地区的传播史，其意义都十分重要。

洱海"巫教水神"的形成是蒙氏龙（蛇）崇拜结合洱海稻作和渔猎族群金鱼、金螺崇拜的结果，这个时期作为白族先民的"南诏—大理民族"刚刚形成，从此，"九隆神话"和沙壹母祖先追溯开始在洱海流域普遍传播，并产生了多个变体，如今还被大理地区的白族人视为其族群最早的祖源故事，并以此为族群边界对外标显。如洱海中游客如织的南诏风情岛，在其广场上便树立有"沙壹母"的铜雕，铜雕后面还置有十根石柱以代表沙壹母的十个孩子，并象征着人类十种原始的劳作方式。

巍山蒙氏在唐的支持下得以统一六诏建立南诏国，立国后南诏得到唐的册封，自然确立了对唐的藩属关系，因而唐在政治、经济、文化等多方面都对南诏有所影响。南诏初期是对唐关系的蜜月期，其后作为奴隶制国家的南诏谋求向外发展，统治者急于统一西爨统治的滇池地区，唐则不愿南诏的势力向东发展至滇池地区，故而产生了矛盾。当时，南诏北境时常遭到吐蕃的威胁，南诏统治者希望继续得到唐的支持，无意与其公开决裂。然而在唐中央掌握权力的杨国忠及剑南节度使鲜于仲通、云南郡太守张虔陀等人，非但不采取温和、妥善的对外策略以解决唐诏矛盾，反而采用了一系列的不当措施激化了双方矛盾。在他们的干预下，唐中央开始积极调集力量，准备用兵征服南诏，最终酿成了751年的"唐诏之战"。该战争也使南诏与唐彻底撕破脸，并随后归附于吐蕃，开始了近30年的附吐蕃反唐时期。

唐肃宗至德元年（756），南诏攻入嶲州（今四川西昌）境内，掳夺了大量人口至太和，其中时任西泸县令的郑回是其中关键的一位。郑回是天宝年间的进士，因有学问，被掳至太和城后深得阁罗凤器重，被任命为南诏王室教师。之后异牟寻继位，更是拜郑回为清平官，官职相当于汉制之宰相。郑回教授南诏贵族子弟学汉字、习唐法，并坚持以儒家经典为教纲。唐诏会盟（794）之后，异牟寻发下重誓："如起二心，及与吐蕃私相会合，或辄窥侵汉界内田地，即愿天地神祇共降灾罚，宗祠殄灭，部落不安，灾疾臻凑，人户流散，稼穑产畜，悉皆减耗。"① 郑回在南诏皇室中产生的影响甚至直接关系到南诏对唐的态度转变。

如今大理古城西门村等地还奉郑回为本主，对其有很大的认同。除郑回外，作为奴隶制国家的南诏急需掌握工农业生产技术的各种人才，因而南诏自川蜀俘获的人以百工技师为最多。这些人虽然以奴隶的身份入住苍洱，但他们却实实在在地给洱海流域带来了当时较为发达的科学技术，大大地促进了南诏社会经济的发展。劝丰祐时期（824～859），南诏与唐的关系整体较好，他向唐遣使臣朝贡便有 16 次之多。然而其间也有南诏主动向唐发动进攻的情况，如在太和三年（829）十一月，劝丰祐遣王嵯巅率兵攻西川，先后得巂、戎、邛三州，然后兵入成都，在成都西城驻兵十天。但其间南诏将士只安抚百姓，不行劫掠，将还时才"大掠子女、百工数万人及珍货而去"。南诏此次的掠夺行为给当地人民造成了极大的灾难，"蜀人恐惧，往往赴江，流尸塞江而下。嵯巅自为军殿，及大度水，嵯巅谓蜀人曰：'此南吾境也，听汝哭别乡国。'众皆恸哭，赴水死者以千计"②。

对川蜀的战争不仅使南诏掳夺了大量能工巧匠，还使其习得了诸多流行于该地的宗教礼制，因而《蛮书》中所谓"上请天、地、水三官"的五斗米道"三官手书"仪轨便应该是由南诏前期传入洱海地区的。由此，南诏习汉制，在自家水神"金鱼""金螺"以外又设道教之"水官"，并视之为在文化上靠拢或归附于唐的象征，进而在极具政治意味的国家外交场域也是以与唐使共拜"三官"的形式表达自身对唐的态度。所以异牟寻才遣其子寻阁劝等人与唐朝西川节度使崔佐时"谨请西洱河、玷苍山神祠监盟"，并"率众官具牢醴，到西耳河，奏请山川土地灵祇"，随后将"誓文一本请剑南节

---

① （唐）樊绰著，向达撰《蛮书校注》卷 10，中华书局，1962，第 265 页。
② 《资治通鉴》卷 244，中华书局，1965，第 7868 页。

度随表进献，一本藏于神室，一本投西耳河，一本牟寻留诏城内府库"，以"贻诫子孙，伏惟山川神祇，同鉴诚恳"。

在南诏拜道教"水官"为洱海水神的时期，佛教尚未传入洱海流域，彼时该地区的民族群体还是"南诏—大理民族"，虽然共为一国，但由于生计方式和社会阶层的差异，其中也分划有不同的利益群体，该时期强大的政治和军事实力是维系族群统一续存的主要力量。即便是在对洱海水神的设立一事上，南诏照搬汉地的道教仪轨，如同异牟寻虽然效仿中原帝国"封岳渎"的做法，择境内名山大川封五岳四渎，但并未真正将自身的历史和个性糅入这些宗教传统当中，大多只是形式上的简单复刻。这种情况直到佛教传入苍洱，并被白族先民融会贯通，进而本土化以后才有所改观。

我们回到《南诏图传》的讨论，一般认为该图绘制于南诏末年的中兴二年（899），其中用分段场景的方式主要讲述了南诏的开国神话，《图画卷》从右向左依次描绘了梵僧三次乞食授记蒙奇王细奴逻为南诏王，梵僧显圣教化愚民，张宁健、李忙宁两位大首领膜拜观音、观音化为老人熔铜鼓铸圣像，张乐进求与蒙兴宗王罗晟（也作"逻盛"）祭铁柱，骠信蒙隆昊、中兴皇帝祭拜观音，文武皇帝圣真祭拜观音等传说故事，最后才描绘了西洱河神金鱼和金螺的情景，即所谓的《洱海图》。

至于绘制《南诏图传》的缘起，我们可从《文字卷》中得知。继位不久的中兴皇帝舜化贞因自觉"童幼"（时年 11 岁），不知佛教"何圣为始"，又"誓欲加心供养，图像流行，今世后生，除灾致福"，所以布告天下，"因问儒释耆老之辈，通古辨今之流，莫隐知闻，速宜进奏"。为了满足皇帝"崇入国起因之图，致安邦异俗之化"的要求，王奉宗、张爽等朝廷官员便根据《巍山起因》《铁柱记》《西洱河记》等书，结合佛教传入南诏的史实和一些民间传闻绘制了《南诏图传》。由此可知，其中《洱海图》便是参照《西洱河记》一书画成的。只可惜以上几本古书已佚，我们仅从《南诏图传》《白古通记》等一些历史材料中才能窥视《西洱河记》中的部分内容。

从《南诏图传》所讲内容我们看到，随着佛教在洱海流域的大规模传播和兴盛，最迟至南诏末期，观音显圣助蒙氏立国的传说在大理已是妇孺皆知，白族先民将佛教故事创造性地编撰为自己的祖源故事之一，巧妙地将佛教内化到了自身的文化当中。而佛教化的国王通过对"建国圣源"的寻找，为南诏找到一位"英雄神佛"，用"佛法"传承取代"血缘传承"，以此来凝聚南诏"大封民国之人"。[1]《南诏图传》中阿嵯耶观音就作为"圣像"出现，被封为"建国圣源阿嵯耶观音"。南诏王蒙隆舜因崇拜阿嵯耶故而改国号为"嵯耶"，自称摩诃罗嵯耶，钦崇"圣像教"，熔真金铸阿嵯耶观音。此时，随着国家上层对佛教的热衷，佛教中的水神，即佛教龙王也已深入民间、广被信奉，并与之前洱海流域流行的巫教产生摩擦。

"杨都师驯黑龙"神话，被认为是表现了南诏期间密、巫二教斗争的具体形势。万历《云南通志》载录其事云：

> 杨都师创洱河东罗荃寺……山下有黑龙常作浪覆舟，师以白犬吠之，龙怒而出，师视龙蜓蚴，若教诲之，有顷，龙驯俯而去。先是河浪高九叠，师以念珠挥之，去其三叠，河乃翕顺可渡。

赵橹等人认为，在该故事中佛教借僧人降服黑龙，乃至佛教龙王入驻大理的过程，实际上是佛教密宗和大理原始的巫教斗争的过程。[2] 这有一定道理，但故事中的黑龙也并非巫教的代表，我们之前提到过，稻作定居民族和蒙氏都有可能视蛇（龙）一类为水神，而

---

① 王明珂：《英雄祖先与弟兄民族：根基历史的文本与情境》，中华书局，2009，第128 页。

② 云南省民族文学研究所研究室编《民族文谈》，中国民间文艺出版社，1985，第88 页。

恶龙生水患的说法或许是佛教及汉文化传播的结果。因此，借助佛教的力量除去洱海地区的水患，是佛教本土化的一个合理解释而已，而这种认知被一直贯彻入白族的整个民间宗教体系当中，甚至有人借此将"神都"和"佛都"合二为一。

> 稽夫神之有都，在隋末唐初之际，邪龙为祟，荼毒生灵，大士现长者之身，有护法之力，德在生民，恩同六诏，此泽国之所以为佛国，而佛都因以并神都也。①

自南诏开始，大理董氏一直是洱海地区国家性的仪式专家，董氏宗谱中所载董祥义在"上元寺内白难陀前，建多心经道场"，虔心求雨，于是连雨多日，万民蒙泽。②《大阿拶哩杨嵩墓志铭》③ 载，墓主人杨嵩的七世祖杨名寿师从白难陀，成为其助教师等事迹，都反映出佛教在大理地区的本土化过程，"佛寺的守护神降灵于具有通灵能力的民间仪式专家（巫师）身上，进而使其成为神祠代理人，而佛寺也因此与地方神祠之间产生了相互依赖与制约的关系"④。白族先民通过对佛教神话的本土化篡改，建构了属于本族群的创世神话和宇宙观，吸收其中的水神是这个过程的一部分，进而生活于洱海流域的人们开始在宗教框架下有了一定的族群认同。

---

① 此段截取自民国 28 年（1939）喜洲朝阳村耆老李国藩所撰之碑文。参见李正清《大理喜洲文化史考》，云南民族出版社，1998，第 387 页。

② （清）《董氏宗谱记碑》，载杨世钰主编《大理丛书·金石篇》卷 10，中国社会科学出版社，1993，第 223、224 页。

③ （明）《大阿拶哩杨嵩墓志铭》，载石钟《大理喜洲访碑记》附录，赵寅松主编《白族文化研究 2002》，民族出版社，2003，第 78 页。

④ 连瑞枝：《国王与村神：云南大理地区佛教神祠的历史考察》，《民俗曲艺》2009年第 3 期。

第五章　白族水神信仰体系的
现实建构

如果我们用空间的维度来划分和表述历史的长短，那么在一个相对封闭且其中居住主体的生命轨迹较为狭窄的社区，便可以借鉴容拿班（Francoise Zonabend）对法国密娜特村（Minot）居民历史文本和社会记忆之关系的分析，将发生在村落里的历史分为三类。第一种是发生空间较大的历史，即在国家乃至世界范围内的被历史学家记载的大历史。它发生在村落以外，是一段漫长的同质而持续性的线性时间，且在用文字来记载记忆的过程中国家权力会参与其中，以便"篡改"已经发生的历史。第二种是发生在区域空间或者是村落中的历史，主要由社区中的居民依据重复的社区时间内所发生的集体活动，即人们日常的劳动、交换、仪式等建构出他们之间的持久性记忆，并在代际更迭的过程中沉积成属于社区的历史。第三种是属于家庭和个人的社会生命史，家庭中的成员以家庭为活动空间，在与彼此的交往中形成只对他们有意义的记忆和历史。而个人史则是以个体的生命长度为限，以生命循环中出现的关键时刻为时间点而形成的记忆和情感。①

在许多白族人对时间和历史的认知中，存在一种有趣的思维模

---

① 黄应贵：《历史与文化——对于"历史人类学"之我见》，《历史人类学学刊》2004年第2期。

式，即在他们的心目中有两条并列的时间线。一条是他们认为的作为相对客观且线性发展的宏大"历史线"，主要包括国家空间中的大历史；另一条是与国家历史平行而立的，只适用于大理坝子这一特定空间中的社区历史，它以神话的方式承载着人们的集体记忆。这两类历史共同标注了白族个人生命史的时间坐标，前者清晰，后者模糊，却毫不矛盾地协调和统一了国家和地方、外在和内在、神话和现实、个体和宇宙之间的辩证关系。我们在田野调查中发现，老人们很难说清白族神话所发生的具体朝代，即便是有石碑记录的观音伏罗刹故事，耆老最早定位的时间也多为唐贞观年间，甚至将明人杨黼归入唐代。若问及他们无法把握的地质事件，他们会以无法确定的神话时间回答，如一些洱海沿岸的村庄据说原本位于苍山脚下，因为泥石流灾害不得不在远古的时候搬迁到如今的位置，问老人搬迁的时间，他们就会说"应该在白王的时候了"。神话在这里被放置在了历史之前，虽然看似模糊，但对老人而言却也是实实在在发生过的事件。

正如皮埃尔·诺拉（Pierre Nora）所言："在历史深处，活跃着一种对自发的记忆而言具有毁灭性的批判精神。记忆总是对历史心存犹疑，因为历史的真正使命是摧毁记忆，排斥记忆。历史是对经验过的过去的去合法行为。在历史是社会前景中，在完全被历史化的世界尽头，将是彻底的、确定无疑的去神圣化……说到底，一个完全在历史影响下生化的社会，已不再是传统社会，他不认识记忆赖以根植的场域。"[1] 因此，为了对抗严肃历史对个体体悟和存在意识的消弭，我们需要记忆对线性的历史进行再发酵和装饰，以此来模糊时间的边界，剔除其因单向度性带来的紧张感。在这样一个记忆之场中，人和他的经历不再是被时间之河裹挟着前进的沙粒微尘，而是时间依附和嵌入到他个人整体性的生命体验当中，时间在某些

---

[1] 〔法〕皮埃尔·诺拉：《记忆之场：法国国民意识的文化社会史》，黄艳红等译，南京大学出版社，2015，第6页。

情况下甚至可以转化成一种新的维度，它以物质的形式存在于人们的感知中，人们则可以像拨动琴弦一样对时间加以控制，主动地将自身的生命阶段放置在某个时间区间内，而非被动地接受命运的安排。由此，围绕区域性的群体记忆，在严肃历史之前营建出具有说服力的单独宇宙便成为必要。

早在元明以前的佛教兴盛时期，大理地区的精英阶层便开始有意识地将本土的开国历史撰构入佛教的神话体系当中，除前面所提到的《南诏图传》中所绘观音开化大理和建国圣源的故事以外，便是对苍洱空间是"妙香佛国"的极力渲染。如谢肇淛《滇略》卷四曰："世传苍洱之间在天竺为妙香国。"释同揆《洱海丛谈》亦曰："大理府为天竺妙香国。"陈鼎《滇黔纪游》同。万历《志》卷二曰："香崖在苍山中峰之半，世传释迦文佛六年栖雪山苦行之地。"释圆鼎《滇释纪》曰："妙香国，即今大理也，亦曰鹤拓。"[1] 在此之前，被称为"白族心史"的《白古通记》甚至早已建构出了一整套神话史，并使之与南诏及之前的文字史相连接，这部书承前启后，甚至影响了如今整个大理地区的神话体系。《白古通记》通过编撰白子国谱系，载述南诏大理至明初史事及传说，为白族展现了古代大理地区辉煌的历史和一个可以与汉族文化相颉颃的儒佛交融的神奇世界，从而给白族人民提供了精神寄托，振奋了白族的民族精神，使明初白族大姓在内地汉族文化的冲击下站稳了脚跟，增强了自己的白族民族意识，坚定了自己的白族信念。[2] 也因如此，《白古通记》成书后，白族为九隆族之裔、白子国之裔的说法，就成了大理地区白族为之自豪的说法，成了他们自信地继续生存并尽力发展本民族文化的精神支柱，成了白族作为一个民族共同体的共同文化特点和心理素质的象征。[3] 全书最开始提到了观音伏罗刹、泄洱水、鹤拓大理、罗荃法师灭蛇党等事，随后便在南诏国史之前加入了大量

---

[1] 刘景毛等点校《新纂云南通志》卷5，云南人民出版社，2007，第483页。
[2] 侯冲：《试论〈白古通记〉的成书年代》，《云南学术探索》1996年第2期。
[3] 侯冲：《白族心史：〈白古通记〉研究》，云南人民出版社，2011，第357页。

佛教故事，并巧妙地与阿育王传说、庄乔入滇、白子国等相结合，最后又衔接了九隆神话，可谓用心良苦。现选取部分与"妙香佛国"相关的句段列于文中。

> 鸡足山，上古之世原名青巅山，洞名华阴洞……迦毗罗国净梵大王因其山形像鸡足，遂更名曰鸡足山，名其洞曰迦叶洞，后讹为华首门。
>
> 释迦佛在西洱证如来位。
>
> （点苍山）释迦说法华经处。迦叶尊者繇大理点苍山入鸡足……
>
> 阿难亲刻尊者香像于华首门。
>
> 苍、洱之间，妙香城也。
>
> ……
>
> 圣元寺建自隋末唐初，所以崇报观音菩萨开化安民之洪恩也。
>
> 观音显圣，南止蒙舍，北止施浪，东止鸡足，西止云龙，皆近苍洱……①

洱海东北方的鸡足山，其本名"九曲山"。"鸡足山"这个山名最早在明代云南地方志书中开始出现，此后随着云南本地僧俗势力的拓殖和大力宣传，鸡足山在明嘉靖、万历年间开始崛起于中国西南。②

在《白古通记》构建出的佛王政权中，蒙氏得到观音的点化而立国，这是佛教徒对历史的定义，反映出佛教记述者在自己定义的社会时间中理解一系列事件的逻辑。③皈依佛教的女性祖先通过血缘

---

① 王叔武辑著《云南古佚书钞》，云南人民出版社，1979，第56、57、62页。
② 侯冲：《白族心史：〈白古通记〉研究》，云南人民出版社，2011，第219页。
③ 沈海梅：《中间地带——西南中国的社会性别、族群与认同》，商务印书馆，2012，第271页。

与世系建立起南诏王室与阿育王的祖先关系，孕育出信奉佛教的后代和作为南诏身份认同的基础，皈依佛教成为政治认同的前提。[1] 也因此，宗教正统成为蒙段两朝政治正统的基础，政教合一成为该时期国家治理和民间治理的特点。这种情况虽然在以段氏为大理代理人的元代有所削弱，但直到明以降才有所改变，中央政权开始凌驾于宗教权威之上，宗教信仰在洱海流域开始成为社会治理的工具，所以"地方神灵曾经被佛教王权整合过，神祇地位随着国家的形成与奔溃而产生流动"[2]。宗教与政治从来都是互为一体的。

我们之前提到过，在对民间的社会治理中，宗教是统治者手中的有力工具。宗教信仰作为整合社会的重要手段，往往能结构化地呈现出地方社会与文化之间的相互关系和运行逻辑，反映历史或当下大小传统在民间的互动和族群的认同问题，因而历来备受人类学研究者的关注。当然，依据整合的主导性权力差异，宗教的社会整合模式通常可以分为自上而下和自下而上两种。其中，以官方为主导的自上而下的整合模式，目的是建构地方对中央权力的想象和归属，进而在宗教信仰层面模拟这种逐级展开、以上制下的官僚结构。关于此点，最早对中国宗教问题有所涉猎的欧洲汉学家德格鲁特（De Groot）与葛兰言（Marcel Grant）二人便分别进行过论证。德格鲁特采用了一种从精英到民间的研究方法，强调民间宗教是上古及中古文献中一些古典传统的民间流变与衍生形态；葛兰言则采用了一种从民间到精英的研究方法，强调民间宗教是农业季节性庆典的社会衍生物，官方和文本传统是对它的"模仿"。[3] 此后，王斯福（Stephan Feuchtwang）和武雅士（Arthur P. Wolf）的研究也较为典型。王氏认为中国人借用宗教信仰来展示他们的社会关系，对所信

[1] 沈海梅：《中间地带——西南中国的社会性别、族群与认同》，商务印书馆，2012，第279页。

[2] 连瑞枝：《国王与村神：云南大理地区佛教神祠的历史考察》，《民俗曲艺》2009年第3期。

[3] 张原：《整体性或关联性——缘起于弗里德曼与费孝通先生的一些思考》，载王铭铭编《中国人类学评论》第2辑，世界图书出版公司，2007，第194页。

仰之神灵的崇拜，实际上暗含了他们自己对权力体系的依附；① 武氏则视宗教为社会的反映，并将人们现实中遇到的帝国官僚、同族长辈和乡村陌生人，分别对应和投射到其宗教世界中的神、祖先和鬼。②

　　自上而下的社会整合模式最为普遍，也最易被我们察觉，但这种模式视乡村民众为被动接受国家权力的麻木客体，忽视了其具有的能动性和创造力。而现实中，社会整合过程的推进除了有中心向边缘的力外，还存在一些边缘向中心的力，后者是对前者的回应和补充。这种整合模式即自下而上的整合模式，而与之相关的研究也不乏少数。桑高仁（Steven Sangren）认为，在中国人的神灵信仰体系中，除了严格以官僚结构为模板，国家权力控制并影响底层民众的情况外，还存在神灵作为地方社会的守护者被视为底层权力之代表的情况。③ 魏乐博（Robert Weller）以官方和民间体系的差别，将中国人的宗教信仰分为两类：一类是由政府官员、地方精英和儒生士人所拥有的系统化的意识形态模式，另一类是被民间信众和宗教活动参与者所秉持的实用性的宗教行为及其解释。④ 韩明士（Robert Hymes）则在前人的基础上，通过对中国道教的研究，将人们的信仰简化为官僚模式和个人模式两类，他认为这两种模式同时存在且相互竞争。身处边缘的信众不仅仅是机械地受控于中心模式，在日常的宗教实践中，信众也会通过个人模式将中心的权力体系整合到地方的信仰体系之中。⑤ 华生（James L. Watson）则通过对华南地区

---

① Stephan Feuchtwang. "Domestic and Communal Worsship in Taiwan", Religion and Ritual in Chinese Society, Arthur Wolfed. Standford, 1974: 105 – 130.

② Arthur P. Wolf, ed., *Religion and Ritual in Chinese Society*, Stanford: Stanford University Press, 1974.

③ Steven Sangren, Dialectics of Alienation: Individuals and Collevtiesin Chinese Religion, Man. 26, No. 1 (March 1991).

④ 〔美〕魏乐博：《中国的多重全球化与自然概念的多样性》，载〔美〕郁丹编《中国宗教多元与生态可持续发展研究》，学苑出版社，2013。

⑤ 〔美〕韩明士：《道与庶道：宋代以来的道教、民间信仰和神灵模式》，江苏人民出版社，2007。

妈祖信仰问题的研究，提出了"神的标准化"（Standardizing the gods）概念，该概念有两层不同的内涵。一是国家力量会鼓励一些地方神灵不断发展壮大，并"允准"（approved）它们排除并取代其他的地方神灵；二是仪式的形式和象征虽然看似一致，但不同的信仰主体已经在这一过程中对该信仰产生了相异的理解和行为反应。① 此外，在本土学者中，张超以南岭民族走廊流域神灵体系为研究对象，认为该套体系与流域社会相协调，并将亲属关系、身体隐喻、性别差异等因素融入其中，它们共同起到了自下而上的社会整合作用。② 李凡则通过对胶东半岛妈祖信仰的研究，认为妈祖信仰的"标准化"未能完胜"本土化"，反而要受到本土化的影响。③ 而他所谓的"半标准化"现象，实际就是民间宗教整合两种模式的共存互动过程。实际上，中国民间宗教贯穿于整个社会的等级，在任何有国家权力染指的民间宗教当中，既能仪式性地呈现出不同神祇之间的阶序关系及其对人的牵制，同时又允许人们依据历史和需要增加相应的信仰内容。结构化和灵活性是共同存在的且并行不悖。

在本书的议题中，同样存在这两种"自上而下"和"自下而上"的宗教对社会的整合模式。如在《南诏图传》中没有段赤城出现，但到了《白古通记》中却已将段赤城塑造成了一位位居观音之后的本土英雄。随后在明清两代多有地方政府官员主导的重修庙宇和祭拜海神的活动，表面来看正是朝廷对海神的敕封抬高了其神格，并扩大了其在白族民间的影响力，而地方政府再通过对整个水神信仰体系的控制，乃至对段赤城斩蟒故事所蕴涵的儒家思想的宣扬，以达到对地方社会进行管理的目的，这是一种以朝廷为主导力量的

---

① 〔美〕詹姆斯·沃森：《神的标准化：在中国南方沿海地区对崇拜天后的鼓励（960~1960）》，载〔美〕韦思谛编《中国大众宗教》，陈仲丹译，江苏人民出版社，2006，第57~92页。
② 张超：《南岭民族走廊流域神灵体系与区域社会整合》，《青海民族研究》2017年第4期。
③ 李凡：《神灵信仰的标准化与本土化——以胶东半岛妈祖信仰为例》，《民俗研究》2015年第3期。

自上而下的宗教整合行为。然而，我们需要注意的是，段赤城并非无中生有的人物或是直接自中原汉地移植过来的英雄。明清以前，虽然段赤城尚未被列入仙班，但最早对其传奇故事歌颂和传扬的正是本土的白族人。元以后，特别是明以来，段赤城才最早在《白古通记》中被崇拜为洱海之神，而《白古通记》正是蛰居于喜洲的杨姓白族人所作，可以说在明清朝廷的敕封之前，段赤城已在大理民间得到了"敕封"，彼时段赤城已经在以洱海之神的身份对白族社会进行凝聚和整合了，后面朝廷的一系列举动只是顺势而为而已。当然，这两种模式的互动不可能一蹴而就，而总是处于不断胶着的过程，甚至很难分清楚谁为主、谁为辅。

在明政府对"龙神"的收编中，大理本地的宗教世家一方面宣扬自己承法自南诏的神秘性，以显示高贵；另一方面又不得不面对地方官员对自己又爱又憎的窘境，这些仪式专家囿于新的政治环境，也不得不忍痛失去往日的拥趸。

大理赵州董氏一姓是历史上洱海地区有名的密教僧侣世家，世传各种密教法术，尤以制龙控水闻名。董氏族谱刻载其始祖"仙胎伽罗尤"曾助南诏蒙氏抵御来犯之唐朝李宓大军，"罗尤登八卦台，诵真言御兵，南师尽溺"。罗尤暮年，寻栖息地，至无为寺处，收该处龙潭之真龙为护法。到了明朝初年，董氏族人董贤还奉旨到京施展法术，"贤骑苍山黑龙，三日到京"，后受到永乐皇帝的赏识与封赐。[①] 董氏降龙的故事还详记于《新建清流普济祠记碑》。该碑载，赵州本地董氏土僧能驭龙降雨，且十分灵验，但此龙不轻易出现。明嘉靖年间（1522～1566），赵州久旱无雨，民不聊生，郡侯潘尧峰遂为民祈雨，却苦无效果，只能恳请董僧出马。在董僧授意下潘侯便亲自祷告："岁即大旱，祈尔龙神出而行雨，以泽吾民，吾将建祠以永神祀。"说罢，龙果然从容而出。之后，潘侯命董僧携龙回府，

---

① 参见（清）《董氏族谱碑》，载张树芳、赵润琴、田怀清主编《大理丛书·金石篇》卷3，云南民族出版社，2010，第1552～1554页。

三日后，天果大雨。由此，潘侯为兑现诺言，便积极为建龙祠而奔走。庙祠经四月而告成，庙成立匾时，潘侯询问董僧此祠取何名字，董氏答："吾龙派出海东，本号青龙神女，乡人以其泉流之清，故俗称为清流女。"① 在该故事中，董氏称此龙为"吾龙"，可见这位"青龙神女"自是受到董师的左右，董师或可亲自招龙降雨，却非要潘侯祷拜，一方面是以宗教仪式专家的身份迫使政治当权者让渡出部分权力；另一方面，明朝官员主动建庙供养龙神，以使此神成为官方治理之工具，"相形之下，董氏土僧的地位也间接为地方官所取代了"②。

而在民间的宗教实践方面，信众对神灵的推崇，其目的往往更为单一，而且始终生根于自身的现实生活，这种由外及内的宗教整合模式实际上是一个功能化和清晰化的过程。以洱源的河头龙王段赤城的故事为例，郑筱筠、赵伯乐等认为，段赤城以一位民间英雄的身份被奉为龙本主的重要原因正是由于白族龙文化中原始的水神观念的作用。当佛教龙文化传入后，段赤城除蟒故事在原有基础上又做了一些补充，它吸取了佛教龙文化中龙王与眷属的家庭观念，合情合理地为段赤城这位洱河龙王增加了一位妻子，建立了龙宫，使段赤城龙王崇拜更富于温馨的家庭观，充满了人情味。由于白族本主崇拜是一种具有农耕文化特征的、以村社和水系为纽带的民族宗教，故具有较强的功利性色彩，本主崇拜的核心就是祈雨水、求生殖、祷丰收。本主作为村社的保护神，它与农耕生产密切相关，尤其与白族的稻作文化关系紧密。龙神作为本主被崇拜，其主要功能就是司水、主管降雨，这与白族固有龙文化的核心意识是一脉相承的，而这一点也正是改造外来的佛教龙文化的前提。③

---

① 参见（明）《新建清流普济祠记碑》，载大理市文化丛书编辑委员会编《大理市古碑存文录》，云南民族出版社，1996，第307、308页。
② 连瑞枝：《国王与村神：云南大理地区佛教神祠的历史考察》，《民俗曲艺》2009年第3期。
③ 郑筱筠、赵伯乐、牛军：《佛教与白族龙文化》，《思想战线》2001年第2期。

　　有趣的是，在洱海水神信仰体系的建构过程中，作为本土知识分子的白族精英群体也表现出了一种对自身水神文化或扬或抑、若即若离的矛盾心理。如李元阳在《西洱海志》中引经据典，着力将洱海同《水经》等书相联系，说洱海是"罢谷山，洱水出焉"中的洱水。明以降，大理被纳入中央王朝的政治版图，作为蒙受皇恩、曾外出任官的本地士大夫，李元阳自是希望大理与中原地区多些联系，所以他极力想撇清洱海在地理位置上的特殊性和边缘性，目的便是以对中原经典的巧妙解释来攀附中原文化，证明大理非"化外之地"。比李元阳有过之而无不及的是清道光年间任迤西巡使的王发越，他在《游洱海浩然阁燕集临水亭记》中对大理在"圣朝"的管理下得以政通人和、百姓安乐表示了感慨，"令人慨然想当年蒙段废兴之故，与今日小民示利之休，虽天置其区，亦圣朝休养润濡之所致也"①。这些当朝为官、食君之俸的士大夫与当时以"隐士"自居的"民间知识分子"杨黼等人的态度有所不同，虽然后者也是以备注儒家经典《孝经》的方式出名的，但杨黼代表的是另一类明初的白族精英，他们在失落中寻找自信，力图以与新的统治者比肩齐行之态来赢得对方的尊重，而不是一味地向中心靠拢。

　　梅根·布瑞森（Megan Bryson）在研究洱海流域的白洁崇拜时，发现了崇拜者的矛盾心理。与白洁故事一样，段赤城的义举因看待者主客位视角的差异，也会呈现出不同的意义。对明清时期帝国的非本土官员而言，段赤城代表了边疆"蛮夷"学习儒家美德的潜力，并可以伺机对中原文化和"蛮夷"文化的优劣做对比；而那些对明清政府统治大理有抗拒情绪的地方精英，则将段公的义勇归因于白族人本身便具有的高尚情操，这些情操源自南诏、大理，与明清帝国的涵化无关。②《唐义士赤城段公传》的作者便有这样的心理。

---

① 《游洱海浩然阁燕集临水亭记》碑铭，田野收集（2017）。

② Megan Bryson, Baijie and the Bai, "Gender and Ethnic Religion in Dali, Yunnan," *Asian Ethnology*, Vol. 72, No. 1（2013）, pp. 3 – 31. Published by：Nanzan University.

况当彼之时，中原文化尚未深入人心，如段公者，能不避艰险，慷慨赴义，不惜一身以救万民，洵属难能可贵，千古以来几人哉？呜呼！其忠义之气，足与苍山洱水并传不朽矣！①

这种以追溯本土辉煌灿烂之历史文化的独特性来激发"民族自信"的争论在当今的白族学者中也有所体现。其中以佛教传入大理的方式最为有趣，因为在有些学者看来，佛教到底是由中原汉地自北向南传入苍洱，还是由其发源地自南向北传入苍洱，直接关系南诏历史的独特性。主流观点认为，"佛教约于唐代晚期（8～10世纪）盛行于洱海地区。最初传来的是婆罗门和瑜珈密宗……元明以后，内地禅宗传到大理，在宾川鸡足山建立了大量佛寺"②。由此，大理逐渐被建构为世人皆知的"妙香佛国"。

但实际上，关于佛教是何时由何地传入大理的，学界未有定论，两位大理本土的白族学者，其完全不同的观点较有代表性。张锡禄认为，"佛教大约在南诏初期，即公元八世纪初正式传入南诏（即云南大理洱海地区）"，且"主要来自中原汉地，即沿长安至四川，由四川流入云南大理"③。李东红则通过对阿吒力教在大理的传播和演变，否认了其来源的吐蕃说和唐朝说，认为曾经在洱海地区盛行一时的阿吒力教渊源于印度。阿吒力教是"印度密宗传入南诏以后，与土著居民（白族为主）的原始宗教（巫师）相适应，不断地吸收中原汉地佛教显/密诸宗、儒家学说、道教思想和神祇而形成的一个密宗新教派"④。到了大理国时期，土著的阿吒力已开始取代其师"梵僧"的地位，洱海地区的密教开始从印度密教母体中脱胎而出，完成了白族化的过程，并成为"土俗奉之，视为土教"的密宗教

---

① 《唐义士赤城段公传》碑铭，田野收集（2017）。
② 《白族简史》编写组、《白族简史》修订本编写组：《白族简史》，民族出版社，2008，第308、309页。
③ 张锡禄：《大理白族佛教密宗》，云南民族出版社，1999，第49、51页。
④ 李东红：《白族佛教密宗阿吒力教研究》，云南民族出版社，2000，第11页。

派——阿吒力教。① 针对以上两种说法，专门研究云南地区历史宗教的学者侯冲指出，洱海地区佛教源于中原的说法，其史料文字"与实物能相互印证"，"印度来源说"则"史料多历史传说、附会和宗教神迹"，文字记载与实物资料难以印证。后一种认识明显有中国传统"夷夏之辨"的痕迹，是大理地方民族意识的策略性表达。②

我们看到，白族先民对外来文化有很强的吸收及再生产的能力，这种对外来文化本土化的过程甚至会让后来的研究者产生迷思。然而，不论是阿吒力教的内化，"妙香佛国"故事的构建，还是当今的民族精英对其历史文化独特性的热情诠释和辩证，都无不说明"想象的历史"同"想象的共同体"一样，努力寻找自身与他者不同的过程，是该族群存在合法性和形成族群边界的有效论证，而前者是后者最有力的论据。正如本尼迪克特·安德森所言，"虚构静静而持续地渗透到现实之中，创造出人们对一个匿名的共同体不寻常的信心"③，虚构的神话着力于模糊的历史，正是创建共同体集体历时性想象的关键。而当代学者关于佛教来源说的争论，则反映出白族文化精英为构建大理文化形成的特殊性的努力，由自身之独特性，即与主流汉文化的差异，来使"少数民族"的身份更具合法性。也借由这些文化的不同，即受到汉文化的影响实际上是有限的，来形成更加清晰的族群边界，进而对内可以凝聚本民族之力量，对外则可以争取更多的关注和现实利益。而这样的策略性表达同白族信众对段赤城之功德"民族性"根源的信仰一样，都是部分地方精英以宗教实践的方式对民族群体的精神整合在做努力。

段赤城的神话塑造也并非个案。除段赤城以外，各地的白族群众还会创造性地将历史和神话巧妙结合，并尝试将自身的生存时空编织入更大的神话宇宙中，这类现象在白族社区可谓屡见不鲜，只

---

① 李东红：《阿吒力教的文化特征》，《思想战线》1996 年第 3 期。

② 侯冲：《如何理解大理地区的阿吒力教?》，《宗教学研究》2015 年第 3 期。

③ 〔美〕本尼迪克特·安德森：《想象的共同体：民族主义的起源与散布》，吴叡人译，上海人民出版社，2016，第 32 页。

是有些较有影响力，得到了大部分人的承认，有些只为本村或附近群众知晓。以龙神为例，大理城南观音塘附近上末村"白龙将军猪神庙"的故事较为有趣，庙内有一石碑道明了该庙的典故。

> 细奴逻取代张敬之后，建立大蒙国，自称奇王，封张敬为国老，理国慈民，承于唐酬，感恩报德器李张，张敬就是猪姑娘的父亲，猪老圣母是猪姑娘的母亲，细奴逻是南诏的第一代白王。
>
> 公元七三九年，细奴逻的孙子皮逻阁从巍山的龙屿图山城迁都太和为南诏都城。也就是猪姑娘的孙子。此地成为南诏王住（驻）兵之地，"玉皇阁"也就是猪姑娘逃难的地方。公元一二五二年，忽必烈攻陷大理，南诏国的白王护将高太祥在十里桥前被俘，宁死不屈，被斩，临别之前，无所畏惧，唯慨叹然，曰："天使其然为臣捐首，吾事毕矣。"尽了一个将军的本份（分）。"传说"当时是正午时分，原来晴日当空，突然之间风起雷鸣，电闪天空，雷雨大作，闪出一条白龙奔向洱海，精魂不灭，使后人咒沙成米，咒水成酒，保你"风调雨顺、五谷丰登、六畜兴旺"。真道是：十里桥前，威灵传于万古；圣应峰下，祭祀享于千秋。[①]

这个故事将张敬禅位、蒙氏入主、高祥抗元等传说故事和历史事实相结合，又将村寨历史牵扯其中，创造性地对地区的神话进行了整合。其中所提白王张敬之女，即"猪姑娘"，其原型便是白族民间传说中嫁给细奴逻的三公主"金姑"。大理国忠臣死后化为白龙可以理解，但不知为何要将"金姑"称为"猪姑娘"，或许是希望她身上能具备某些保佑六畜兴旺的畜神的能力。

---

① 《白龙将军猪神庙典故》，刻于"公元二零零六年仲春"，田野调查收集（2018年8月）。

　　宗教信仰是一个历史的产物，在不同的历史阶段，各种神祇你方唱罢我方登场，有来有去。同样，庙宇也要历经一个流变的过程，依据不同时期的政治、社会、经济环境，有毁有建。一般来说，单就龙王庙而言，在民间层面的修建主要是出于求雨、治洪、防涝、促渔、祈福等目的。在我们之前所列的几座段赤城庙宇中，有两座实际上是晚近才建成的，一座是建于1929年的青索村小黄龙庙，一座是建于1996年的古生村龙王庙。青索村位于弥苴河和永安江畔，时常有遇到洪涝灾害的可能。洱海的水源，除十八溪外，源自洱海北部的"小三江"（即弥苴河、罗时江、永安江）和东南面的波罗江是其主要的补充，补给量甚至达到洱海水源总量的70%，因而这几条江较之十八溪更是河宽水急，历史上洪涝灾害也十分突出。[①] 对弥苴河的治理由来已久，早在南诏时便有罗时、罗凤兄弟开凿罗时江，引洱源西湖水自成体系流入洱海，极大地缓解了弥苴河的压力。弥苴河沿岸的白族群众建立了一套严密的河流整治和管理制度，总结了丰富的治河经验，"从15到19世纪，这里的水利系统从松散的集体维护转变成严密的官僚化管理"[②]，并且清代有《弥苴河工志》一书刊印。洱源一带湖泊众多，河网密布，也多有水神佑护，如位于下山口的大黑龙王便十分出名。但青索村一带虽有两江并流，浩浩荡荡，可惜有水无庙，百姓每遇洪涝苦于无处告祭，日常生活中有打鱼、贸易或乘船外出者也希望能有一处龙王庙供其祭拜，保其平安。在田野调查中，也有当地村民向我们说："以前弥苴河和永安江都有神龙居住，就是小黄龙和大黑龙，后来大黑龙被小黄龙打跑了，就剩下黄龙。但是，小黄龙一直没有庙宇供其栖居，村民害怕惹怒了小黄龙，所以就在一次水灾之后于弥苴河和永安江之间修建

　① 参见 M. Elvin, D. Crook, Shen Ji, R. Jones, and J. Dearing, "The Impact of Clearance and Irrigation on the Environment in the Lake Erhai Catchment from the Ninth to the Nineteenth Century," *East Asian History*, 2002：23。

　② 〔英〕伊懋可:《大象的退却：一部中国环境史》，梅雪芹、毛利霞、王玉山译，江苏人民出版社，2014，第137页。

了小黄龙王庙。"

至于古生村龙王庙的修建情况，我们在前文也有所提及，原初是为了方便那些在"张姑太婆"座下寄有名字的信众每年能就近祭拜朝谢，而免于湾桥至大理的奔波之苦。大理地区受中原汉文化的影响，为养儿顺利，至今依然保留寄名于鬼神的风俗。《清稗类钞》"风俗类"中记载：

> 惧儿夭殇……且有寄名于神鬼，如观音大士、文昌帝君、城隍土地，且及于无常是也……或即寄名于僧尼，而亦皆称之曰干亲家。①

这种"寄名"习俗，便是一种将幼儿托寄于神鬼僧尼，以求平安的"拟亲"风俗。在大理地区，婴儿出生以后多到庆洞村的中央本主处寄一小名，拟认段宗榜为干爹，此后每年都要抽空去庙里祭拜谢恩，直到孩子成年结婚为止。也有寄于其他鬼神的情况，"张姑太婆"便是一位被寄名的神祇。除祭拜"张姑太婆"外，20世纪90年代，洱海附近开始大兴银鱼捕捞，彼时银鱼价格奇高，最盛时几乎全村下海捕鱼。那几年村民收入提高，又经常下水，传统上白族渔民入海捕鱼前都要至本主庙求保佑，或在岸边向龙王烧香磕头求捕鱼顺利。但古生村却没有自己的龙王庙，渔民祭拜起来十分不便，所以在村里莲池会几位老人的牵头下，村民共同出资在村东近海处修建了这座龙王庙。龙王庙修建之初，因为选址处有几株用来绿化的杨柳，其产权归乡政府所有，乡政府便不许村民砍树建庙，为此他们之间还发生过争执。

白族人对海神段赤城的崇拜延续千年，至今依然怀有浓厚的群体历史记忆，但段赤城之所以被各地不断祀奉，也绝非有控水功能那么简单。我们认为，在白族人之历史心性的发展过程中，段赤城

---

① 徐珂：《清稗类钞》第5册，中华书局，1986，第2092页。

在对内凝聚群体认同、对外融合外来他者这两个方面起到了重要的作用。

明军攻破大理城后，"国朝下云南，置郡县"，白族名家沦为故元遗民，他们强调道统和气节，宁做蒙段忠鬼，不做朱明新奴，于是一些人选择自缢殉国，另一些人则因"虑身没而心不见之于后世"，所以选择"退处田，渔猎释书"[1]。其中的喜洲杨姓遗民便根据云南地方史志资料及佛教史传资料写成了白语版的《白古通记》，此书虚实结合、故事饱满、条理清晰，具有特定的历史背景，[2] 对后人构建云南古代的历史文化具有重要意义。段赤城的故事便主要是以《白古通记》为载体在白族文化精英中传播的，因为其在记载段赤城杀蟒一事的同时，又增附了神话故事，把历史变成了民间传说，[3] 因而更具传播力和影响力。

白族文化精英在抬出段赤城之义勇时，提出"千古以来，几人哉"[4] 的论调，实际上就是"夷夏之辨"的延续，而"夷夏之辨"正是民族融合的一个过程。

因此，针对大理最具民族特色的本主信仰文化的建构话题，虽然诸多学者都曾力证本主崇拜最早于南诏年间便已形成或兴盛，[5] 或最晚至大理国时期本主崇拜已繁荣于洱海流域。[6] 但我们依然有一种大胆的猜想，本主信仰的雏形或许是流行于氐羌系之间的原始宗教，[7] 但本主信仰的最终形成或体系建立，大约也受到了明官方对段赤城信仰体系构建的催化影响，至少两者在一定程度上是互构互触的。简单来说，正是民间看到了朝廷对海神段赤城体系的营造，在

① 杨森：《故居士张公墓志铭》，《大理丛书·金石篇》第10册，第34页。
② 侯冲：《白族心史》，云南民族出版社，2002，第36页。
③ 侯冲：《白族心史》，云南民族出版社，2002，第91页。
④ 《唐义士赤城段公传》。
⑤ 杨政业：《白族本主文化》，云南人民出版社，1994，第1~3页。
⑥ 马曜：《论大理文化》，载马曜编《大理文化论》，云南教育出版社，2001，第1~36页。
⑦ 田怀清：《大理州白族本主信仰调查之二》，载云南省编辑组编《白族社会历史调查》（二），云南人民出版社，1986，第177~196页。

民族意识日渐觉醒之后，才又逐步构建了以段宗榜为神王的属于自身的神灵信仰体系，以此与段赤城体系相互对应，虽然这种民间的本主信仰从未获得过官方的承认，许多研究者也迷惑于在明清的方志中对此提及的只言片语。此后，待大理民间的本主信仰真正崛起以后，作为本土神祇的段赤城自然也会被整合入其体系之中。而白族本主信仰体系的成熟也离不开明初中央政权对地方社会的整合需要，虽然其中核心神祇多是南诏、大理国时期的历史人物，但其所构建出的一整套结构化的仪式体系，似乎也符合对帝国政治结构的模仿和对应。这里我们可以用日本研究白族的学者横山广子在其田野中收集到的本主传说做说明。

> 话说明太祖有一次生病，恍惚之中看到很多武将出现在他的眼前，一会儿徘徊在他左右，一转眼就不见了。太祖的心情很不好，病也越来越重。刘基刘伯温是太祖的心腹大臣，他能未卜先知，也看透了太祖的病根，他献计道："从陛下梦中人的装束可知，这些武将乃是唐伐南诏时的屈死冤魂，陛下不如传旨大理府，就地封神，则忠魂可安，陛下龙体也就康复了。"明太祖当即照刘基的意思下诏，封这些将军为神。自从明太祖把这样一些立功的武将册封为各村的神明以来，白族地区就有了"本主"神了。①

这则故事道出大理地区的本主信仰始于明朝廷对神祇的册封，符合一定的历史事实，但其将最早的白族本主归为远征大理的汉地武将则是站不住脚的。我们认为，本主最初的形象一定源于大理历史人物，这些神祇或许在南诏大理国时期便以氏族崇拜对象或村落守护神的形象存在于大理的乡间村头，但都相互分离，并未形成一

---

① 转引自梁永佳《地域的等级：一个大理村镇的仪式与文化》，社会科学文献出版社，2005，第190页。

个彼此相互联系的系统和仪式传统。直到明以降，在官方对段赤城信仰体系的完善过程中，地区群众普遍参与，后逐渐才将大理本地的其他神祇在神话逻辑和仪式结构上勾连在一起或又陆续树立一些新的神祇为各地本主。因此，如今大理白族的本主信仰文化才会出现这种"过渡型"宗教的状态，以海西地区之喜洲、湾桥、银桥为代表的地方，诸多神祇被整合入段宗榜的"五百神王"体系之中，但其他村寨的神祇依然遗世独立或只在局部的故事和仪式链中流动。而与大理坝子相对存在的洱源坝子，其中的本主信仰体系正是以段赤城为中心和主干结构的，这也解释了为什么本主信仰的真正繁荣是伴随段赤城信仰体系的建立而来的，而这种繁荣最终也以段赤城为衔接纽带，保留了官方主导的段赤城信仰体系和民间构建的本主信仰体系之间的联系。在洱海坝子中官祀（龙凤村朝圣）仪式中的段赤城与民祀（河矣城村朝圣）仪式中的段赤城是相对而行、彼此分离的，官方并不承认"仙都"的政治合法性，但也没有干预。而洱源坝子中，官祀与民祀中的段赤城是合二为一的，同一个仪式具备了多面性。

而就本主信仰体系中的汉地神祇而言，或许是该体系强化过程中维系现实的政治与民族关系的必要选择。以本主信仰中最大也是最有名的汉人本主李宓的崇拜来看，普遍的看法是天宝战争之后，李宓战亡，其残余部下遂遁入民间，在西洱河一带解甲为民，隐居于大理。但他们有感于将军之勇，也出于团结民众的需要，便将李宓奉为自己村寨的守护神。据传是明李浩所著的大理古书《三迤随笔》中提到，李宓战死后，蒙氏复归于唐，上承天意，下顺民心，而南诏皇室将李宓伐诏的原因归结为"误信奸党"，"罪非李将军，皆杨氏（杨国忠）所为"，南诏则以德报怨，深怀旧情，既往不咎，不仅将阵亡将士的尸骨分别埋于清水潭（下关天宝公园）和青龙口（凤仪旧铺村），还按照南诏习俗对李宓的遗体进行了火化，并由国师为其主持超度，可谓仁至义尽。此外，诏王还敕封李宓为龙尾河神，葬于斜阳峰，其衣冠归葬于万人冢，以告慰唐师英灵。侯冲等人认为《大理古佚书钞》中包括《三迤随笔》在内的三卷本明人遗稿皆为今人伪托前人所作，[1] 我们大略也认同侯冲的观点，因而所谓南诏时期便祀李宓为神的说法应该不真，是伪作之人的当代想法。退一步说，即便《三迤随笔》真是明人所写，那么其中所提的故事最多也源于明代，是明代对历史的结构化篡改。当然，我们并不能排除李宓部下的后裔在小范围内对他们的将军进行崇拜，这种现象应该是合理的，但崇拜行为大约是隐蔽的，虽然白族精英一直对南诏、大理的文化和政治包容度抱有十足的信心，但在当时如此热情地奉敌将为神的举动有些不符合逻辑。据李一夫的考证，如今下关香火旺盛的将军洞本为一座龙王庙，庙内有很多石洞出水，灌溉下关地区的大片农田。至于龙王庙是如何变成李宓的祠庙的，李一夫也做了叙述。

> 明嘉靖二十九年（1550），有一个姓李的巍山人到大理府自称是唐将李宓的后裔，先祖随李宓征南兵败，匿居巍山数代埋名，今闻皇上施恩表彰忠烈，请为李宓立庙以慰忠魂。知府王璋传见此人详加盘问，虽明知李宓误国无功不值崇祀，但事关"尊汉抑夷"，正合上意，显然大可立功，便差人随他到巍山盘问。巍山有一村，村人皆姓李，都说始祖是天宝年间随军来的。知府据报信之，便问其庙该建于何处。答李宓先祖在下关殉国，庙应建在下关，阖族尽力捐资，不足数哀请筹助。知府听后，传谕下关官绅募化筹资，自己也捐了点俸薪相助。当时民间鬼神迷信较重，认为建成庙祀李宓将军就可统率万人冢内的"冤魂野鬼"，免其作祟，为此乐捐建庙。庙址选于苍山斜阳峰下的龙王庙，将原龙王庙改建为"李将军庙"，而将龙王移于偏殿。庙建成，知府出示：宣扬李宓殉国，一门忠烈，晓谕阖邑人民

---

① 参见侯冲《〈大理古佚书钞〉是伪书辨》，载昆明佛学研究会编《佛教与云南文化论集》，云南民族出版社，2006，第25~34页。

应予崇祀，以慰忠魂，并亲为书，制祭文。知府与赵州知州潘大文临关，祭李宓与万人冢阵亡将士。传说李为八月十五日（农历）生辰，官绅每年致祭。①

　　由此可知，唐朝亡将李宓真正在官方允许下被奉为下关本主已到了嘉靖年间，而非人们普遍认为的南诏时期。不难看出，自称为李宓后人的李姓巍山人士之所以敢为自家先主平反树德，基于两个成熟的条件：其一是彼时大理地区已并入中央管辖，且汉族群体是真正的统治者；其二是彼时奉本主为氏族祖先神或区域保护神的情况已较为普遍。有意思的是，将军洞庙建成初期，只有隶属太和县（关内）的汉人前去礼奉，而隶属赵州县（关外）的当地白族则去战街（今振兴街至紫云街）的天王庙祭拜。天王庙内所祀正是统一苍洱地区的诏王阁罗凤，其会期为每年农历的二月初八。因所崇神祇不一，龙尾关内外的人们经常相互攻击，汉族人说："阁逻凤背叛唐室，虐杀兄弟子侄，是狠毒暴君，李宓一家忠烈，你们为何忠奸不分，是非颠倒？"白族人则说："本主阁罗凤英勇无敌，抗御强暴，统一全诏，扩大疆土，安国富民，是智勇双全的民族英雄，李宓是昏君，唐王帮凶，屠杀大理人民的刽子手，你们真是混淆黑白、颠倒是非。"多年扯皮，渐至双方采取拦禁办法。由此，每年农历八月十五日汉族把守将军洞，不准关外白族祭祀李宓。而二月初八则换白族人把守天王庙，不许关内汉族祭祀阁罗凤。就这样双方对峙数百年，直到清嘉庆四年（1799），双方争吵殴打，告到大理府。知府为了防止械斗，告示惩戒，并传谕太和、赵州两地官绅调停，采取折中办法，听任两地居民自愿来往崇祀，双方均不得干涉阻拦，终于平息了纠纷。② 如今，原本的阁罗凤本主庙早已不复存在，而是变

---

① 李一夫：《白族本主调查》，载杨世钰、赵寅松主编《大理丛书·本主篇》上卷，云南民族出版社，2004，第14、15页。

② 参见李一夫《白族本主调查》，载杨世钰、赵寅松主编《大理丛书·本主篇》上卷，云南民族出版社，2004，第15页。

成了市中心繁华的商业街，而将军洞则香火依旧兴盛，李宓甚至取代了该处原本龙王的位置，被称为"利济将军"，具备了降雨的功能。

将军洞的崛起或许与明清以来不断向下关地区迁入的汉族人口有关，而今天将军洞已经是大理各族群众常去的祭拜场所，特别是遇到升学考试的时候，更是香火鼎盛，但即便如此，李宓却并未被整合入喜洲一带以段宗榜为核心的本主信仰体系之中，对他的崇拜也仅限于下关将军洞一处。而本主信仰体系逐渐对汉地神祇的吸收过程，其实是明代以来"夷夏之辨"在其宗教文化上的矛盾体现，当地居民通过对各自神祇的包容、合并、内化，实际上是对彼此之间的民族隔阂的一种化解和消弭。费孝通在《江村经济：中国农民的生活》中讲述了灶王爷由来的神话故事，故事中的灶王爷本是外国的士兵，后被当地百姓杀害，百姓害怕他们的鬼魂会来向自己复仇，"于是作了这样的一种妥协，从那时起，把这些外国兵的鬼魂当作家里的神道，在厨房里受到祭拜，并继续行使检察者的职责"①。由此，灶王爷就变成了日常监督百姓德行，并定期向玉帝报告情况的家庭之神。而本主文化中确实也有这种将原本的主神地位谦让与其他外来神的普遍情况，如龙凤村之本主五老爷主神位由段赤城来接替，而挖色沙漠庙中的主神位由李靖取代杨干贞。

从人类学的角度看，这些陆续被接纳整合的汉地神祇都属于"陌生神"的范畴，某种情况下，"陌生神具有双重的本质和力量——仁慈的、纯洁的和御魂力量，与暴力和破坏性的荒御魂力量——构建了人的反身性自我，其同样具有二元性。人为了保留纯洁性，就必须利用陌生神的纯洁力量"②。而陌生神置于群体政治方面的隐喻正是在于，"陌生神的宇宙观模式体现了不平等的象征权力：神优于人，必须利用神的积极力量。在历史实践中，陌生神在政治或文化

① 费孝通：《江村经济：中国农民的生活》，商务印书馆，2001，第98页。
② 〔美〕大贯惠美子：《作为自我的稻米：日本人穿越时间的身份认同》，石峰译，浙江大学出版社，2015，第122页。

上能够转换为强大的他者。不用奇怪，陌生神主题在世界许多地方都被发现；这个模式为象征和政治的不平等提供了一个解释模式"①。当然，在宗教实践中，互相吸纳作为"他者"神祇的陌生神为自己的祀神是民族融合和社会整合的重要步骤，而在力量上抬高陌生神的地位、在品行上突出自家神的高尚是宗教政治化的巧妙投射。

行文至此，所谈将尽。洱海流域的段赤城信仰现象，虽然可以参鉴的历史文献十分有限，在田野中可以观察到的仪式程序也所剩无几，但正因如此我们才更应该对其进行抢救式的研究和阐释。当然，我们也希望在自己匆忙且粗浅的观察和解释基础上，可以提炼出一些有理论价值的东西，权当对诸多先贤的致敬和回应，但囿于自己贫乏的学识，我们也只能做一些简单的说明。

对中国民间宗教问题的研究，学者们一直纠结于前文所提到的根据宗教整合过程中起主导作用的中心权力的不同，而划分出的不同力的方向的合理性问题。我们认为宗教对地方社会不同向度的整合方式，实际上就是"国家信仰"之结构化与"民间信仰"之灵活性在某种程度上的文化表征差异，然而这种差异虽然客观存在，但也有使两种表征过度分裂化的危险。落到仪式层面，也就是"官祀"和"民祀"的矛盾统一关系。有鉴于此，为了弥合这种分裂，一些学者开始强调国家与地方之间的互动关系，并力图在多样性的民间宗教信仰和实践的表象下找到某种秩序，即弗里德曼（Maurice Freedman）所谓的"一个中国宗教体系"。

王斯福在《帝国的隐喻：中国民间宗教》一书中指出，民间仪式虽然是中华帝国时代政治空间模式的一种隐喻，但在实践层面依然表现出一定的地域性。官祀以仪式展演的方式将反映帝国权力的等级结构烙印于民众的意识形态之中。在民祀层面，这样的结构则

---

① 〔美〕大贯惠美子：《作为自我的稻米：日本人穿越时间的身份认同》，石峰译，浙江大学出版社，2015，第 164 页。

会在仪式活动中被其纳为己用，把控它的正是本土化的社会场域与民间权力的持有者，包括民众、乡绅和神职人员。① 而桑高仁也认为"要理解中国文化一体性的问题，不仅要将文化视为一个整体来分析，也要分析不同社会制度所构成的具体历史情境，在这样的情境之中，社会的文化和行动在所有的层次中都是相互调节和适应的"②。梳理段赤城官祀之滥觞，我们发现，似乎任何被官方权力"提携"过的地方神祇都逃不开与前者互为拥趸的命运，等级化政治投射下的官祀活动，其结构总是千篇一律，但地方文化背景下的民祀在场及其多元表征却是不能被复刻的。在地方社会中，社会阶层分化的客观事实，使相同的文化体系在不同的社会群体中也会出现相异的解释。这正如魏乐博所划分的：社区祭仪是地方政治的一种操演；祭祖是家庭伦理的再现；"普度"（鬼的祭祀）则是社区对外人的界定。③ 而在捞尸会中，这些意义不同的仪式甚至交错出现在同一个场域内。值得注意的是，地方文化和民祀活动的独特性并不以隔绝官方权力和仪式的影响为存在条件，实际上二者只能以一种交融的状态同时存在。段赤城信仰的诞生既植根于大理原有的文化土壤，又成为此后一系列仪式的渊薮。这便有类于马歇尔·萨林斯所谓的"并接结构"（structure of the conjuncture）的东西：它是一系列的历史关系，这些关系再生产出传统文化范畴，同时又根据现实情境给它们赋予新的价值。④

雷德菲尔德（Red field）提出的"大小传统"的概念术语，一度成为社会科学理解和研究复杂农业文明的重要进路。但越来越多

---

① 王铭铭：《中国民间宗教：国外人类学研究评述》，《世界宗教研究》1996 年第 2 期。

② Steven Sangren, "Grate Traditional and Little Tradition Reconsider: The Question of Culture Integration in China", *The Journal of Chinese Studies*, Vol. 1, No. 1, February 1984, pp. 6 – 17.

③ 王铭铭：《神灵、象征与仪式：民间宗教的文化理解》，载王铭铭、潘忠党编《象征与社会：中国民间文化的探讨》，天津人民出版社，1997，第 107 页。

④ 〔美〕马歇尔·萨林斯：《历史之岛》，蓝达居等译，上海人民出版社，2003，第 163 页。

的学者开始意识到，大、小传统及由其引申出来的国家/地方、精英/农民之间的二元划分过于简单和对立。在大理白族的段赤城信仰现象中，代表"国家信仰"的官祀活动虽出于地方政府治理社会的政治需求，但它也不得不脱胎于原有的地域文化，而代表"民间信仰"的原有民祀活动虽不被列入地方祀典，但它也逃不开官方权力对地方神祇的仪式性再生产。抛开狭义的主位视角，在现实的地区宗教实践中，其实并无"国家信仰"和"民间信仰"之分，二者在历史维度中往往是裹挟并行的。当然，宗教的象征体系也并非如一些人类学权威所说的那样持恒不变，而是在不同的历史条件下，受不同的群体解释和再解释。在有国家的社会中，宗教既可以是支配者用以创造社会秩序的手段，也可以是人们想象人生与来世的解释体系。① 二者正是宗教之权力结构和仪式实践在社会整合方面的对立统一。正如坦拜雅（Tambiah）所言，大、小传统二者在历史维度上是彼此连接的，并且可以相互转换，地区的小传统不应被视为大传统的组成部分，其文化传统可以自成体系。也就是说，大、小传统可以共存于地区的文化传统当中。② 正是这种既有区别又能融合的互动过程促进了"一个中国宗教体系"的形成，进而对维护中国社会文化的"一体性"发挥整合作用，正如费孝通所言："美美与共，多元一体。"

---

① 王铭铭：《神灵、象征与仪式：民间宗教的文化理解》，载王铭铭、潘忠党编《象征与社会：中国民间文化的探讨》，天津人民出版社，1997，第123页。
② 舒俞：《从弗里德曼到桑高仁》，载王铭铭编《中国人类学评论》第2辑，世界图书出版公司，2007，第216页。

附录　段赤城庙宇中的部分碑铭

唐义士赤城段公传[①]

邑人奚冠南谨撰并书

公段姓，讳赤城，南诏时绿桃村人。有胆略，富膂力，任侠好义。凡乡里间有越理犯分者，辄鸣不平，抑强扶弱，人皆敬畏之，而不敢犯，按《郡志》及《野史》载，唐宪宗元和十五年，龙尾关巨蟒为患，吞嚼人畜。洱水出口，复为所阻，以致泛溢，淹没田宅，人畜无算，水薄城郊。诏王劝利晟颇忧之。布榜国中，募勇士，能制蟒者，受重赏。公慷慨应募，引为己任，遂披甲持双刀，入水与蟒恶斗，力不胜，为蟒吞入腹中，不得出，仍转侧不已，剑锋洞蟒腹，蟒死。洱水为殷，而人不敢近。累日后，诏王遣人验之，蟒尸浮水面，知已俱死矣。于是剖腹得公尸，葬于马耳峰麓羊皮村之阳，建塔其上。煅蟒骨以垩塔，名曰灵塔，俗呼蛇骨塔。并于洱海西岸龙凤村建祠祀之。世传某岁五月大旱，某县令祷雨于祠，夜梦神曰某日时北门外桥头有赤髯老人，过者龙王也。祷之即雨，果如所言，乡人德之。勒碑于祠以祀其事。一日雷雨大作，将碑字洗去，因以雨洗名碑，现存祠壁间。又传某县令祷祠还，大雨如注，行抵城东

---

① 该碑现存于洱水神祠北房走廊西侧内墙，碑高148厘米、宽70厘米。

北吉祥村，为雨所侵而殒命，原以夜梦得名村，但县令为谁、年代，均弗可考。惜哉。嗣因岁旱，祷雨辄应，元代敕封洱水龙王，世俗遂以龙王称。明清间，均加封号，且列入祀典，春秋享祭不废，每岁秋七月二十三日，恭逢段公诞辰，龙、才、凤鸣、凤冈四村绅耆士庶，谈经颂诰，祷于祠。又八月八日，四方士女，云集于此，或缀锦帆荡漾于耿水垂杨之下；或驾扁舟容与于白蘋红蓼之间，鼓乐喧天，歌声震野，而邻县善男信女亦来，此有放生之举，颇极一时之盛，俗呼"捞尸会"，盖纪念段公之高义也。按《滇系》载，七月二十三日，西洱河滨，有赛龙神之会，盛况与是日同，但不识何故而改为八月八日云，余尝阅大理府县志，段赤城均载入义士之列。按公所为衡之，以义士称宜也。况当彼之时，中原文化尚未深入，人心如段公者，能不避艰险，慷慨赴义，不惜一身以救万民，洵属难能可贵，千古以来，几人哉，呜呼，其忠义之气，足与苍山洱水并传不朽矣！

中华民国三十四年岁次乙酉嘉平月，才村、龙凤村、凤鸣村、凤冈村绅首杨佐、杨启昌、杨秉钧、赵立人、张宗翰、杨时芳、李光荣、杨玺、杨鸢起、杨光寰、赵人鹤、那学忠、那森、杨本荣、杨培炽、杨维儒、暨四村士庶同立。

游洱海浩然阁燕集临水亭记[①]

浩然阁在榆郡东郊，上出层霄，俯瞰洱海，洋洋乎大观也。而临水一亭为尤胜。惜地旷多风，每飙起辄雪浪排空，寒生襟袂，虽暑月□□挟纩，游者往往兴阻。余曾两至此处，皆值风而返，兴致索然。尝与同人言："安得风恬浪静时有□□同志携壶觞，泛小艇纵目骋怀，以极游观之乐顾时方多事，虽有□心求一游不可得。"戊申季夏六日，邑令熊君仲山，折东约同城僚友为海上游，太宁补卿回

---

① 该碑原存于洱水神祠前的丰乐亭，后亭毁，碑被搬移至神祠北方二楼。碑宽约50厘米、高约110厘米，为自行草书字体。立于道光戊申年（1848）。

湘未果往。与斯会者为军门琢亭荣公，俞时斋刺史林心田，别驾沈苔，卿大令周初白、张稚农，两参军：孙君小湖，刘卿荃、王高东诸友也。斯时宿雨初晴，新秧遍野，甫出郭，心旷神怡，然犹虑封姨作恶，不□成竟日欢。比至则画舫舣岸，水波不兴，陟阁少憩，联袂登舟，击楫中流，飘飘乎有凌虚之想。俄而橹声四声，鸥鹭惊飞，则有渔舟错出，结临渊之网，取跋浪之鱼。须臾得鲜鱼数十，父老竞献釭，所以佐行厨。余嘉其意之厚，弗忍辞焉。卓午返棹登岸，主人设筵亭中，凭栏四顾，其西则苍山耸翠，瀑布湍飞，白云缥缈，掩映苍松古涧间；东则冈峦屏峙，塔影矗霄，懈舍涡庐微露而隐；南北则上下龙关，雄峙左右，雁泽百里，商舶往来不绝，村落棋布，烟火万家。令人慨然想当年蒙段废兴之故，与今日小民示利之休，虽天置其区，亦圣朝休养润濡之所致也。于是□鲜酌醴饮酒乐甚，举觞而嘱客曰："诸君知今日之乐有三幸乎？西陲不靖久矣，夫非□□□之□定，则烽烟告警，我们□方昕夕不遑，乌能有此乐□□已□□□未沛农人望泽，孔殷悬来而叹，又乌能有此乐？"幸而四境清，时雨降，然使飘风忽发，阻我们游兴虽有可乐之时，又乌能竟其乐，则此一游也天人系焉岂易得耶！客喜而浮余以大白，既而归鸟投林，夕阳在山，余与荣公不胜杯勺，命与先返。行半里许，忽闻笛声自海上来与田间秧歌遥相酬答，盖诸客游兴未已犹乘扁舟徜徉乎中流也。斯游真快矣哉，是为记。

道光戊申新秋

分巡迤西使者王发越撰

洱海行①

半年鹿鹿□簿书，今日水边□一壶。此水气与苍山驱，洱河洱

---

① 该碑存于洱水神祠西房二楼，碑有残，高35厘米、宽130厘米，为直行草书。

海随□呼。或言此水汉所摹，今昆如水□□祠。□事考之地或符，赢颠刘蹶争何愚？蒙氏段氏岂□道，□龙宫□终模糊。书生得景且饮酒，海神劝客还烹鱼，去年海鱼不可厨，今年海鱼鲜且腴（去岁饥有入海死者，予到榆盖未忍食鱼也）。使君德薄口福好，秃笔力槁风格馀。瀛洲况□□所到，神山何必拘厥墟。星辰日月天光趋，人民城郭近远濡。苍山数塔出天表，倒影窈窕冲融俱。蟹如君住罗□隅，蓬莱一股何□与？此水恨失眉山苏，又惜老未襄易但。不然西湖比西子，不然虹贯沧江图。使君来逢海色舒，海田黄稻秋可租。年丰人乐坐无事，□酒落手心胆□。风月岂可使寂寞，山水自好谁亲疏。使君长安多酒徒，南来万里孤云□。此□沙子好诗手，（献如明药）同曰李子能文儒。（郏图员外）酒边佳句□□珠，神当赠之如月珠。神之言兮听取无，江山自古人所扶。山东李白久不作，客复不饮胡为乎？城乌□□西日晡，高谈深酌神□娱。云烟落□掷海水，神乎谓我诗何如？

嘉庆丁丑十月十日
程乡宋湘时护迤西道篆□□薄醉

钵井铭①

玉郡城东洱水青，汪洋万里古昆明。传闻唐代蟒为患，田园漂没庐舍倾。赤城段公有侠行，翻江倒海屠长鲸。慷慨捐躯葬蟒腹，四境黎民庆重生。蟒灰垩塔埋忠骨，矗立山川仰令名。敕封翊运玉洱水，巍峨庙貌震环瀛。缅怀钵井留阶砌，潜通洱海驭百灵。驭百灵兮纳纨物，海宴河清歌太平，摩挲古迹思王泽，石襟千秋视此铭。

---

① 该碑为大理石质，阴刻，以墨描字，嵌合于钵井正上案台东侧。

重修钵井序①

钵井乃与祠相互有关之史，古传神奇玄妙。在始建祠时之木材全由井中抽出，尚存一根留于井中。前人为保存钵井之史迹，故而用石砌香桌而护，历经千载，祠虽毁数次，屡毁重修，但井未受坏，直至民国乙丑年地震将井填塞。及修掘至八九尺，忽有一石板，中有孔，撬而闻轧轧响声，恐有异形，急掩之，聊修仍与前形。后经世风不古、人道反常、四毒流行、五风遍扫，将井填灭，面形无存，但井之神奇早已流传中外，故有旅游览君常返，但始终不能解其游宾览君之满意，故而修之，祝君心情舒畅。现将实况向君一介，我们这次的掘井，上段祠前有井，形至石板，中实有孔，该石板方1.5米，继而撬之，仍有井形，续掘达5米，忽现陈朽木二节偏竖之，下仍有一板，也有孔，再下，一向有井，但不明石板之大小。因施地面之限，不能续掘并亦未知石板下之奇异，顺而将实况拍摄以供览众参考并保存历史之古迹尔。特此碑之。

主修　龙凤合村人民群众立

监修　杨应祯　杨崇恩　杨玉忠

杨启华　杨正茂

天运公元戊辰年孟春月吉旦　杨应祯谨撰并书

新改重建宝林香社碑记②

乡里立社之义，所以祀山川社稷之神也。夫山川社稷之神曰山、

---

① 该碑为大理石质，阴刻，以墨描字，嵌合于钵井正上案台西侧。
② 该碑为大理石质，阴刻，嵌合于宝林寺大殿走廊内北侧。碑高93厘米（残）、宽76厘米。直书三十九行，行46字，约1800字。

曰水、曰谷，百物之命在乎土，百族之命在乎谷，百谷之命……
（碑残断）。武诏天下，每百户立社之令，乃春秋乡社、里社遗义。
郡志称宝林寺者也，创自前明，碣垂洪武间大理卫都指挥周能
建……（残）神祇及阳南溪，龙神为民间水旱祷祈报赛之所，岁时
祭告之坛，名曰宝林香社，又曰龙神祠。相传故址在南溪之
涘（?）……（残）曲，卑陋无足，观熙、雍以来，虽时有修葺，
而以上下兴作无际。尽心民事者，徒切盛衰，兴废之感，而殿梁相
沿，均署有宰官……（残）皇朝威德神圣声灵著，司牧尽心民事之
义，非苟焉已也。光、丰以后，陵谷变迁，风雨飘摇，势难久远，
各村父老常欲变置面……（残）咸谓现在福星幸聚，仁惠交孚，而
香社因陋就简，苟安数百年，今就倾夷甚，非所以妥神灵照祀事也。
日切兴修，遂于……（残）曰，唯当即同齐度地于溪之南岸，有山
田数丘，系清平村段姓遗业，可以作神祠基础，而段氏子孙甘愿为
祠地，便（残）共劝善举，捐廉资本，照古规三大分摊祠事，大展
屯南址为一分，清平、荷花为一分，羊皮上下为一分。因羊皮下不
齐……（残）齐修建，每村中选择公正廉明经理、董事一二人，各
村士庶恳请用霖先生倡首经理，余副之。请董事八人，建祠之
久……（残）以明之，各宜诚心办理，而经理用霖先生，现在奉公
办理下乡军卫保甲事繁，恐误祠事，不成休格。故转商托段浦
代……（残）材，凿山运石平基，伐木集材，未就便遭宵小诬控，
未益先损，在局管事心灰体解，自有宰官主持，何必畏哉，董事诸
人会……（残）黎庶立社为春秋报赛之礼，勿庸阻挠多渎外，准书
龙神祠梁御，并示禁牧烂践踏，宵小盗窃党匪阻挠等弊，晓谕在案，
不……（残）贤良父母，心存民社，恐中途夫望，遂生公正之心，
整饬古规，终成造就之美，取资善信，转损为益，讼端既息，后竭
力兴修。先……（残）树声楼，与邑之四阁十楼齐名，皆载郡志。
又楼左右建各平楼二隔，松风水月映带其间，与树声楼毗连相通，
以全风雅……（残）报赛之所。平楼左右修作两殿，照壁后面仍修
作八村烹割厨，又小殿南北厢亦修作八村烹割厨，门馆外空地为后

建戏台……（残）块，皆作园圃，南边至小阱，其中有田可种，北边有田三丘，又有小地一块，四面皆植松柏竹柳，坡下以培香社绿树，阴浓之……（残）冬，殿宇将成，敬设□藻，酬谢神明，并治蔬酌，延集募功台会，议望画神像，俱白上摩湛、然杨先生精于土木石塑绘等……（残）。本主龙神左右侍者左塑新王大子及两侍者，右塑洱河灵帝及两侍者。又左塑伽蓝上主，右塑掌兵大子、茶花大子，两傍塑……（残）将规程善后事宜，照古公议于拟额先恳标题外，仍恳据案给示，勒石永垂不朽，以全名胜。蒙恩批示如禀，准给匾额书宝……（残），立可也。自戊戌至庚子，于今三载，现已落成，必定勒石建碑，以垂永久。于八月中秋塑绘毕，神光果然威严雄伟，睹之若生……（残）生，由祠回家，渐次神疲不起，至九月二十七而卒。绅董等闻讣之下，各相伤感，临丧吊慰，碑碣未成，而先生竟自骑箕返矣！在……（残）同事鸿才至友都深器之。建祠之募引及总兵御单，玉林募功小叙谨识此，二册另勒石外，其兴颂之词诉禀稿亦不汇……（残）。未得酬谢，只得将公之用心功德而颂扬之也。即将建碑清记之事商之于余，曰：照条规记事可也。此地神祠居于溪谷……（残）。灵所居之地，故曰有灵，昔年水旱祈祷之诚，神之有灵，今来有应，叩之必响，山川形胜，履之可爱，源泉混混，绿树飘飘，有……（残）声，杂于家雉，绿柳盈冲，行者衣拂，又惊鸡啼犬吠之声。诚哉！实景良不诬也。却疑梵刹钟磬之声，僧敲月下，可喜树声楼……（残）把酒，促膝高谈，犹如白昼，最可喜也。曰山、曰水、曰楼，月朗星稀，寒露欲降，醉饱风清，垒盏携壶，各自抽身而下，南溪中也。又有……（残）飞影过于山谷，青蛇窃视游者，止步恐迎虎啸龙翻之侯，奇哉！真是良有以也。虽无半点云雨之作，鸠唤山头，欲游名胜，旧……（残）感怀，搔头默妙咏之，暂比陲亭最可乐也。曰耕、曰读、曰樵，稻香谷熟，鸿雁将来，忙中偷闲，抚琴寻笠，各人收拾而散。如斯祠……（残）先王之法，首重农功，为学读书，所以贤宰，心存民社，赐及梁御、匾额以达。皇王重民立社，有道之心，拣宇维新，丰穰有庆。乡人于兹立社建祠，崇祀山川土谷神，社稷之典系焉。时行报赛扬休之礼，风……（残）寓于斯，非崇其坛殿，不足肃神明昭格之观，非壮以楼台，不足聘达豫游之盛，非循宰官主持之例（?），不足照典重绍……（残）盛世敬天劝民之道，所有重建董事诸目捐廉资本、功德，木石瓦灰，一切杂项经费若干，数月另勒石建立，以垂永久，谨……（残），钦加同知御署理大理府太和县事正任定远县……（残）钦赐花翎副将御，尽先补用，参府社弁单……（残），钦加五品御升用知县太和县学文生周……（残），大理府太和县文童俞……（残），大清光绪二十七年辛丑，八村士庶众姓（残）。

石坪村南海将军庙碑记①

南海将军庙，原名玉局寺，背倚秀整如画的玉案山，面瞰烟波浩渺之洱海，左观银苍屏列，右现鸡足送青，堪称逸仙之地。庙始建于明代，一九五九年拆除，一九八二年重修，二〇〇二年拆除土木，重建钢混雄宇，村贤并拟定今名。庙祀襄聪独秀冠众应化景帝——字将军父子。

将军父子，山东荔城县人氏，唐李宓将军之部将。唐玄宗天宝十三载（公元七五四）年，随师征南诏。诏王阁罗凤采"诱敌深入，坚壁清野"之策，诱父子所部驻下关天生桥附近。南诏乡兵之"白衣没命军"，以"羊阵"，夜袭所部，老将军急得面红耳赤，张口无语，小将军率卒奋勇杀"敌"，两月后，唐师因缺粮、染疫，被南诏军民聚歼，将军父子战殁于关外豆糠坡一带。

因父子生前英勇善战，忠义可嘉，殁后敕封襄聪独秀冠众应化景帝，其地位为高于众神之意。庙就，受四乡八村百姓祀。诞期农历八月二十三日。庙会盛况，堪与"绕三灵"、"观音塘庙会"相

---

① 该碑为大理石质，嵌于南海将军庙走廊内西侧。

媲。余受石坪合村善士之托，谨识为记。

公元二○○六年农历八月二十二日

应海庙龙王碑铭①

　　赐红阿左梨苍山吉样全刚撰。习密智金刚篆额并书。古扬圣德非智以立其名，大振威风，非灵莫能显其世。盖龙王权实者，凭佛之化，为从人之报得也。戉夭宫殿，护轮王珍守英熹之，清宁，护德愿之净慰，兴云致雨，窥之者，不究其源，决海开渎，寻之者莫测其际。故能雄慈所被，恩无处而不霈，妙化所流，惠无方而不极。题蛟鹰之鳞翼，示虹蟧之殊甬，展念力之轮，盖未升天之转蟠，逮如受封号而施仁，运化流而布德，仁德全奄，历遂古而镇常，赴感应机，经有年而漕远，契人梦识，分吉凶干不虚，现本来身，求寿禄于自永，宫开洱底，生九龙而俱灵，庙启波边，从兹而现龙仪，倚岸起楼，自此而崇佛像，恩加坪信塔前涌刻是之碱龙警，群人村士求余述之记，余曰：阖辟乾坤霭慈圣帝之元，始自蒙诏开邦之日，卜居大理坐太和而著威，辅君决河，现神用而安国，岂谓灵光之护，鞠庶姓之苏，猛力之持佑，诸生之茂，于是人悉慕钦，同赖于德心，皆投进总成乎，实岂与白法校其优劣，难陁比其威德者哉。石坪善士者凤怀贞敏，立志淑直，齐心向善之勋，共舍谋成之事，归真谐道，策后征文，余举大纲以为斯记，乃作铭曰：古圣之昌，德被龙王，治训有方，无不服也。从佛化成，随人报生，统遍海瀛，又居天也。类异名殊，鳞鹰虹趋，蟧蟠相逾，自连锦也，大理城西，苍山峻分，洱水会溇，人俊聪也。阖辟乾坤霭慈灵尊，威德之惇，人

---

　　① 该碑为红石岩质地，阴刻，字体工整，立于应海庙大殿石梯北侧，碑高112厘米、宽52厘米。

咸赖也。始生太和，助君决河，功显名过，赫有光也。是祷是祈，雨赐顺时，所求咸宜，民康泰也。石坪之村，庙阁之全，佛降龙延，长护持也。左右塔呈碑涌，求铭式昭，后人永无忘□。大明正统十二年岁次丁卯秋八月吉日，石坪村合会同发善心人等立。石匠杨福、杨山等。

洱河祠碑记①

西洱之滨，有神祠焉，即《志》所谓"苍山之足，入海最深者"，此庙适当其卫也。稽厥由来，创建最古，泪乎屡倾屡修，皆捐资协力，率以为常，但殿庑合完而优厂（敞）旷荡，斯亦新正祝寿之缺典也。于是筑登登、削冯冯而台观告竣焉。且夫可凭者，前有作难料者后有继。适有李兰买获田一丘，价银贰拾两，情愿将田舍入庙内。独白塔坪、何矣城两村士民又同捐银七两，加我田主，共银贰拾柒两。嗣后修葺，照碑均摊。而江上村不与焉，碑记实可凭也。某等嘉李氏子乐善好施，又于众有规也。彼禳送之获感，祈祷之必灵，当自有在，岂徒工歌巫舞已哉。明乎此者，兹祠遂与洱流孔长矣，是为记。绅士仝记。

重立洱河祠碑记②

（略）

河矣城是白族聚居的历史文化源远流长的名村，是大理白族著名绕三灵盛会的重要活动场所。古往今来，每年农历四月二十四日，成千上万白族群众成群结队，边唱边舞，以柳枝为社树，汇聚于此，

---

① 该碑现镶嵌于河矣城村洱河祠院内南墙，立于乾隆甲午年（1774），为楷书字体。
② 该碑与《洱河祠碑记》并嵌于洱河祠内，为2002年该祠重建时河矣城村人请大理白族文化名人张锡禄撰写，由于后面所记为当时政府官员的出力情况，故略去不记。

祈祷本主神护国佑民，愿望国泰民安、风调雨顺、五谷丰登。是时，香烟缭绕，商贾云集，人来人往，可见其盛。是夜，游人多宿于村中，或诵经，或白族民歌对唱，通宵达旦。且平日祠中香火旺盛，游客不绝，是故，该村为名村矣。

洱河祠内的清乾隆甲午李兰等立的洱河祠碑记距今有二一八年的历史，是块好碑。好在记录该祠的历史创建最古。因西洱之滨有河神焉，即志所谓苍山之足入海最深者，此庙适当其卫也。碑文所谓的志即明万历《云南通记》、康熙《大理府志》等。此语采自古籍《白古通记》。该书载，点苍山脚插入洱河其最深长者惟城东一支与喜洲一支。南支之神，其形金鱼戴鱼线，北支之神，其形玉螺。二物见，则为祥。金鱼玉螺为洱海之神的记载，又与现珍藏于台湾故宫博物院中的南诏国史书《南诏图传》与《文字卷》所记所绘的西洱河神相符合。据南诏野史记载，南诏时期，一妖蛇时常兴风作浪，民不聊生，义士段赤诚决心为民除害，与蟒偕亡。诏王劝利晟亲往祭奠，礼封为龙王，封号大圣妙感玄机洱河灵帝。人民为纪念段公舍己救民之壮举，歌其功德，而河矣城、江上村、中和邑将之奉为本主。此本主神位左右有螺神和金鱼的塑像，又有玉螺现彩和金鱼现身的匾额，说明此金鱼玉螺的信仰从唐代南诏以前至今已有一千多年的历史，弥足珍贵。（后略）

修白姐圣妃、龙王合庙碑①

正统十四年己巳，昭信校尉杨公瑾串合村人修建白姐圣妃龙王合庙，经始于是岁季春，告成于明年夏四月，檐楹宏丽，视前有加。天顺辛巳之春，杨公嘱余识石以示方来，庙距柳龙冲四百余武，其神梵像惟南服有之，不见经传，故白姐之号，莫考其详，未可强为

---

① 大理白族自治州白族文化研究所编《大理丛书·本主篇》（上），云南民族出版社，2004，第17、18页。

之说。惟据西域神僧摩伽陁传示波罗门密语中，载有其概曰：圣妃实弥勒化现之神，首上三龙表示主持三界，左手扶心，欲断众生无名之毒，以契直觉心，有手拟顶门授记，其无常谒，待其当来度生即成登佛也。十指交叉，欲断众生十恶五逆之心，为十方境界，是知其人乃古佛化身，圣神之母，讵止为祝厘祈福之所也欤！

旧说柳龙冲昔因岩场水连年横流为患，备御弗克，合议曰：州东北之谠滥场，古建白姐庙，灵感有验，叩之立应，盍资神力以制之，议既合众，遂阖辞请祷于庙，徙置岩场江阴，又塑白难陁龙王专像奉安于左，合而镇之，果蒙神灵有归，而水患赖以宁息。明年夏，大旱，众白官徙市于庙，命僧俗结坛，又辄得雨，益信神之灵足以惠福一方，莫不骈手歧足而事之，益虔焉！乡村以每岁孟春栽生明，年例各庄香需供玩，诣庙致祭，以酬神贶，迄今仍之，兹因其请记。按祭法，有能御大灾、捍大患则祀之，是乡之民，实资神力，以殄水患，苏亢旱则报祀之礼，历千万载不刊也宜矣！是为记。

参考文献

（一）历史文献

（东晋）瞿昙僧伽提婆译《增壹阿含经》卷 28《听法品》，《大正藏》
第 2 册。

方国瑜主编，徐文德等纂录校订《云南史料丛刊》卷 1、卷 6，云南
大学出版社，2000。

方国瑜主编《云南史料丛刊》卷 7，云南大学出版社，2001。

方国瑜主编《云南史料丛刊》卷 13，云南大学出版社，2001。

（晋）常璩：《华阳国志·南中志》，载刘晓东等点校《二十五别史》
卷 10，齐鲁书社，2000。

李春龙、王钰点校《新纂云南通志》6，云南人民出版社，2007。

刘景毛等点校《新纂云南通志》卷 5，云南人民出版社，2007。

（明）钱古训撰，江应梁校注《百夷传校注》，云南人民出版社，
1980。

（明）李元阳：《李元阳集·散文卷》，云南大学出版社，2008。

（明）李元阳编撰《云南通志》卷 12，云南省图书馆藏抄本，民国
24 年龙氏灵源别墅重印本。

（明）李元阳纂《嘉靖大理府志·古迹》，大理白族自治州文化局翻
印，1983。

（民国）李文农纂修《海东志》上，民国 21 年抄本。

（明）《明太祖实录》卷 48，上海古籍出版社复印于台湾影印本。

（明）张岱：《陶庵梦忆》，上海古籍出版社，1982。

（明）玉笛山人：《淮城夜语》，载大理州文联编《大理古佚书钞》，云南人民出版社，2002。

（明）李浩：《三迤随笔》，载大理州文联编《大理古佚书钞》，云南人民出版社，2002。

《后汉书》卷 86《南蛮西南夷列传·哀牢》。

（清）曹春林：《滇南杂志》卷 10《龙神四则》。

（清）《文渊阁四库全书》第 570 册，台湾商务印书馆，1986。

（清）雍正敕修《乾隆大藏经》35《宋元入藏诸经》2，中国书店，2010。

（清）雍正敕修《乾隆大藏经》21《大乘经五大部》4，中国书店，2010。

（清）杨琼：《滇中琐记》，载方国瑜主编《云南史料丛刊》卷 11，云南大学出版社，2001。

（清）师范：《滇系》第 14 册，云南丛书本。

（清）侯允钦：《邓川州志》，成文出版社，1968。

（清）潘荣陛等：《帝京岁时纪盛·燕京岁时记·人海记·京都风俗志》第 76 册，北京古籍出版社，1981。

（清）赵冠三：《龙湖文录》，内部资料。

《资治通鉴》卷 244，中华书局，1965。

（唐）樊绰撰，赵吕甫校释《云南志校释》，中国社会科学出版社，1985。

（唐）樊绰撰，向达校注《蛮书校注》，中华书局，1962。

（唐）樊绰撰，向达原校，木芹补注《云南志补注》，云南人民出版社，1995。

（唐）梁建方：《西洱河风土记》，载张昌山主编《云南文化读本》，云南人民出版社，2014。

（唐）玄奘：《大唐西域记》，中华书局，2012。

《三国志》第1册，中华书局，1959。

（元）郭松年：《大理行记》，载王叔武编《大理行记校注·云南志略辑校》，云南民族出版社，1986。

（二）中文资料

〔美〕埃里克·沃尔夫：《欧洲与没有历史的人民》，赵丙祥等译，上海人民出版社，2006。

〔英〕布鲁斯·米特福等：《符号与象征》，周继岚译，生活·读书·新知三联书店，2014。

《白族简史》编写组、《白族简史》修订本编写组：《白族简史》，民族出版社，2008。

〔美〕本尼迪克特·安德森：《想象的共同体：民族主义的起源与散布》，吴叡人译，上海人民出版社，2016。

张树芳、赵润琴、田怀清主编《大理丛书·金石篇》卷2、卷10，云南民族出版社，2010。

大理白族自治州《白族民间故事》编辑组编《白族民间故事》，云南人民出版社，1982。

大理市洱海保护管理局编《洱海管理志》，云南省大理州新闻出版局，内部资料。

大理市文化丛书编辑委员会编《大理市古碑存文录》，云南民族出版社，1996。

大关邑村党总支、村民委员会，姬山云、郑文进编纂《大关邑村志》，内部资料。

大理白族自治州白族文化研究所编《大理丛书·本主篇》（上），云南民族出版社，2004。

段金录、张锡禄主编《大理历代名碑》，云南民族出版社，2000。

〔美〕大贯惠美子：《作为自我的稻米：日本人穿越时间的身份认同》，石峰译，浙江大学出版社，2015。

方国瑜著，林超民编《方国瑜文集》（第2辑），云南教育出版社，

2001。

〔澳〕C. P. 费茨杰拉德（C. P. Fitzgerald）：《五华楼：关于云南大理民家的研究》，刘晓峰、汪晖译，民族出版社，2006。

费孝通：《江村经济：中国农民的生活》，商务印书馆，2001。

〔英〕杰克·古迪：《神话、仪式与口述》，李源译，中国人民大学出版社，2014。

霍巍：《西南考古与中华文明》，巴蜀书社，2012。

侯冲：《白族心史——〈白古通记〉研究》，云南人民出版社，2011。

何显耀：《洱海边的千年古村——古生》，大理市中共湾桥镇委员会、湾桥镇人民政府编委会编写，2010，内部资料。

〔美〕韩明士：《道与庶道：宋代以来的道教、民间信仰和神灵模式》，江苏人民出版社，2007。

季羡林：《印度文学在中国》，载季羡林《中印文化关系史论文集》，三联书店，1982。

李中迪整理《玉白菜》，重庆人民出版社，1957。

林超民：《云南文库·学术名家文丛·林超民学术文选》，云南大学出版社，2016。

罗二虎编《西南考古文献》卷10，兰州大学出版社，2003。

李霖灿：《南诏大理国新资料的综合研究》，"中央研究院"民族学研究所，1967。

吕济民主编《中国传世文物收藏鉴赏全书·古籍善本》下，线装书局，2006。

连瑞枝：《隐藏的祖先：妙香国的传说和社会》，生活·读书·新知三联书店，2007。

赖永海主编《中国佛教通史》卷12，江苏人民出版社，2010。

罗养儒著，李春龙整理《纪我们所知集：云南掌故全本》，云南人民出版社，2015。

（晋）常璩撰，刘琳校注《华阳国志校注》，巴蜀书社，1984。

李东红：《乡人说事：凤羽白族村的人类学研究》，知识产权出版社，2012。

李祖德、陈启能编著《评〈魏特夫的东方专制主义〉》，中国社会科学出版社，1997。

梁永佳：《地域的等级：一个大理村镇的仪式与文化》，社会科学文献出版社，2005。

李东红：《白族佛教密宗阿吒力教研究》，云南民族出版社，2000。

马曜：《白族简史》第一章《白族的来源》，云南人民出版社，1988。

〔法〕米歇尔·德·塞尔托：《历史与心理分析——科学与虚构之间》，邵炜译，中国人民大学出版社，2010。

〔法〕克洛德·列维-斯特劳斯：《我们都是食人族》，廖惠英译，上海人民出版社，2016。

〔英〕玛丽·道格拉斯：《纯净与危险》，黄建波等译，民族出版社，2008。

〔美〕许烺光：《祖荫下：中国乡村的亲属、人格与社会流动》，王芃等译，台湾南天书局，2001。

〔美〕马歇尔·萨林斯：《历史之岛》，蓝达居等译，上海人民出版社，2003。

〔法〕皮埃尔·诺拉：《记忆之场：法国国民意识的文化社会史》，黄艳红等译，南京大学出版社，2015。

〔美〕斯科特：《逃避统治的艺术：东南亚国家的无政府主义历史》，王晓毅译，生活·读书·新知三联书店，2016。

《思想战线》编辑部编《西南少数民族风俗志》，中国民间文艺出版社，1981。

施立卓选注《历代白族作家丛书·李元阳卷》，民族出版社，2006。

沈海梅：《中间地带——西南中国的社会性别、族群与认同》，商务印书馆，2012。

铁军：《日本龙文化研究》，中国传媒大学出版社，2013。

〔法〕涂尔干：《社会分工论》，渠东译，生活·读书·新知三联书店，2000。

汪宁生：《云南考古》，《汪宁生论著萃编》下卷，云南民族出版社，
　　2001。

王叔武辑著《云南古佚书钞》（增订本），云南人民出版社，1996。

王景来、杨子汉：《云南自然灾害与减灾研究》，云南大学出版社，
　　1998。

王青：《海洋文化影响下的中国神话与小说》，昆仑出版社，2011。

王明珂：《英雄祖先与弟兄民族：根基历史的文本与情境》，中华书
　　局，2009。

王铭铭、潘忠党编《象征与社会：中国民间文化的探讨》，天津人民
　　出版社，1997。

王铭铭编《中国人类学评论》第 2 辑，世界图书出版公司，2007。

徐嘉瑞：《大理古代文化史稿》，中华书局，1978。

喜洲镇上关村委会编著《上关村志》，内部资料，2006。

向达：《唐代长安与西域文明》，重庆出版社，2009。

薛琳主编《新编大理风物志》，云南人民出版社，1999。

徐珂：《清稗类钞》第 5 册，中华书局，1986。

杨政业：《白族本主文化》，云南人民出版社，1994。

云南省民间文学集成办公室编《白族神话传说集成》，中国民间文艺
　　出版社，1986。

云南省民族文学研究所研究室编《民族文谈》，中国民间文艺出版
　　社，1985。

云南省博物馆编《云南青铜文化论集》，云南人民出版社，1991。

杨镇圭：《白族文化史》，云南民族出版社，2014。

尤中：《僰古通纪浅述校注》，云南人民出版社，1989。

云南省丽江地区地方志办公室编《丽江年鉴·1997》，1997。

云南省编辑组编《云南地方志道教和民族民间宗教资料琐编》，云南
　　人民出版社，1993。

云南省编辑组编《白族社会历史调查》卷 3，云南人民出版社，1991。

云南省编辑组编《白族社会历史调查》（一），民族出版社，2009。

叶舒宪：《神话意象》，陕西师范大学出版社，2018。

杨政业主编《游国恩大理文史论集》，云南民族出版社，2003。

叶大兵、乌丙安主编《中国风俗辞典》，上海辞书出版社，1990。

云南省编辑组编《白族社会历史调查》（四），民族出版社，2009。

游国恩：《游国恩文史丛谈》，商务印书馆，2016。

〔美〕郁丹编《中国宗教多元与生态可持续发展研究》，学苑出版
　　社，2013。

〔英〕伊懋可：《大象的退却：一部中国环境史》，梅雪芹、毛利霞、
　　王玉山译，江苏人民出版社，2014。

赵橹：《论白族龙文化》，云南大学出版社，1991。

张文勋主编《白族文学史》，云南人民出版社，1959。

张锡禄编著《大理古塔》，云南人民出版社，1985。

张奋兴：《大理海东风物志》，云南民族出版社，2006。

中国彝族通史编纂委员会编纂《中国彝族通史》卷 2，云南人民出
　　版社，2012。

张奋兴编著《大理海东风物志续编》，云南人民出版社，2008。

赵玉中：《祖先历史的变奏：大理洱海地区一个村落的身份操演》，
　　云南大学出版社，2014。

周雷：《人类之城：中国的生态认知反思》，北京理工大学出版社，
　　2012。

张明曾、段甲成编著《白族民间祭祀经文钞》，云南民族出版社，
　　2004。

〔美〕张光直：《艺术、神话与祭祀》，刘静、乌鲁木加甫译，北京
　　出版社，2017。

朱晓阳：《小村故事：地志与家园（2003～2009）》，北京大学出版
　　社，2011。

〔美〕詹姆斯·沃森：《神的标准化：在中国南方沿海地区对崇拜天
　　后的鼓励（960～1960）》，载〔美〕韦思谛编《中国大众宗
　　教》，陈仲丹译，江苏人民出版社，2006。

张锡禄:《大理白族佛教密宗》,云南民族出版社,1999。

（三） 期刊论文

〔日〕川野明正:《大理汉族、白族的城隍信仰与求雨传说》,载任
　　兆胜、李云峰主编《稻作与祭仪:第二届中日民俗文化国际学
　　术研讨会论文集》,云南人民出版社,2003。

〔美〕查尔斯·巴库思、林超民:《南诏国的民族》,《民族译丛》
　　1984 年第 1 期。

段彦学:《洱海的演变》,载大理白族自治州科学技术委员会、大理
　　白族自治州洱海管理局编《云南洱海科学论文集》,云南民族出
　　版社,1989。

范军:《盂兰盆节的宗教源流》,《华侨大学学报》（哲学社会科学
　　版）2006 年第 3 期。

侯冲:《试论〈白古通记〉的成书年代》,《云南学术探索》1996 年
　　第 2 期。

何叔涛:《南诏大理时期的民族共同体与兼收并蓄的白族文化》,
　　《云南民族学院学报》（哲学社会科学版）2003 年第 2 期。

黄应贵:《历史与文化——对于"历史人类学"之我见》,《历史人
　　类学学刊》（台北）2004 年第 2 期。

侯冲:《试论〈白古通记〉的成书年代》,《云南学术探索》1996 年
　　第 2 期。

侯冲:《如何理解大理地区的阿吒力教?》,《宗教学研究》2015 年第
　　3 期。

林玮嫔:《"鬼母找女婿":鬼、三片壁、与贪婪的研究》,《考古人
　　类学刊》（台北）2011 年第 75 期。

阚勇:《云南宾川白羊村遗址》,《考古学报》1981 年第 3 期。

李晓珏:《甲马与大理白族的水神信仰》, 《西南边疆民族研究》
　　2018 年第 1 期。

林超民:《僰人的族属与迁徙》,《思想战线》1982 年第 5 期。

林谦一郎：《白族的形成及其对周围民族的影响》，博士学位论文，云南大学，1995。

李菲菲：《隐蔽的龙王：大理蝴蝶泉的地方意义与景观叠写》，《湖北民族学院学报》（哲学社会科学版）2018 年第 3 期。

李菲菲：《水神信仰下的干旱认知研究——基于大理海东的个案分析》，《青海民族研究》2016 年第 3 期。

连瑞枝：《国王与村神：云南大理地区佛教神祠的历史考察》，《民俗曲艺》2009 年第 3 期。

李凡：《神灵信仰的标准化与本土化——以胶东半岛妈祖信仰为例》，《民俗研究》2015 年第 3 期。

李东红：《阿吒力教的文化特征》，《思想战线》1996 年第 3 期。

马腾嶽：《物、宗教仪式与集体记忆：大理鹤庆白族迎神绕境仪式与祭祀圈认同》，《西北民族研究》2016 年第 2 期。

那培思、赵玉中、蒋晓军：《对云南大理白族的表述与自我表述的再思考》，《西南民族大学学报》（人文社科版）2008 年第 8 期。

彭兆荣：《神话叙事中的"历史真实"——人类学神话理论述评》，《民族研究》2003 年第 5 期。

潘岳、何玉艳：《东南亚那伽信仰特点研究》，《广西民族大学学报》（哲学社会科学版）2011 年第 5 期。

沈静芳：《泰人建立南诏国说质疑》，《东南亚》1989 年第 2 期。

司聃：《释典中"罗刹国"对僧伽罗创世神话的影响》，《青海社会科学》2015 年第 6 期。

王铭铭：《中国民间宗教：国外人类学研究评述》，《世界宗教研究》1996 年第 2 期。

熊瑛、孙太初：《云南祥云大波那木椁铜棺墓清理报告》，《考古》1964 年第 12 期。

杨士杰：《试论白族原始宗教的自然物崇拜和龙崇拜》，《云南省历史研究所研究集刊》1983 年第 2 期。

杨瑞华：《苍山神祠考》，《白族学研究》1996 年第 10 期。

杨跃雄、王笛:《〈南诏图传·洱海图〉与白族的"祖先蛇"崇拜》,《昆明学院学报》2018 年第 4 期。

杨延福:《对〈张胜温画〉的浅见》,载赵怀仁主编《大理民族文化研究论丛》(第 2 辑),民族出版社,2006。

杨跃雄:《历史、利益与群体认同——对东北站人白族身份问题的民族学考察》,《理论观察》2014 年第 5 期。

张泽洪:《南诏大理时期的道教探微》,《大理民族文化研究论丛》,2006。

郑筱筠、赵伯乐、牛军:《佛教与白族龙文化》,《思想战线》2001 年第 2 期。

张培锋:《中国龙王信仰与佛教关系研究》,《文学与文化》2012 年第 3 期。

赵元梁:《洱海周边白族渔民生态环境观研究》,硕士学位论文,大理大学,2016。

张亚辉:《人类学中的水研究——读几本书》,《西北民族研究》2006 年第 3 期。

张超:《南岭民族走廊流域神灵体系与区域社会整合》,《青海民族研究》2017 年第 4 期。

(四) 英文资料

James L. Watson, "Rites or Belief? The Construction of a Unified Culture in Late Imperial China," in Lowell Dittmer and Samuel S. Kim, eds. in China's Quest for National Identity, Ithaca: Cornell university Press, 1993, pp. 80 – 103.

Steven Sangren, History and Magical Power in a Chinese Community, Stanford: Stanford University Press, 1987, p. 87.

Maurice Freedman. "On the Sociological Study of Chinese Religion," in Arthur Wolf ed. Religion and ritual in China, Stanford University Press, 1974, p. 40.

Stephan Feuchtwang. "Domestic and Communal Worsship in Taiwan," Religion and Ritual in Chinese society, *Arthur Wolfed.* Standford, 1974: 105 – 130.

Arthur P. Wolf, ed. , *Religion and Ritual in Chinese Society*, Stanford: Stanford University Press, 1974.

Steven Sangren, Dialectics of Alienation: Individuals and Collevtiesin Chinese Religion, Man. 26, No. 1 (March 1991).

Megan Bryson. Baijie and the Bai: Gender and Ethnic Religion in Dali, Yunnan, *Asian Ethnology*, Vol. 72, No. 1 (2013), pp. 3 – 31. Published by: Nanzan University .

M. Elvin, D. Crook, Shen Ji, R. Jones, and J. Dearing, "The Impact of Clearance and Irrigation on the Environment in the Lake Erhai Catchment from the Ninth to the Nineteenth Century," East Asian History, 2002: 23.

Steven Sangren, "Grate Traditional and Little Tradition Reconsider: The Question of Culture Integration in China", *The Journal of Chinese Studies*, Vol. 1, No. 1, February 1984, pp. 6 – 17.

后　记

　　《龙王的嬗变：白族水神信仰体系的人类学透视》一书得以成文，得到了很多人不同方式、不同程度的帮助，感谢大家！非常感谢大理大学副校长褚远辉教授的关爱！特别感谢大理大学民族文化研究院寸云激院长的大力支持！

　　感谢大理大学民族文化研究院的资助！

　　感谢中央民族大学潘蛟教授、北京大学张志刚教授、云南民族大学张桥贵教授等老师们的悉心指导和无私帮助！

　　感谢前辈们的辛劳付出！本书撰稿和修改过程中，参阅了大量相关领域的文献资料，限于体例和篇幅，没能一一列出，谨在此致以真诚的谢意！

　　感谢田野调查中我们的受访人及当地很多人的热心帮助！

　　我们两位都是土生土长的大理白族，博士所学专业都是人类学，都想尝试着对大理白族历史文化做一些探讨。研究接地气，学术才有生命力。因此，自 2016 年杨跃雄考上了厦门大学人类学博士起，我们便利用寒暑假做田野调查，为了便于穿梭于大理乡村的大街小巷，杨跃雄还特意去考了摩托车驾照，并用奖学金买了一辆新摩托车。

　　田野调查，让我们有了诸多"重新发现"。原本，我们以为作为本地人，我们很熟悉自己的家乡，但真正提笔时，才发现诸多与我们已知的不一样或不完全一样的东西，且有诸多疑惑，还需要做更多更扎实的田野调查、查阅更翔实丰富的文献资料。在三年多的田野调查中，我们深刻体会到人类学让人着迷的主要原因之一就在于它总是"变熟为生"，从新的角度把司空见惯的东西展示给人看，使人从"推人及己"中引发思考、受到启示。

在第一阶段的田野调查时，我们按照计划路线对洱海沿岸各个村子的本主庙做了大略的考察，一圈下来，发现众多本主中与水神相关的并不在少数，这些水神有男有女，或人或神，虽然没有一个清晰的结构化谱系，却精彩纷呈。于是，我们开始试着给所见到的水神分门别类。但徘徊于史料、民族志和田野访谈人罗生门式的各说各话，我们难免有些焦灼和不知所措。在零零散散的田野资料中，我们花了很多时间和精力苦苦寻找其与大理白族水神信仰体系之间的内在关联。在摸索过程中，断断续续写了几篇论文，并投稿，后来在《大理大学学报》《民族论坛》等期刊上发表了。

在第二阶段的田野调查时，我们将路线延伸至洱海上游，先后考察了洱源茈碧湖河头龙王庙、西湖、青索村等地，并亲身参与了茈碧湖海灯会、青索村花灯节等民俗活动。此时，深入做了大量调研的杨跃雄提出，根据掌握的第一手资料，我们可以将研究的重点放到段赤城信仰现象上，因为似乎只有段赤城才能称得上有一定的信仰体系，而且在如今还遗留下来的一些民间宗教实践中的元素都与段赤城信仰相关。于是，我们的文章越写越长，单是初稿，杨跃雄就写了5万多字。

第三阶段，我们关注的重点逐渐明晰，即由水神的信仰体系分布转移到了洱海流域水神的历史嬗变。我们继续深入做田野调查，并扩大资料查找的深度和广度，集中讨论一些与段赤城相关的问题。其中有两部分，即明政府对段赤城的敕封问题及捞尸会的仪式表征和社会整合是我们讨论的关键部分，这些可以从侧面对如今白族社会文化的形成做一些有意义的分析。段赤城信仰绝非一个简单的民族英雄崇拜现象，它暗含了大理白族文化的流变路径，是我们理解白族文化和精神特质的一个观察视角。杨跃雄写了《段赤城信仰与大理白族祖先崇拜的隐晦表达》一文，发表在《西北民族大学学报》2019 年第 2 期。其间，我们写了几篇小论文，陆续投稿。

第四阶段，我们发现，大理白族的水神信仰多元复杂，有成体系之处，多数则分散自立，构成一张交错交织又井然有序的水神信仰体系之网，而几篇论文远远不足以讲清楚大理白族水神信仰体系的一些问题。于是，我们想把这些内容以一本书的形式（体例）呈现出来。

书稿在三年多的时间内断断续续地写完，并反反复复修改，全书近 16 万字，杨跃雄写了近 8 万字。怀揣着因受限于我们在宗教学和历史学方面捉襟见肘的学识功力而产生的忐忑不安，我们迟迟不敢收尾。

书稿写完了以后，又苦于没有经费出版。

在万分焦灼之际，大理大学民族文化研究院寸云激院长给予了大力支持，资助本书出版！

本书的出版，也得到了社会科学文献出版社王玉霞、李帅磊等编辑们的大力帮助，在此表示感谢！

这本书凝结了我们脚踏实地的田野调查、认真勤奋的治学态度，以及坚持不懈的努力，是我们成长过程中的一个重要节点。我们将在大家的批评、支持和帮助下，继续努力学习、认真做科研，争取取得更大的进步！

如同新生的婴儿难免难看、新生事物难免有诸多缺点，作为学识不足的新手，我们呈现的这个文本自然也难免有诸多不当、不对之处，恳请大家多多包涵！需要说明的是，书中任何错误及不妥之处全是我们作者尤其是第一作者的责任，敬请大家批评指正！

最后，再次衷心感谢所有让本书得以成文并出版的人给予的支持和帮助！

杨德爱　杨跃雄

2019 年 8 月 28 日

图书在版编目（CIP）数据

龙王的嬗变：白族水神信仰体系的人类学透视 / 杨
德爱，杨跃雄著． —— 北京：社会科学文献出版社，
2020.7
（大理大学民族学重点学科建设丛书）
ISBN 978 - 7 - 5201 - 6471 - 9

Ⅰ.①龙…　Ⅱ.①杨…　②杨…　Ⅲ.①白族 - 神 - 信
仰 - 研究 - 云南　Ⅳ.①B933

中国版本图书馆 CIP 数据核字（2020）第 051734 号

大理大学民族学重点学科建设丛书
龙王的嬗变：白族水神信仰体系的人类学透视

著　　者 / 杨德爱　杨跃雄

出 版 人 / 谢寿光
责任编辑 / 王玉霞
文稿编辑 / 李帅磊

出　　版 / 社会科学文献出版社·城市和绿色发展分社（010）59367143
　　　　　 地址：北京市北三环中路甲 29 号院华龙大厦　邮编：100029
　　　　　 网址：www. ssap. com. cn
发　　行 / 市场营销中心（010）59367081　59367083
印　　装 / 三河市东方印刷有限公司

规　　格 / 开　本：787mm × 1092mm　1/16
　　　　　 印　张：15　插　页：0.5　字　数：205 千字
版　　次 / 2020 年 7 月第 1 版　2020 年 7 月第 1 次印刷
书　　号 / ISBN 978 - 7 - 5201 - 6471 - 9
定　　价 / 78.00 元